詩人梅新主編《中央副刊》之研究

龔華——著

梅新1997年4月7日攝於《中央日報》。
攝影／王永泰

中央日報

速寫李總統

總統與青年作家
共度一個文學

總統說：中央日報副刊是最受歡迎、最被接受……

當作家遇見總統 ●張大春

「總統會見青年作家」緣起 ●梅新

他是一個相當感性的人 ●侯文詠

嘗試「文學的李登輝」 ●陳克華

親自體現互相尊重的精神 ●蔡素芬

學者風度 ●簡媜

他更像一位哲人 ●零雨

秋日午後 ●張曼娟

1994年10月14日，梅新率領7位青年作家赴總統府會見李登輝總統，舉行「總統與青年作家的文學下午茶」。左起：零雨、簡媜、陳克華、梅新、李登輝、張大春、張曼娟、侯文詠、蔡素芬。（照片來源：《文學的饗宴》封面）

1994年10月15日，《中央日報．中央副刊》以整版篇幅刊登了「總統與青年作家共度一個文學的下午」特輯。

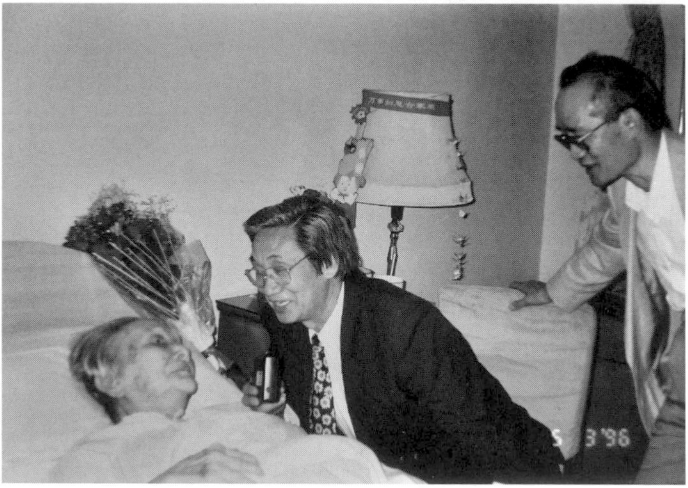

1996年5月，梅新於「百年來中國文學學術研討會」舉辦前，專程赴北京、上海採訪多位影響中國現代文學發展的資深作家，錄製專輯。

右上：於北京人民醫院採訪曹禺。左起：曹禺、梅新、吳祖光、曹夫人李玉茹。

右下：於北京醫院採訪冰心。左起：冰心、梅新、人民出版社總編輯何啟治。

左上：上海採訪辛笛。

左中：上海採訪施蟄存。

左下：上海採訪柯靈夫婦。

5 5 '96

1996年6月，由梅新策畫的「百年來中國文學學術研討會」在台北國家圖書館國際會議廳舉行。兩岸學者作家合影，前排左起：夏曉虹、葉文玲、齊邦媛、嚴歌苓、奚密、吳祖光、貢敏、高行健；立者左起：沙葉新、尉天驄、譚楷、康正果、李澤厚、姜雲生、謝冕、汪毅、陳平原、顧曉鳴、何啟治、劉登翰、古華、黃子平、許子東、王文平、北島、林崗、張賢亮、莊信正、梅新、柯慶明、唐盼盼。

百年來中國文學學術研討會會後旅行合影，左起：林黛嫚、嚴歌苓、龔華。

百年來中國文學學術研討會會後旅行，1996年6月4日攝於日月潭，左起：張賢亮、高行健、龔華。

中央日報

中華民國八十五年九月三日 星期二

掌紋預告了一生憂患

——報導文學先驅劉賓雁

●龔華

水和火

養狗

1996年3月29日，龔華（右）為《中央日報·中央副刊》採訪劉賓雁，攝於台北中央酒店。採訪報導登刊於1996年9月3日《中央副刊》。

1996年9月26日，《中央日報．中央副刊》為南部讀者舉辦「南北作家會師高雄」活動。左起：丘秀芷、林黛嫚、廖玉蕙、陳若曦、施叔青、余光中、童兆陽（陸軍官校校長）、向明、周昭翡、梅新、黃永武、馬森、陳冠學、龔華。

1990年1月6日，第二屆中央日報文學獎頒獎典禮。左起：梅新、高信疆、蘇曉康、許世旭、余光中。

1996年，梅新促成了「中副夢咖啡」開張，開在報社進門右側落地窗邊，在此舉行「中副下午茶」。

梅新主編《中央日報．中央副刊》任內，獲得四座「副刊編輯金鼎獎」的肯定，分別於1987、1988、1989、1991年。

《中央日報．中央副刊》同仁合影，右起：吳知惠、張堂錡、林黛嫚、史玉琪、魏芬、吳月惠、梅新、羅莉玲、王君如、胡影萍。

1987年9月16日，《中央日報·中央副刊》於「開放大陸探親」政策喧騰之際，製作「探一探返鄉路」專輯。

故園驚夢
極限
角色
電視上的「七矮人」
情弦
她的成長

中央日報
短篇小說決審會議紀錄
欣見聲浪駭岸來
「中央日報文學獎」揭曉

1988年9月30日，《中央日報·中央副刊》揭曉為創刊六十周年特別舉辦的「中央日報文學獎」得獎名單。

1989年2月14日，《中央日報·中央副刊》「今天不談文學」專欄首推〈沈君山談做官的滋味〉。

中央日報

今天不談文學

沈君山談

做官的滋味

沙葉新旅中的感喟

四色毛背心

九歌兒童書房

九歌名家新書預約

中央日報

答紫荊

鳳凰園裏的童年

《魔法聖嬰》和殘酷劇場

1994年5月25日，《中央日報·中央副刊》刊出余光中詩作〈答紫荊〉，並同時刊登梅新「魚川讀詩」專欄的評論。

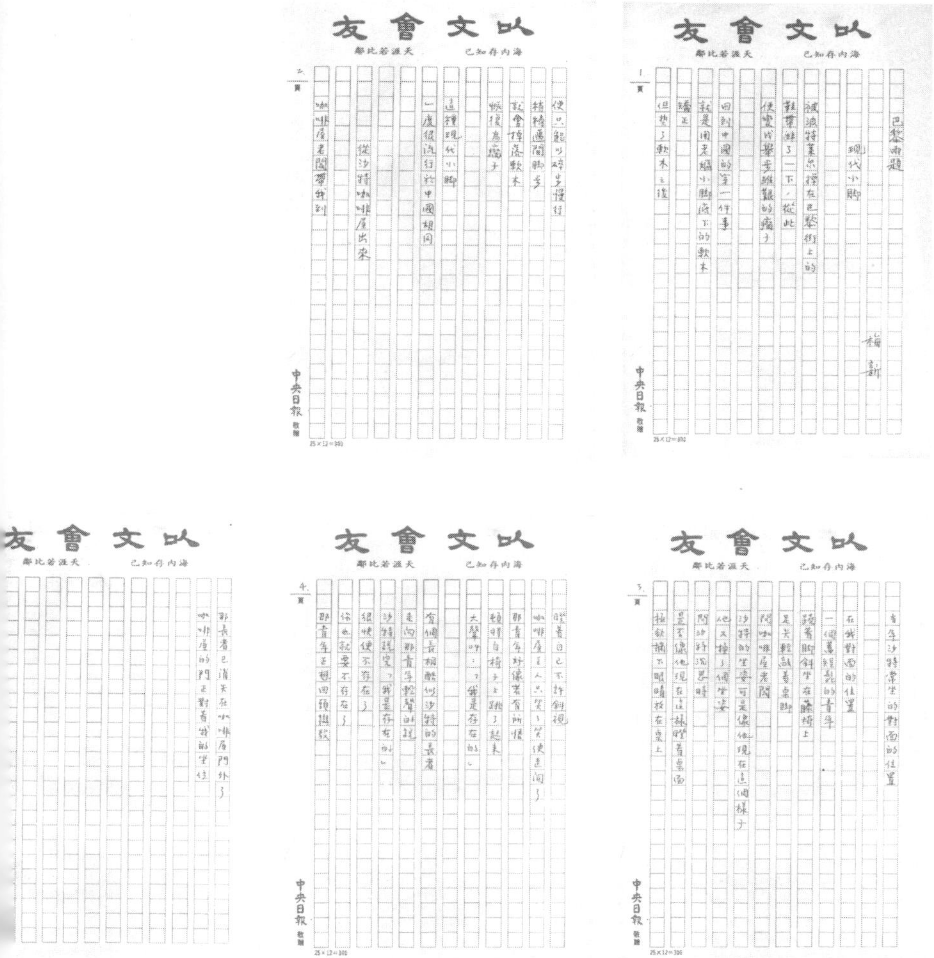

梅新手抄詩稿〈巴黎兩題〉。

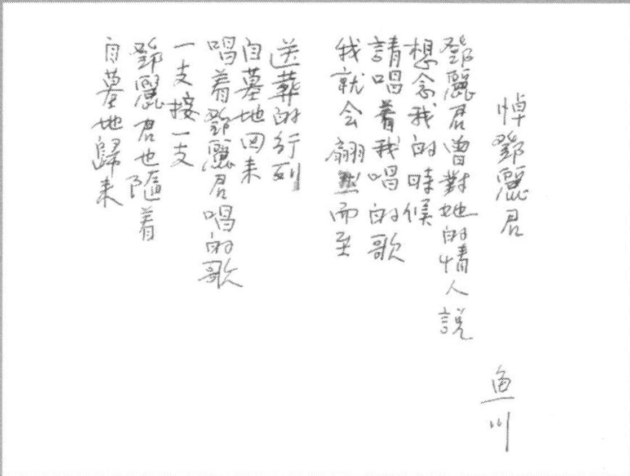

悼鄧麗君

鄧麗君曾對她的情人說
想念我的時候
請唱着我唱的歌
我就会翩然而至

送葬的行列
自墓地回来
唱着鄧麗君唱的歌
一支接一支
鄧麗君也隨着
自墓地歸来

魚川

梅新以筆名「魚川」署名之詩作遺稿〈悼鄧麗君〉，未曾發表。

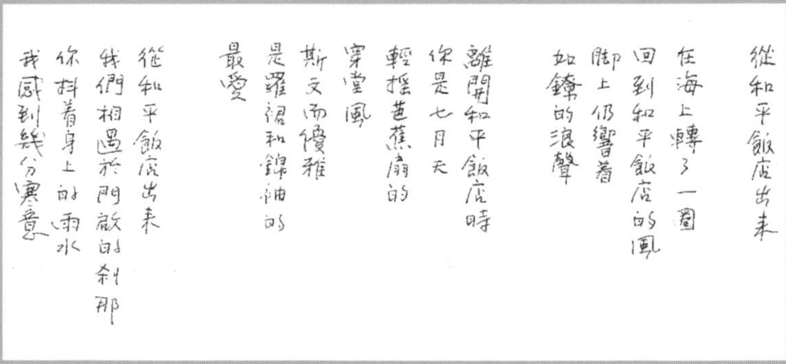

從和平飯店出来

在海上轉了一圈
回到和平飯店的風
腳上仍響着
如鐘的浪聲

離開和平飯店時
你是七月天
輕搖芭蕉扇的
穿堂風
斯文而優雅
是羅裙和錦袖的
最愛

從和平飯店出来
我們相遇於門啟的剎那
你抖着身上的雨水
我感到幾分寒意

梅新手抄詩稿〈從和平飯店出來〉。

百年來中國文學學術研討會《專用稿紙》

蘇林先生道席：

承蒙數度來函並贈書，至為感謝。我一向生性疏懶，不喜回信，即使一封簡短的信，也要下很大的決心。今年的信拖到明年再覆是常事。老朋友知道我的習性，怪也無用。而年輕交的朋友，責怪是必然的。

蓁蓁唸大學時我們就有過書信往返。那時我在編幼獅文藝，「幼文」在當時是相當有口碑的文學刊物，著名作家都紛紛為該刊撰稿。那時我就發現蓁蓁小姐的作品甚富文采。所以去信鼓勵她。而那時我也大學畢業未久，對文學所知有限，信中所談必定十分幼稚。

這回的病，發現得很偶然。我一向身體很好，平日一早就到師大跑五千公尺，對自己非常有信心。服務新聞界數

中央日報．製

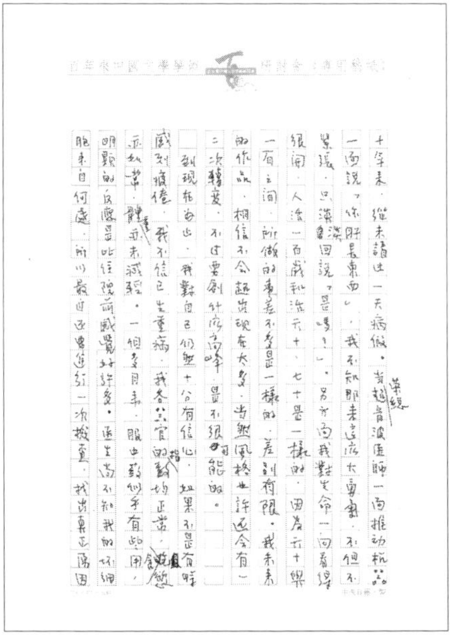

百年來中國文學學術研討會《專用稿紙》

十年來，從未請過一天病假。若超音波醫師一面推動機器一面說「你肝長東西」，我不知那來這麼大勇氣，不但不緊張，只淡淡回說「是嗎？」。另方面我對生命一向看得很開，人活一百歲和活六十、七十是一樣的。因為六十與一百之間，所做的事差不多是一樣的，差別有限。我未來的作品，相信不會超出現在太多，當然風格也許還會有一二次轉變，不過要創什麼高峰，是不很可能的。

到現在為止，我對自己仍然十分有信心，如果不是有時感到疲倦，我不信已生重病，我各器官的功能正常，食慾正如常，體重亦未減輕。一個多月來，服中藥似乎有些用，明顯的反應是比住院前感覺好許多。醫生尚不知我的肝細胞來自何處，所以最近還要進行一次檢查，找出真正原因

中央日報．製

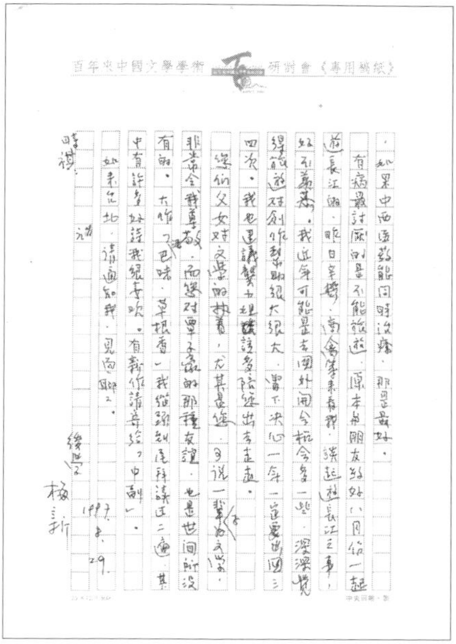

百年來中國文學學術研討會《專用稿紙》

。如果中西醫藥能同時診療，那是最好。

有病最討厭的是不能旅遊。原本和朋友約好八月份一起遊長江的，昨日辛棣、向含等來看我，談起遊長江之事，好不羨慕。我近年可能是去國外開會稍多一些，深深覺得旅遊對創作幫助很大很大，當下決心一年一定要出國三四次。我也建議龔女士姐妹該多陪您出去走走。

您們父女對文學的執著，尤其是您，可說一輩子為文學。非常令我尊敬。而您對覃子豪的那種友誼，也是世間所沒有的。大作「已味」、「草根香」我從頭到尾拜讀過二遍，其中有許多好詩我很喜歡。有新作請寄給「中副」。

如來台北，請通知我，見面聊聊。

時祺

後學 梅新 1997.8.29.

中央日報・副

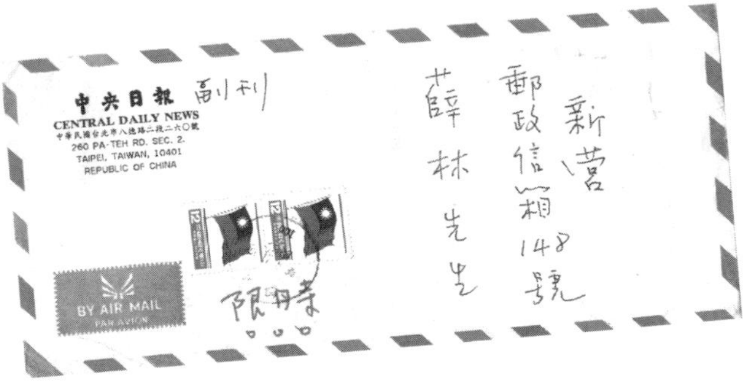

梅新病逝前最後一封給文友的信，1997年8月29日寫給詩人薛林（本名龔建軍，作者龔華的父親）。

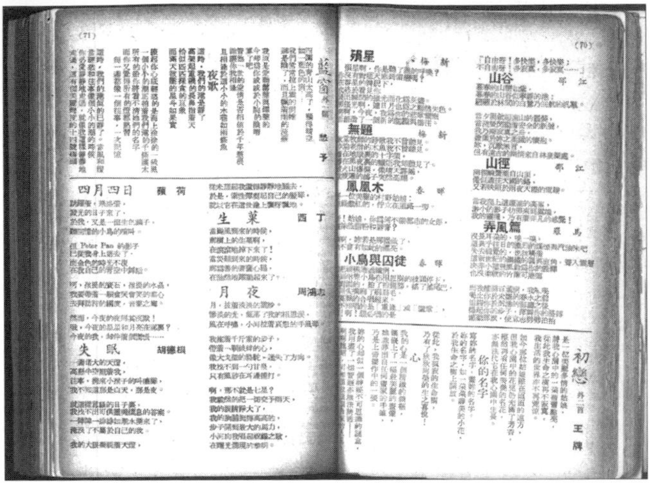

梅新於文壇發表的第一首現代詩作〈殞星〉，刊登於1955年夏季《現代詩》第10期。

紀弦於1953年創辦的《現代詩》，1964年停刊。1982年6月，梅新促成《現代詩》復刊。

《國文天地》由梅新一手主導創辦，擔任社長，創刊號於1985年6月1日出版。

〈序〉

當「中副」、「梅新」成為研究

林黛嫚

一輩子只做一件事是幸福的，但一輩子何其長，這句話略改為「一段時間只做一件事」更為貼切。從梅新主編一九九七年離開我們，龔華就想著做這件事，讓「詩人梅新」、「梅新主編」、「中央副刊」，不只是一個過時的名詞，而能走入學術殿堂，成為研究。她這個心願，在這本書付梓的此刻，算是達成了。

龔華性情溫婉、心思細膩，不好爭競，大學時修讀食品營養學科，中國古典文學或現代文學只是興趣，並沒學術研究的基礎，這樣的背景來就讀中國文學研究所未必是強項，雖然知道現在的學院環境，完成碩士學位並非難事，令人驚訝的是，龔華不僅做到了，而且成績斐然。

龔華和梅新主編結緣比我早，在她就讀輔仁大學時，就曾投稿《幼獅文藝》，和當時經手她作品的編輯梅新初識（以書信往來），但因畢業後從事貿易工作，馳騁商場，和喜愛的文學越走越遠，直到中年時遇上一場大病，提早離開職場，而重拾詩筆，以文學自我療癒，因而和詩人梅新正式相識，和《中央副刊》前後兩任主編結緣，寫作之餘也經常參與副刊的活動，《中副》的同事們都稱她為「中副之友」。

寫寫詩，寫寫散文，聽聽演講，參加副刊的文學活動，這些對於愛好文學的人來說都是怡情怡性的事，但是進入學院體制，修課之外，最終完成一本碩士論文，就不是輕鬆愉快的事了。尤其經歷大病，並且花了二十年時間為回饋醫療團隊的照顧，而投入病友協會，以文學心關懷病友，她自己對人生的體悟自有一番境界，為何不選擇輕鬆度日，卻要挑戰不可能的任務？

梅新主編一九九七年十月病逝，龔華的梅新研究也開展了，她先是獨力製作一卷梅新影像紀錄片《詩人梅新追思會》，未正式發行，只致贈梅新家人及至親好友。以現在的科技進展，用手機拍個微電影都不是難事，但在上世紀末，這是一件勞心勞力又所費不貲的事，這卷影像帶也收錄了梅新主編追思會現場，讓在場或不在場者都能一起回顧梅新主編的身影。隔兩年我到巴黎公務旅行，龔華託我帶了一卷送給高行健，一九九六年「百年來中國文學學術研討會」高行健曾應邀與會，會後並同遊日月潭、阿里山，大家都是在梅新主編的號召下以文學結緣。

繼則，龔華跟我提起想整理梅新主編在《中央副刊》完成的事，希望他走過的路不要隨著他的離世而為人遺忘。這件事並非創舉，其他報刊也有類似的大事記，於是我欣然同意，並在副刊挪出版面刊載。

《中副大事記》記錄了《中央副刊》在梅新主政時期，從一九八七年二月到一九九七年九月，這十年多副刊版面上的主要內容；舉一則為例：一九九〇年三月二十日，「文學搶灘」專欄推出，編按：「在文字的範疇，率先為讀者攻戰一處攤頭。」（首篇推出，奧斯卡金像獎九項提名的《溫馨接送情》劇作，普立茲獎戲劇獎得主艾佛列的舞台劇本，由郭強生迻譯。）為了做這件事，龔華每天下午待在報社資料室，翻閱著一張一張的剪報，逐頁抄寫，逐條迻錄。《中副大事記》做為專欄連續刊登四十五天之後，某天報社長官把我叫到辦公室，問我，「這樣的內容有人看嗎？」我繼梅新之後接編《中副》，報社長官對副刊的相關事務並未有太多干涉，會有此問定是有許多「讀者」關切。我答以友報在創刊四十周年時也曾有類似大事記的整理，這是一種史料的意義。雖然長官並未要求我停止刊載，大約副刊版面珍貴，還是留給文學創作吧，於是我跟龔華說找個段落結束連載。副刊停止連載之後，龔華仍然繼續整理，並且自費排版印刷，只印了少數幾本。這本未正式出版的《中副大事記》在我寫《推浪的人》時幫了大忙，當我要回憶某一段副刊記事，卻不清楚正確時日，這本編年體例的手冊就能提供資料。

這本《中副大事記》應該就是龔華研究梅新主編《中央副刊》的起點吧。當二〇一六年她進入文化大學中文所重拾學生身分，思考畢業論文的研究方向，曾多次找我討論，我個人認為，做梅新的詩研究，這是對本身也創作詩，熟悉現代詩及詩壇，容易掌握論題的詩人龔華最好的建議。

不論原因為何，龔華終究如美國詩人佛洛斯特名句「我選了少人走的路途」，一頭栽進《中央副刊》的研究，用力之深且勤，令人嘆服。在提出十二萬字口試本之前，書寫的內容超出三倍，完成學位考試之後，參考口試委員們的意見，又花了一個多月時間，大幅增刪，她寫這本碩論付出的心力，恐怕都可以寫一本博士論文了。

中文報紙副刊迄今有百年以上的歷史，副刊學的研究在一九九七年文化部前身文化建設委員會委託《聯合報》舉辦的「世界華文報紙副刊學術研討會」達到高峰，之後因為傳統平面媒體受到新傳媒的挑戰逐漸沒落，紙媒停刊或減張，或改為網路發行，而附屬於報紙正刊的副刊也僅餘屈指可數的幾份。

文學、副刊日趨邊緣，現任主編都很難受到關注，何況逝世已經二十四年的故主編。龔華這本專書有許多特出之處：對梅新先生的早年生活詳細追索，像「中山室裡一少年」、「梅新的第一首詩」、「攸關生命的詩作」等內容不僅獨到而且非常有文學味。最後一章結論指出詩人梅新主編《中央副刊》「開風氣之先」的許多成績，曰：為傳統《中副》換妝並獲四座金鼎獎肯定、推動報導文學、創新企畫編輯、給文學新人機會、翻印維持《新月月刊》等珍貴出版品、舉辦「中副下午茶」、「文學到校園」等行動講座、創辦以史學哲學為主軸的《長河副刊》……。梅新先生若有知，可能會驚嘆如此有心人，讓他的編輯生涯成為珍貴的歷史新頁。《中央日報》發行了七十八年，《中央副刊》在台灣出刊了四十六年，《中央副刊》以及我的編輯生涯結束了十五年，不管多少年，《中央副刊》、「詩人梅新主編」，卻留下來了，永遠存在龔華這本《詩人梅新主編《中央副刊》之研究》專書裡頭。

■林黛嫚，作家、淡江大學中文系副教授。

〈序〉

為台灣副刊學立下有情的歷史

須文蔚

五（二〇一六）年前，詩人龔華希望寫作以梅新主編《中央副刊》為主題的碩論，聽到這麼有意義的題目，自然大力鼓勵她，

在台灣副刊學的學術史上，過去精彩的論述多集中在《聯合副刊》的林海音與瘂弦，或如《中國時報．人間副刊》的高信疆，或如向陽主編《自立晚報．本土副刊》。《中央日報》副刊曾經在一九五〇到一九六〇年代獨步文壇，在梅新接編後也有和《聯副》與《人間副刊》鼎足而三之勢，卻一直乏人書寫。加上梅新不僅是重量級的詩人，更曾經以副刊主編獲得四座金鼎獎，其創意、文學史觀與守門人的哲思，在在值得記錄。龔華央我指導她完成這項獨立研究，我深知她身體病弱，有志完成研究，但我並非文化中文系的專任老師，是否有心力陪伴與提醒她書寫的諸般細節？不得不說，我一開始有些遲疑。

一樣遲疑發生在二十年前，我剛到東華大學第二年的一門課上，罹患癌症的賴順生同學，在他生命最後的二年多的時光中，勉力來東華修課，當時他選修了我開設的「文學傳播理論與實

務」，忍受化療帶給身體劇烈的折磨，蒼白著一張臉，靜靜坐在研討室靠著門邊的角落聽課。他在二〇〇一年的耶誕夜約我吃飯，說是要談期末報告，一個以宋詞為主題的前衛議題。我便請他到吉安的海鮮攤上小吃。他細細和我討論文學集團研究的諸般關鍵，他覺得「文學傳播理論與實務」這一門課開啟了他在文學研究上的一個新的進路，話到激動處，他說：「老師，我有一種朝聞道，夕死可矣的感受！」我心頭為之一震，望了望周遭的飲食男女，死亡是多遙遠的事？但對坐在我對面羸弱的順生而言，這是多麼激情的告白？我一時語塞。

順生接著說：「老師，我希望你指導我寫碩士論文可以嗎？」

我又陷入另一個震撼當中，對於一個嫻熟於古典文學的研究生，我這個門外漢有能力指導他進行文學傳播的研究？當時又回到醫院接受化療的順生有能力完成碩士論文？我真的有足夠的勇氣面對一篇碩士論文的殘稿？在當下，基於對學問的謙卑，或許帶著一些怯懦，我沒有答應他，但我許諾等他課程修到一個段落，我們彼此更有把握掌握研究問題時再討論。過了冬天，順生開始往返於台北與花蓮間，病情加劇，讓他幾乎不能順利的修課。

轉眼又一個學期結束，在暑假間，我突然接到一位碩士班女同學的來電，她的言語有些急切，用了十分強烈的祈使句：「希望老師能收順生當指導學生，這樣他的病一定可以好起來。」我從來沒有想到一個承諾會是一帖藥方，在病中的順生是多麼怯然自己打這個電話來索取？或許他自己知道身體狀況並不允許？這時候我心裡已經答應了順生，但總要等指導學生自己來敲我研究室的門，遞上一張碩士論文指導同意書？但是我沒有等到順生回到東華，沒等到他來和我談論文題目。

回想起順生的故事，面對龔華的熱切，隨著我對生命有著不同的體悟，也理解自身對於文學傳播有著更深入的認識，我放下胸中塊壘，答應了龔華的邀約，陪伴她記錄台灣文學傳播史上重要的守門人——梅新。

龔華四年的寫作期間，幾度出入醫院，我總要裝作若無其事，為她打氣，有時花時間在細節的格式上，協助校對與調整。陸續閱讀龔華的初稿，不斷帶給我很大的感動，因為龔華曾在《中央日報》副刊跟隨梅新工作，且照顧他治療癌症直到離世，這本論文有很大一部分是她的見證，加上竭盡心力的梳理史料。

我提醒龔華可以採用守門人（gatekeeper）理論為基礎，原因無他，守門人研究在一九五〇年肇端，先驅研究者懷特（White）以參與觀察法，對新聞媒體電訊編輯進行個案研究，開啟了「傳播者」的系列研究。懷特的研究焦點為：一、編輯以何種標準來選擇新聞；二、是否有決定性的、固定而快速的規則可循？三、守門行為是基於主觀偏見、特定偏好或是新聞價值？經過懷特的提醒，研究者發現守門者確實對傳播內容的形成，具有關鍵性的影響。在眾多副刊主編的研究中，龔華是少數有豐富的「參與觀察」經驗的研究者，往往在繁複的歷史材料中，可以看見她抒情的見證，更讓這本論文讀來別有深意。

龔華十分認真蒐集一手史料，完善描述了梅新編輯書籍、詩刊的歷程，更細緻闡釋他擔任《臺灣時報．副刊》與《中央日報．中央副刊》主編的背景，企畫編輯的重要理念與例證，以及透過副刊促進華文文學跨國界的交流，讓人緬懷台灣報業的輝煌時代，副刊主編所能引導的時代風潮，以及在文學史研究的貢獻，都是今天的文學媒體難以望之項背的。

龔華論文中有一個段落讓我感動不已，她以「以詩告別」為題，書寫了梅新最後公開活動的身影：

一九九七年七月二十七日梅新悄悄由病房出發，來到創世紀詩社舉辦的「青年詩人創世紀現代詩講談會」現場。梅新臉龐憔悴、枯瘦，卻依然鼓足精神與青年詩人講談互動。主持台上帶著笑容的畫面，記錄了詩人梅新參加最後一場此生的最愛、文學活動的身影。筆者至今仍不忍心想像，章先生在那樣身心備受煎熬的狀況下，依然堅持出席，是否心有不甘，難以接受人生盡頭竟然無預警的殘酷降臨，他堅持參加了生前最熱愛的詩的舞台，以示告別？

「青年詩人創世紀現代詩講談會」是我籌辦的，梅新老師應當是應辛鬱總編輯之邀，抱著病痛，從榮總請假出門，來到國軍英雄館七樓會議廳，評論青年詩人丁威仁的文章〈簡論消費文化結構中的台灣現代詩現象〉一文。當時的我還是個博士生，興奮地帶著相機拍下了活動的照片，沒有注意到梅新先生並沒等到下一場座談結束，沒和好友合影，就匆匆回到病房。兩個多月後，梅新離開人世。

時光荏苒，隨著梅新過世，《中央日報》也結束多年，編輯與作家星散流離，一個大副刊的時代宣告結束，在數位媒體風行的年代，台灣僅存的副刊也不多了，也更凸顯龔華的論文有其重要的時代意義。

梅新有首短詩題目是〈手杖的影子〉：

他死了
他放在牆角的
手杖的影子
還活著。

過去讀時，只能體察到很現實的情境，就是擱在牆角的手杖，隨著日光的照射，依舊在時間裡鮮活的移動著。但如今讀了龔華有情的史筆，似乎更理解作家、文字與事物，會隨著後來者的見證，再次復甦，長存在時光中。

■須文蔚，詩人、國立台灣師範大學文學院副院長。

〈自序〉感念

倏忽之間，穿越半世紀的時光隧道，輔大食品營養系畢業後，留在學校外語學院英文系當過一陣子助教，其後投入社會，十多年後，因一場大病，面臨退出職場的抉擇。於治療期間往返醫院，以文學創作療癒自處，同時感念醫護專業的照顧，以同理心投入癌友關懷之路，於一九九七年協助臺北榮總一般外科成立了「臺北榮總同心緣聯誼會」，擔任創會會長，並以文學薰陶與疾病關懷交會為精神理念，創辦《同心緣地》會刊，陪伴病友，邁向健康之路。這個原本以互助形態出發的病友團體，因成效顯著，服務過的病友，無以計數，終於在臺北榮總的肯定下，正式提供院方醫護專業團隊資源，於二〇一三年底轉型、擴大成跨域性「台灣同心緣乳癌關懷協會」。個人以階段性任務暫且完成，淡居幕後志工服務工作，這時孩子們已長大獨立，父母已享天年、安息主懷。感悟於生命無常，把握歲月餘光，專心邁向嚮往已久、來自年少時代未完成的文學夢想。

二〇一四年四月，承蒙《文訊》封德屏社長的邀請，於宴請小說家古華先生來台舉辦演講後的晚宴上，因梅新夫人張素貞教授的引薦，認識了文大中文系宋如珊教授，從此得知如珊教授和我有同樣的健康問題。其後，我們偶而於回診治療時相遇。一次在榮總相約的午餐上，談起文學願望一事，於如珊教授的積極鼓勵之下，當即決定報考中文系研究所。那日是二〇一五年十一月十二日，距截止報考只剩下幾天。匆忙之間，備齊資料，送審報考。

二〇一五年底某日，於教室的一個角落，我捧著一袋應考資料，正襟危座，猶如等待一場世紀判決。前排座位上幾位大學應屆畢業生，朝氣蓬勃，燈光自天花板悠悠撒落，如穿越古老歲月的陽光，一片潔白中，看著一張張稚嫩的面孔，我彷若置身夢境，依稀回到上世紀七〇年代的校園。二〇一六年夏季，夢想成真。一〇五學年度第一學期開始，文大中文系研究所，開啟了我人生一段全新旅途，我如願擁有中文系學生的身分，證件上的學號，儼如一個全新里程碑的註記，一枚人生遲來的勳章，賦予我生命實境中某種意外的存在價值。而那時，距我踏出輔大校園，已跨越跌跌撞撞的半世紀時空。

關於碩士論文題目的考量，事實上延伸自筆者碩一的期末報告〈文學搶灘，斷代文學小史備忘錄〉，內容撰述以「《中央副刊》梅新主編時代的大事記」為本。因該大事記架構涵蓋了梅新時代《中央副刊》面貌概要，碩論方向大致可圍繞著相關主軸進行深層探索研究。發想大致成型，我即一路請教好友——前《中央副刊》主編林黛嫚教授。與林黛嫚教授的緣分，始於《中央副刊》梅新主編期間的一九九四年，我因投稿受到時任《中副》編輯林黛嫚的關注，第一篇散文〈小黃瓜的故事〉、第一篇小說〈祭禮〉的發表，也促成日後創作路上編者與作者之間的互動因緣。成為《中副》作者的因緣之初，則來自於輔大校園時代因投稿《幼獅文藝》一篇文章。想必是那篇小品的玄奇幼稚，令當時的編輯先生、詩人梅新留下一絲印象，也因之成為我再次文字歸隊的宿緣。黛嫚進入《中央副刊》由編輯助理、副主編，一路升任至主編，歷練豐厚，以她對我創作歷程、文壇經驗的理解，認為我比較適合從事詩人研究，因「副刊學」遠超過我所熟悉的領域，對於我這個門外漢而言，必然十分難為。一個完全沒有副刊學、新聞學、文學傳播背景的知識盲，只因憑著對那時代的懷念感動，竟自不量力選擇自己不熟悉的領域，一頭栽進論文研究。黛嫚教授見我如此執著，也只好從旁指點迷津，後來在我口試過關時，才告訴我，從一開始我想寫這個題目起，她就為我捏把冷汗。

彷彿一切都在冥冥之中，與須文蔚教授認識，是在一九九八年夏天。《中央副刊》在東華大學校園主辦的青年文藝營，筆者有幸受到時任主編林黛嫚的邀請，於協助營務之際，初次遇見擔任文藝營導師的須文蔚老師。當時須老師還是博士班學生，然而未經幾年，多才多藝的詩人須文蔚老師，憑著驚人的毅力、一路努力進取，不僅當上大學教授，詩創作成就非凡，於文學傳播專業領域，更展現出相當傑出的表現。其後的歲月裡，文壇詩社爭相延請須教授加入編輯團隊，如《創世紀》詩刊、《乾坤詩刊》等。《乾坤詩刊》終究有幸，請來須教授擔任總編輯，主導編輯、推動詩的創作與活動舉辦，因此當時忝為乾坤詩社社長的我，有幸與須教授有段乾坤詩社共事的時光。

五年前，我向須老師提起，碩士論文想以研究《中央副刊》主編梅新時代為題旨的意願，須老師當下即表示這是一項很有意義的研究，並強調台灣文學傳播史應當記錄下詩人梅新這位重要的副刊守門人，使我於反覆的忐忑糾結中受到極大鼓勵，信心為之堅定，進一步鼓起勇氣，乞請須教授擔任這篇論文的指導教授，須教授竟然毫不猶豫當下答應，令我感動欲泣。

多年以後，聽須老師回憶，首次接到副刊編輯的親筆回信，即來自梅新主編，那信使他於徬徨年少時期獲得莫大的鼓勵，須老師眼眶泛紅的陳述了那段因緣。後來我才想起，梅新老師於一九九七年過世時的紀念文集製作，文稿收集、編撰整合，均有文蔚老師的貢獻；筆者於保存資料中發現，紀念梅新的傳真詩稿〈恆在摯愛心中〉（作者：薛林）欄邊，有我的附筆：「須先生：您好，此篇詩文為辛鬱先生的邀稿，請您指正。順便一提，十月十二日中副製作紀念梅新的專輯中的〈最後一封信〉，是梅新先生於病中的八月二十八日，寫給文友詩人薛林（我的父親）的信。謝謝您！龔華敬上」。如今，須老師助我克服文學傳播、副刊編輯種種概念，完成《詩人梅新主編《中央副刊》之研究》，更是別具意義。

想起第一次正式向須教授討教，是二〇一七年七月十二日。須老師由東華大學下課，自花蓮搭火車回台北，於回家和家人團聚之前，抽出一點時間與我見面。我們約在台北車站附近，傍晚七點多鐘，須老師風塵僕僕而來，略顯疲憊，卸下沉重的背包，坐下來即開始指導，抽出筆來於白紙上一項一項擬出論文結構、綱要、相關資料準備、資訊收集管道。其後漫長的歲月裡，須老師一次復一次批閱我的論文「粗稿」、不厭其煩的為我指引方向、修正格式，論文面貌得以漸趨成型。我記下每一次須老師百忙之中的當面指點、電話中的叮嚀。不計其數的耐心教導過程中，令我同時深切感受到須老師的文學傳播使命，以及為副刊歷史留下見證的決心。而我的惶惑不安，總在須老師的「不緊張！不緊張！我會幫你」的即時安撫下，放下焦慮、定下心神，重新出發。在在成為論文研究路上，支持我堅持下去的書寫動力。

事實上，我非常幸運。須文蔚教授因當時在東華大學任教，便委託在文大中文系任教的何致和教授偕同指導，感謝中文系所所長王俊彥教授的支持贊同，須文蔚教授偕同何致和教授，正式成為我的碩士論文指導教授。我這離開校園文化半世紀的茫茫然老學生，便在念研究所期間，時不時去叨擾新世代的優秀小說家何致和教授。感謝致和老師的謙和、熱忱，隨時歡迎我前往他於大典館的研究室，使我的研究所課業，包括學期小論文、期末報告，同時獲得許多指引。於論文格式、註解方面的種種提醒，更是鉅細靡遺。碩論研究題材的選擇，何老師總是秉持贊同的態度予以支持，並表示這篇詩人梅新主編《中副》研究的碩論價值，還涵蓋了人文研究與副刊研究的關係，具有開創性的意義，此番肯定，使我受到莫大的鼓勵。

在學期間，忙於國學典籍、中國文學文化發展研究，以及某些現代文學課業的修習之外，實無多餘時間、體力，如願到新聞或傳播系所旁聽相關課程。身為一個純粹的創作者，我必須承認，對於副刊的知識、企畫、思維的理論基礎，未曾受過任何相關訓練。再則因大學本科既非文學亦非新聞傳播，與研究相關的基礎理論知識，益顯淺薄，毫無副刊學、傳播學、文學守門人概念的學識背景之下，使我不得不更加努力探索挖掘，資料彙集、研究梳理的過程，不得不更加盡心竭力，花費更多的時間閱讀自學，以增長副刊學、文學傳播知識，搜尋文史資料來源，以有效的研究方法，達成研究目的。因而，修業時間遠遠超出預期進度的三年。論文書寫的延宕，還來自一個突發事件的命運小插曲：時值碩二期末的畢業季節，同學們相約在校園拍攝畢業照，與高采烈的拍照留念中，我悄悄察覺身體病兆再度出現，汩汩滲出的血跡，明顯警示我又得重回生命第一線戰場了。五月，繳交完最後一篇學期報告；六月，考完碩班畢業門檻需要的英檢「多益」；六月底，我依約回到醫院，經確診、手術，又歷經十天的住院。出院時，是炙熱的七月夏天。因癌症的復發，我面臨是否休學的掙扎，困惑中我終究說服自己，一切按部就班，平常心才是唯一解決困頓的自處方式。還有一年的大學中文基礎學科補修課程，我必須堅持下來，不可辜負自己多年以來的承諾。至於論文研究的書寫，我決定慢下腳步，於第四年的閉關靜養中，同時「修練」完成。

碩士論文口試的緊張時刻終於來臨，這日是二〇二〇年十二月七日。入考場前，我再一次反躬自省，以四年多的時光，實現半世紀的文學承諾，那築夢的勇氣，如夕陽於落下地平線前，決心留給天際的絢爛，我該為自己喝采。能再次獲得來自生命力的啟示，而未輕言放棄，更值得感恩慶幸。無論論文口試是否通過，我已盡力，並未辜負上帝所賜的奇異恩典，於波波折折的自我奮戰中，那所謂的美好的一仗，我已打過。

感謝中文系所所長王俊彥教授的周全安排，現場口試委員們的專業指正，認真的評估、建議，得以順利進行。感謝口試委員會召集人李李教授，於嚴寒的冬天，不辭辛勞，為這場口試專程遠道而來。李教授提出建議，標題與內容的銜接、語意不周的修正，於逐頁的批改中，均有詳細的註記；感謝朱雅琪教授，對於論文結構、主題、論述的多方指正、提醒，可謂鉅細靡遺。林黛嫚教授以《中副》「後梅新時代」主編的關鍵視角，檢視了論文研究的意義，蓋括了論文景深的《中副》價值，並感慨的表示：《中央副刊》遷台以後，前後經歷過七位主編，隨時代的變遷，《中副》歷史的蹤跡，若無研究紀錄的發現、保存，終將被遺忘以致銷聲匿跡；這篇研究論文問世，如果梅新有知，必然十分欣慰。

事實證明，於這場論文口試中，聆聽老師們的豐富學識見解，於我人生經驗中，勝過一場世紀心靈饗宴，留下超乎想像的溫馨與感動。上個世紀副刊大編的守門精神終獲肯定，詩人梅新的副刊守門精神，終可存留。口試委員們一致肯定此篇論文的研究價值，對於筆者學術研究的初探嘗試，產生極大的鼓勵作用。考試評審揭曉，這本論文以「立論創新，資料豐富，文采斐然，高分通過論文口試」的評價。筆者接下論文口試通過合格證書，當下萬分激動、百感交集，難以筆墨形容。

感謝報考文大碩士班入學申請時，蕭水順（詩人蕭蕭）、宋如珊兩位資深教授的認真推薦。詩人蕭蕭念輔大時，雖然與我不同系，但慷慨地收容我這位成天只會作文學白日夢的理學院學妹。離開校園以後，與學長首度相認於一九九九年秋天、一場前輩詩人瘂弦設宴招待西安來的詩評論家沈奇的永康街「長春藤」午宴上。其後，於希臘舉辦的二〇〇〇年第二十屆世界詩人大會上再度相遇。二〇一五年底，時任明道大學人文學院院長的蕭水順教授，得知我於向晚歲月還矜持美夢，便以超快的速度為我寫好推薦信。

積極鼓勵我報考的文大中文系宋如珊教授，於治療的病弱中，為我寫了推薦信，全力助我一臂之力。雖然念研究所期間，除了因癌症復發而進行手術與治療，還因摔跤導致右肩膀肌腱斷裂的困擾，兩度面臨休學。畢竟，在完成人生最後階段願望的意念驅使下，我打消了休學念頭，嘗試以左手代勞，抄寫上課筆記、敲打鍵盤。我與如珊都在與時間賽跑，而她競走的對象卻是歲月的秒針。如珊教授是我的榜樣，我便催促自己也加快腳步，總是想像著再次與如珊相約牛排大餐，「努力加餐飯」是我們彼此的互勉項目之一，也總想像著，於下一次的午餐約會中，將一本熱騰騰的完好出版的論文著作，親自送給如珊。

感謝所有研究所教導我的師長們，金榮華教授、王俊彥教授、陳勁榛教授、陳錫勇教授、嚴紀華教授、陳妙如教授、林協成教授等，於修業課程中，教授們的教學涵養、研究態度，都是我進階向學、修養提升的精神指標。感謝學弟、學妹們的幫助，助教意卿、陳郁的耐心協助。尤其，同學年度考進研究所的冠廷「學弟」，四年來，自始至終不厭其煩、常相左右，儼如「學長」般全力支援我這位超齡「學姊」，助我克服校園資訊或網路搜尋種種困難，助我由現代校園環境、資訊知識的匱乏中獲得成長，助我於亦步亦趨的學習中，排除障礙，得以穿越兩個世代時空，銜接認知與概念的隔空差距。

近五年來，雖為課業、健康因素，離文壇漸遠，但始終不忘幾位前輩的鼓勵，十分感念詩人張默、瘂弦老師，以及於二〇二〇年故逝的乾坤詩社創辦人、詩人藍雲老師等前輩先進，對我從事梅新、《中副》研究的關懷。同時，要感謝亦師亦友的楊宗翰教授，對於此篇論文研究的長期關注與期待。青年俊傑楊宗翰教授，早於一九九七年七月二十七日在國軍英雄館七樓舉辦的「青年詩人創世紀現代詩講談會」，即因才情顯著，受邀參加講談與論文發表；宗翰形容那是最後一次見到梅新先生，遺憾之情溢於言表。近年來，宗翰不辭辛勞為文壇的付出、尤其為傳揚上世紀大編精神的熱忱與所做努力，大家有目共睹。楊教授趕在二十一世紀二零年代來臨之前，於二〇一九年十二月二十七日，為淡江大學中文系籌辦了「文學、編輯與出版學術研討會」，尤其深具意義；會中邀請到文學傳播界重量級學者、教授，如李瑞騰、林黛嫚、趙衛民、楊澤、張堂錡、陳文成等十來位專家，主講副刊編輯、詩人主編副刊等重要議題，楊宗翰教授並於會後親自彙整了所有發表論文，編輯成《大編時代：文學、出版與編輯論》（秀威資訊出版，二〇二〇年九月），其中包含李瑞騰的〈文藝編輯學導論〉、林黛嫚的〈《中央日報》副刊主編風格析論：以孫如陵、梅新為討論中心（一九六一——二〇〇六）〉、楊宗翰的〈論台灣當代文學之詩人編輯家〉等各家論文，並有座談實錄〈編輯台上的名編身影——瘂弦、高信疆與梅新〉（趙衛民、楊澤、張堂錡主講）。該本編著的出版，顯然成為近代副刊編輯的輝煌發展、時代大編的足跡軼事之重要回顧，為副刊文化史料的保存與傳承，再次增添了舉足輕重的關鍵新頁；理所當然，《大編時代：文學、出版與編輯論》也及時成為本論文的重要參考資料之一。

特別感謝梅新夫人張素貞教授，難以三言兩語說盡張老師對我的幫助。由於張教授的信任，自始至終，默默慷慨支持，予我以個人角度、探索挖掘的充分研究空間，卻從不主動干預、涉問研究細節。感謝張老師，從不吝於回應我的疑難困惑，積極從速、竭盡心力，以第一手資料的提供，助我突破論文研究中的疑慮。最令我感動的是，張老師親自去中央圖書館翻閱早年資料，為尋求久遠年代的答案。多處細節，都因張老師不辭辛勞、不厭其煩的指正，才得以如實呈現，如梅新老師在「一體三相」的《南北笛》發表創作的軌跡，如鮮少為人著墨之《中華文化復興月刊》時期的梅新編輯蹤跡等等。

百感交集中，回想著二〇一五年十一月十二日，一個不聲不響的結婚紀念日，我向家人宣布報考中文研究所的決心。五年以後，二〇二〇年十二月七日，終於獲得碩士論文考試合格證書。大兒子形容媽咪的完成論文研究，是「五年磨一劍」，先生趁機默默補上一份結婚紀念禮物；無論是「鐵杵磨成繡花針」，抑或「五年磨一劍」，無庸置疑的是，家人的關懷與摯愛、生活面的全力支持，使我得以安心為學業奮鬥，專心致力於學術研究。五年之間，先生因長期在外地工作，大兒子也因工作地點，經常於國內外之間往返，小兒子成了我最貼心的助手。因我碩二暑假的那場病痛，他辭去了南台灣的醫療研究工作，名為北返轉換跑道，實為就近陪伴、照顧體弱的母親，毅然一手承攬起輕重難分的甜蜜的負擔，該如何細說，那常相左右的精神支援，無所不在的生活動力來源！

論文考試通過當晚，《中副》「後梅新時代」主編林黛嫚，透過臉書捎來最大的安慰與祝福：「龔華大學讀的是食品營養，因對文學的愛好，考進中文所研讀，比同班同學多花了一年補修大學課程，剛完成的論文也有十二萬字，今天的碩論口考有類博論口考規模。龔華在須文蔚、何致和兩位教授指導下，以守門人理論出發，完成〈詩人梅新主編《中央副刊》之研究〉，立論創新，資料豐富，文采斐然，恭喜她高分通過論文口試，人生每個階段，能追求夢想，希望相隨，都值得祝福。」

不禁想起，來自久遠年代、視我為「中副之友」的編輯團隊，除了林黛嫚主編，還有郭士榛、林慧娥、張堂錡、吳月蕙、周昭翡、史玉琪、楊明、羅任玲、魏芬（魏妤安）、羅莉玲、郭強生、施淑清、黃金鳳等好友；基於文學深度的純真友情，我們共同攜手參與了《中副》的時代光榮，有幸親睹了大編的風采，經歷了《中副》梅新時代的美麗與滄桑，共同維護一部為文學搶灘的斷代小史。也是那個年代，為我重啟創作的契機，於文學願望的追求上，《中副》是我成長的原鄉，我豈能辜負梅新主編時代，《中副》的培植、提攜，以及「後梅新時代」的林黛嫚的持續關懷。

付梓之前，最終要感謝的是，本論文研究過程中，《文訊》社長封德屏女士的熱忱關懷、文藝資料研究中心主任吳穎萍女士的大力幫忙，助我免於資料查詢過程中的過度勞累奔波。也因《文訊》封社長的鼎力支持，吳穎萍主任不厭其煩的協助，以及資深編輯杜秀卿女士於版面形式、文稿編排的極其用心，玉成這本論文研究，得以及時出版、順利面世，促使《中央副刊》的時代精神不致銷聲匿跡，詩人梅新主編《中央副刊》的風華身影得以重現。

目次

圖片集 2
〈序〉當「中副」、「梅新」成為研究／林黛嫚 17
〈序〉為台灣副刊學立下有情的歷史／須文蔚 21
〈自序〉感念 26

第一章 序論 41
第一節 研究動機與目的 43
第二節 研究範圍與方法 48

第二章 梅新生平綜述 61
第一節 梅新的家世背景與軍旅生涯 63
第二節 梅新的筆名與家庭婚姻 69
第三節 梅新的生命旅途與倉促離世 76

第三章 梅新的文學之路 91
第一節 梅新的文學啟蒙 91

第二節　梅新的創作與詩觀　97
第三節　重要著作與獲獎紀錄　109
第四章　梅新的編輯事蹟　119
第一節　文學編輯歷程　119
第二節　精於企畫編輯的守門人　133
第五章　梅新主編《中央日報・中央副刊》歷程　149
第一節　《中央副刊》簡述　149
第二節　接掌《中央日報・中央副刊》　156
第三節　副刊金鼎獎大編　160
第四節　熱副刊《中央副刊》風雲再起　174
第六章　梅新主編《中央副刊》的企畫編輯　191
第一節　副刊編輯理念　191
第二節　企畫編輯的執行　198
第三節　專欄、專輯、特輯的製作　200

第四節　企畫編輯的議題開發——以女性關懷為例　210

第七章　梅新報導文學的推廣創意　241

第一節　文學研討會的紀實報導　241

第二節　非文學的「報導文學」　242

第三節　「報導文學」創意實例　243

第八章　開風氣之先的時代創舉　249

第一節　總統與青年作家的文學下午茶　250

第二節　百年來中國文學學術研討會　252

第九章　現代詩與《中副》——以「魚川讀詩」為例　259

第一節　現代詩與《中副》　260

第二節　「中副詩選」　262

第三節　「魚川讀詩」　263

第四節　「魚川讀詩」專欄的結集《魚川讀詩》　267

第十章　結論：我不風景誰風景　273

附錄一：梅新相關背景編年紀事　297
附錄二：張素貞〈詩人梅新追思會致答辭〉　305
附錄三：梅新與《聯合文學》　311
附錄四：梅新時代中副小史備忘錄：《中副大事記一九八七——一九九七——梅新vs.中副》　319
附錄五：《詩人梅新追思會》紀錄片　323
附錄六：論文口試證書　325
徵引文獻　327

第一章　序論

一九八七年七月十五日，政府宣布解嚴。長達三十八年之久的戒嚴令解除，意味著威權體制的轉型，政治鬆綁時刻來臨。解嚴次年，一九八八年元月一日，報禁解除，台灣社會快速邁向民主、自由化的發展，長久以來，威嚴警戒下的思想潮流，亦因報禁解除，由隱晦漸次化為明朗。台灣政治文化，無論多元對立、抑或融合妥協，於各自表述上獲得相對寬廣的空間，加以媒體產業出版順勢崛起，促使文藝思潮激盪更加興盛，一時形成的壯闊態勢，構築了全新時代的局面。

當社會籠罩於全新的活力氛圍之際，台灣報紙同時展現出驚人的敏感嗅覺，簇新時代的文化覺醒，即時反應於「副刊」的形態屬性與內容樣貌之上。「副刊」附隨報紙日日發行的效率優勢，對當代文學創作、思想傳播、文壇動向、史料保存的推動功能，宛若即時提供文學養分的最前線土壤，為社會文學文化發展變化，帶來極大的意義與影響。

《中央副刊》附隨《中央日報》，同時創刊於民國十七年（一九二八年）二月一日。《中央日報》，加上正式創刊前身的背景沿革（註一），可謂百年老店，於中華民國史上銘刻下的深刻足跡，於個人教育水準的提升、社會進步的發展、國族的穩定，卓有貢獻，影響所及，由二十世紀初跨越至二十一世紀。然而，正值邁入新世紀初始，社會繁榮、民生富裕、人文素質享有前所未有的高度水平之際，不意突然停刊，愴然走入歷史。《中央副刊》亦隨《中央日報》的停刊，於民國九十五年（二〇〇六年）六月一日吹了熄燈號。自正式創刊以來足足超越大半個世紀，徒然留下近八十年歲月的美麗與滄桑。其間國府戰後遷台以來的孫如陵主編時期，被視為《中副》的黃金時代，而梅新擔任《中副》主編以後，十年之間創舉連連，任期間的一九八七年到一九九七年，為《中副》贏得四座「副刊編輯金鼎獎」（註二），打破前所未有的副刊編輯紀錄，為《中央副刊》創造了一個最具動力的時代。

台灣報紙副刊的文學傳播角色，普受研究學者們的肯定，誠如傳播學者須文蔚教授的論點：「在台灣的文學傳播環境中，在文學出版之外，同樣具有影響力的文學媒體非副刊莫屬，相關研究也顯示副刊編輯對文學發展具有深刻的影響力。」（註三）台灣報紙副刊對於文學發展功能無庸置疑。身為重要副刊主編，梅新主事《中副》創造無數耀眼佳績，必有其獨特之處，對於文學傳播發展的影響必然深遠，值得深入研究。梅新自一九八七年上任，迄至一九九七年辭世，於工作崗位將近十一年，實際穿越了一九八七年解嚴前、後時期，同時涵蓋了一九八八年報禁解除後十年。黨報色彩的包袱之下，於一九八七至一九九七的年代背景中，競爭激烈的副刊編輯台背後，身為詩人的梅新主編，立於特異座標時空，如何迎接挑戰，施展文學副刊理想抱負，同時「效忠」使命，達成革新《中副》刻板印象任務，進而躋身「熱副刊」（註四）領域，於時代逆流中，挽救《中央副刊》往昔的影響力，重塑新形象魅力？

爰此，筆者選擇以梅新主編《中央日報．中央副刊》時期為研究範圍，循就梅新時期的《中副》面貌，擬定以「詩人梅新主編《中央副刊》之研究」為主旨，期能喚回台灣報紙副刊文化發展史上、漸遭淡忘的久遠年代中，曾經為文學文化鞠躬盡瘁的詩人梅新之編輯貢獻，以及實質影響。

第一節　研究動機與目的

一、緣起

一九九四年夏天，筆者以「臨頻」的筆名，投寄一篇散文至《中央副刊》，雖未經錄用，但文章結尾的一首小詩卻被徵詢留用刊登。該階段因筆者遭逢人生變故，深思定省之下，決心重拾文學創作最愛。爾後又幾經嘗試投稿《中副》，多次被錄用刊登，受到極大鼓勵，決心在文學路上重新歸隊。

二十世紀下半葉，台灣文壇歷經文藝思潮洗禮，副刊文化發展特殊現象，可謂盛況空前。筆者涉入文壇雖晚，未及全程參與時代盛況，卻趕上世紀末榮景；因文學創作結緣，有幸接觸文壇活動，進而得緣參與協助《中副》幕後工作，忝為採訪記錄、報導撰寫工作者；進而偶或僥倖，得以親睹文學大師風範，近距離觀察台灣文學最前線的時代風景，體驗副刊現象所締造的文壇景觀，感受幕後副刊英雄全力以赴的熱血精神。

大副刊時代為文壇帶來的熱潮魅力，至今餘韻猶存，依然盤旋於二十世紀末的時空。穿越時光隧道，文學星光大道依稀璀璨，作家、學者，可謂冠蓋雲集，紅毯上，先進、新秀，一一登場。那是個充滿熱力光芒的副刊時代。其中尤以一九九六年《中央副刊》主導的「百年來中國文學學術研討會」，令人震撼，留下的時代影像，至深難忘。於幕前，筆者有幸與時任《中副》編輯的小說家郭強生分別擔任大會司儀，面對諸多兩岸三地、應邀遠道而來的華人學者、作家，其陣容之浩大，前所未見，於親睹專家學養風采，體驗百年文學盛會現場氛圍中，感受此生首次置身文學大海之動容情懷。於幕後，筆者協助籌備期間，眼見副刊編輯團隊於梅新主編的熱忱帶領之下，排除萬難，達成使命。詩人梅新為文學理想全力以赴，敬業堅持的守門精神，任內企畫編輯之創舉連連，影響至今，是為研究本論的緣起。

此外，〈一九八七—一九九六——十年中副大事記〉的製作，為啟發筆者進行梅新主編《中副》研究的另一機緣。一九九七年冬天，《中央日報》創報將屆七十周年的前夕，《中副》為慶祝「七十周年慶」，特別構想了數個特輯，其中包括「一九九七年作家的成績單」、「中副的過去、現在與未來」、「中副紙上讀書會」，以及「中副大事記」（註五）。「中副大事記」的製作，原本意圖涵蓋七十年以來的副刊重要提綱內容，然因時間匆忙，時任《中副》主編的林黛嫚女士，遂將大事記的範圍縮減至五十年，計畫以政府遷台後自一九四九年（民國三十八年）至一九九七年（民國八十六年）為年譜，編撰「中副五十年大事記」。因受制於人力、經費之故，筆者為當時執行編撰、整理的唯一特約工作者；已近歲末，臨危受命，電腦尚未普及運用、網路資料並未建立的年代，逐頁抄寫、逐條迻錄重要內容，成為筆著手抄擬稿的唯一方式。然而當筆者進入《中央日報》資料保存室，卻發現積存了五十年的報紙不僅泛黃，更有些紙質已有龜裂、腐脆現象。經再度酌商，林黛嫚主編最終決定暫以一九八七年至一九九六年為譜，著手編撰「中副十年大事記」。（註六）

「中副大事記」任務期間，筆者親赴資料儲藏重地，得以嗅聞歷史的莊嚴，一窺副刊文史的堂奧，於《中副》吹熄燈號前，因緣際會下，達成一次小小的「文學搶灘」（註七）任務。而彙整過程中，已故前任主編梅新主事的《中副》十餘年期間（一九八七年二月至一九九七年九月）之重要事蹟，一再呈現眼前，實證歷歷，令筆者為之動容。「中副十年大事記（一九八七—一九九六）」特輯，於《中央副刊》共刊登四十六輯，於一九九八年一月五日至一九九八年二月十九日的《中副》園地刊出。筆者有感於「中副梅新時代」，形同一部斷代小史，之於台灣報紙副刊的貢獻影響，不容磨滅。職是，以「中副十年大事記（一九八七—一九九六）」為本，擴充迻錄、遺補延伸「大事記」範圍至梅新主編《中副》的最後一年（一九九七），而成《中副大事記一九八七—一九九七——梅新vs.中副》（註八），以茲呈現梅新主編《中副》近十一年之全程形跡縮影。是為緣起。

二、動機與目的

（一）動機

二十世紀中葉以降，台灣文學發展受西方各種主義的影響，文思鼎盛，副刊文化同時呈現出熱絡非凡的局面。報紙副刊承載著文學傳播使命，與文化社會互生、共融，織就出副刊文化史上的特殊榮景。副刊內容涵蓋面廣，紙上的文學傳播、文藝文化活動的舉辦，靜動兼容、相輔互生，儼然人文薈萃之所、文壇樣貌的縮影，普受歡迎之下，被視為當下引領風騷之文學播種園地。於「百花齊放」中，尤以《聯合報．聯合副刊》、《中國時報．人間副刊》和《中央日報．中央副刊》為文學傳播代表，三報副刊並駕齊驅，帶領台灣報紙副刊共襄盛舉，力構了色彩鮮明的副刊文化，不僅為台灣文學發展進程留下深刻足跡，於中國文學整體發展，帶來舉足輕重、不容忽視的影響。

梅新正式執掌《中央日報．中央副刊》編務始於一九八七年二月，上任不到半年，政府於七月宣布解嚴，次年一九八八年接著宣布報禁開放。梅新以新聞人的敏銳知覺，勢必意識到報禁解除後的媒體洶湧浪潮，肩負《中央日報》的黨報色彩，參與民間的激烈競爭，必然倍加艱辛。梅新當即竭盡心力全面改革，果然不負報社期望，於上任不久即展現亮麗成績，呈現嶄新面貌，令人刮目相看。筆著抱持對副刊歷史的敬重，緬懷梅新對副刊編輯的貢獻與影響，是為觸發撰寫專文的主要動機。

（二）目的

梅新於帶領《中副》蒸蒸日上、邁向巔峰的時刻，突然過世，令人相當錯愕，引起文壇極大震撼。梅新於一九九七年十月十日去逝，消息傳開，悼念文章紛沓而來，源源不絕，單就逝後兩個月內所結集成冊的紀念文集《他站成一株永恆的梅》（註九）中，即多達五十篇。其後各副刊、期刊陸續刊載的紀念專輯、追憶篇章，直到收納至二〇一七年十月出版的《投影為風景的再生樹——梅新紀念文集續編》（註一〇）書中，仍有三十八位作者執筆的詩、文，共計四十九篇。此外，尚有文藝界為梅新的逝世，舉辦的追思紀念活動，出版界為梅新遺作安排出版的詩集《履歷表》、詩論評《魚川讀詩》，以及紀念選集《梅新詩選》等。此等個別、集體之哀悼、緬懷，由國內外各地傳來，致敬氛圍莊嚴肅穆，其象徵意味，儼如一場隆重的送別，在在足以映證詩人梅新為《中央副刊》所編創的璀璨一頁，備受敬重，為台灣文學傳播發展，留下不可忽視的影響。然而，自梅新辭世至今，長達二十三年的歲月，未見以梅新編輯研究為主題的碩博士論文或專書問世，「台灣現當代作家研究資料彙編」至二〇一九年十二月止，編列的一二〇位重要作家名單，亦未將詩人梅新列入。

基於以上因素，本論以重現二十世紀重要作家、副刊編輯守門人——詩人梅新主編《中央副刊》的年代身影為研究目的，期望以研究發現，呈現梅新為《中副》編創的璀璨一頁、為台灣文學傳播耕耘的發展足跡；以初探結果拋磚引玉，激發梅新的編輯貢獻、文壇高度等更深廣的研究。

第二節　研究範圍與方法

一、研究範圍

梅新自一九八七年二月上任，至一九九七年九月因病請辭主編職務，就時空向度而言，主編《中副》實際十年八個月，而該時空跨越了戒嚴時代最後一年，以及政治解嚴後、包括報禁解除的十年。時值台灣副刊文化發展來到巔峰，「熱副刊」風潮方興未艾，特殊時空交疊，風起雲湧中，梅新異軍突起，應對副刊的戰國形勢，成為時代風景、焦點所聚。身為詩人，梅新以其濃厚的文學性格，如何實現副刊理想的編輯策略運用，躋身「熱副刊」之列，挑戰閱讀市場，同時於求取商業行銷、人文水準整體平衡之際，不致偏離「文學的血緣關係」（註一一），於開創全新時代副刊局面同時，發揮文學傳播守門人精神，值得深究。

本論將循前述思考脈絡，以梅新主編《中央副刊》的一九八七年至一九九七年為時空範圍，進行梅新主編《中央副刊》研究。

二、研究方法

（一）文獻資料

1、自身之家族書寫

進行梅新主編《中副》研究，影響梅新成功背後之重要成長過程、相關背景因素，密切關係著日後處事為人的生命發展，不容忽視。然而，依據文獻資料、前人回顧，其中論及梅新生平、幼時家世、成長背景，鮮少有文深入著墨。筆者卻有幸於閱讀梅新作品中尋獲蛛絲馬跡，除了懷念至親的詩作之外，早年的散文作品中，多有涉及家世背景、幼年記憶的家族書寫；於生動的描述、細膩的思維、深情的回憶間，透露著成長歷程的點點滴滴。而遷台以後，年少的徬徨、軍中的歷練、人生種種波折，直到文學熱愛的覺醒、志業的堅持等等心路歷程，往往成為梅新創作的題材，作品內容深具價值。概言之，梅新的家族書寫，以及鮮為人知的早年的生命自我敘述，實為梅新成長背景的第一手珍貴資料。

2、外部之文物資料

除梅新個人的創作、出版著作，梅新創辦、主編出版的刊物以外，副刊學、傳播學、出版學、台灣副刊研究等相關圖書、專論與碩博士論文等論述資料，以及《中央副刊》紙本、「一九八七—一九九七中副十年大事記」索引、《中央日報》全文影像資料庫、數位文學網站如「詩路：台灣現代詩網路聯盟」等，均為重要參考來源。

（二）前人回顧

「前人回顧」包含詩友對梅新的記懷、撰述、評論、來往書信、梅新介紹、採訪紀錄、梅新作品評論、悼念梅新專輯、梅新夫人張素貞教授的梅新編輯軼事篇章，以及《詩人梅新追思會》錄影紀念製作（註一二）等。

綜合以上，透過「文獻資料」、「前人回顧」之紀實、論述等相關資訊為重要依憑，尋其脈絡，爬梳人生重要階段，以求實勾勒梅新生平貢獻縮影。

（三）守門人理論

梅新編輯副刊，以企畫編輯為理念原則、守門精神為核心基礎，因此，於梅新主編《中央副刊》時空框架範疇之內，透過台灣副刊生態文化敘述、文學傳播概說，梳理「梅新主編中央副刊」所作所為，輔以守門人基礎理論的方法原則，當有助於進行詩人梅新主編副刊的研究探討。

1、台灣報紙副刊發展

論及台灣報紙副刊沿革，可追溯至一九二〇年七月於東京成立的《臺灣青年》，該月刊為第一份由台灣人經營的媒體。曾經幾度易名，從《臺灣》月刊到《臺灣民報》周刊，再更名為《臺灣新民報》，且由周刊又改為日刊，其後復易名呈現以《興南新聞》繼續經營。二戰爆發後，被併入設有相當於附刊「漢文欄」的日文報紙《臺灣新報》，至此，由一九二〇年到一九四四年概括所有階段，統稱為《臺灣新民報》系，其「文藝欄」版面，事實上可視為台灣報紙副刊的源頭。（註一三）

台灣文學發展，自一九五〇年代的反共文學，來到一九六〇年代的現代主義，以至一九七〇年代的鄉土文學，一路走來，形成時代遷移的色彩變化。層層風起雲湧的熱絡景況，文藝思潮的洶湧巨浪，波波衝擊台灣文壇，影響所及，前所未見。而社會經濟漸趨繁榮，出版業的發達，閱讀帶來更方便的管道。報紙的日日發行，獨佔與社會密切接軌的優勢。副刊的文學文化訊息，附隨「正刊」足跡，普及社會各階層角落。報刊載體輕如活頁，文化滋養快速輸送，加以「價廉物美」等優勢條件，足以開發促銷閱讀消費心理的周邊價值。利於報紙成為民眾獲取社會資訊、知識閱讀的首選版本。看報，成為家家戶戶的日常，儼如全民文化運動；閱讀副刊，形同心靈的形上動力、文化素養的象徵符號，於前世紀七、八〇年代堆疊出的集體閱讀美好年代，成為文學人的共同記憶。報紙副刊享有文學傳播先鋒之譽，當之無愧，副刊文化步入高峰，影響力與重要性，可見一斑。

台灣副刊傳統，以文學為精神核心，一九六、七〇年代以降，各主要副刊執編者，仍以知名新聞人、作家為主，新聞本科系出身如鄭貞銘、孫如陵、高信疆、梅新，作家如林海音、向陽等。一九八〇年前後，直到梅新主編《中副》後期的一九九〇年代末，詩人主編報紙副刊，成為普遍現象，如《聯合副刊》主編瘂弦、陳義芝，《中央副刊》主編梅新，《台灣日報．副刊》主編路寒袖，《自由副刊》主編許悔之，《中國時報．人間副刊》主編楊澤，《自立副刊》主編向陽等，均為詩人出身。詩人、作家主編，為數眾多，可謂世界報紙副刊現象所僅有。詩人編輯副刊，無法忘情於文學，可以想見，但於激烈的競爭之下，以純文學為副刊精神，已不符合時代潮流的為難處境下，詩人主編唯有竭盡所能，為防範文學核心主軸遭淹沒，發揮守門人藝術，技巧性安排版面，保留小說、散文、詩的純文學書寫，同時將部分社會、新聞、娛樂多元性的大眾胃口之從俗內容，以文藝形式包裝，透過文化生產機能，進行文學傳播發展。

副刊樣貌性質，涉及諸多因素，報刊傳統、社會聯結、時代需求、經營條件、市場考量等等面向，無不關聯。概括言之，台灣報紙副刊樣貌，由戰後的「綜合副刊」、「文藝副刊」、「文學副刊」，一路發展演變，至一九八〇年代以後，呈現的副刊模式，大致以文學、文藝、文化並存的綜合性「文化副刊」為主。各個時代的副刊性質，固然與時代脈動關係緊密，但受主編理念風格、背景條件影響至深。多元內容為現代新潮副刊的必要考量，彈性區別在於類別的比例輕重，以及主編的編輯創意。副刊品味潛在的綜合性特色，正是戰後台灣副刊風格的基調。

2、副刊的文學傳播使命

文學傳播渠道多元廣泛，用以傳播文學文化發展的媒介形式類別繁多，包括實體印刷出版，如雜誌、期刊、文學讀物、報紙副刊，以及廣播、網路模式等各式傳播路徑。本論研究範圍方向，為傳播媒體報紙副刊，因此文學傳播內涵與意義的探討，僅限與報紙媒體的相關範疇。

一九七〇至一九八〇年代，台灣快步工業化，經濟加速起飛，造就了台灣社會盛況空前的繁榮美景；生機盎然中，民生富裕，生活改善，人文素養提升，印刷出版業，於文化產業鏈的運轉中，自然隨之昌隆發達。生產績效大幅提升之下，平面媒體相得益彰。印刷出版業，媲美百工百業，毫不遜色；尤以報紙最具傳輸效益，民間曾經盛行「報紙好比是秒針，雜誌是分針，圖書是時針，而且三者都圍繞著時代的軸心轉。」的流行語，雖然只是一則比喻，但其中為時代留下的蹤跡，多有啟迪。報章成本低廉，有助於「印刷品—商品」（print-as-commodity）的大量複製，透過行銷機制傳遞，流佈層面涵蓋性廣，知識市場時代需求易於滿足，連帶刺激閱眾訂報意願。報紙，成為三大平面媒體中最便捷的閱讀來源。閱報，成為生活日常的軸心，廣為普及的現象，無異於良性循環的時代運作，於不知不覺中，全民閱讀運動，儼然為知識爆發的年代添加了一層鮮明的專屬色彩。

平面載體市場擴張，強化了文化複製的能量。一九八〇年代末以降，報禁的解除，加速了報業的發展，報刊供應充沛，副刊不負大眾文學閱讀的知識期待之外，尚行有餘力以多元面向的內容，滿足民間基本的精神渴求。副刊隨報紙日日出刊的效率，成為超越雜誌、期刊、書籍的優勢條件，得與社會脈動同步，等同文學傳播最迅捷的管道。

概括而言，解嚴後的台灣報紙副刊，成為社會的精神靈糧，和民眾生活產生緊密關聯。而副刊的文學輸送、傳播報導，其廣泛觸角的涉獵，和文壇的動向變化相輔相成，於融合共生的微妙互動中，順理成章造就了文風鼎盛的榮景局面。對文學發展的推導，文藝思潮推波助瀾的價值，顯而易見，報紙副刊堪稱文學傳播之首。

近代文學傳播之廣義內涵，不一而足，其價值足以涵蓋新興作家作品的催生、滿足知識分子的社會發展關懷、促進普遍人文素養的提升，甚至培育生活美學、教化人生價值等多方面的功能。諸如梅新主編《中央副刊》，凡具人文價值的相關題材，均在其編輯理想範圍之內，也因而積存了相當質量的時代珍貴紀錄。就整體發展而觀，報紙副刊身兼歷史使命，保存資料、累積文獻，匯集文類的多面貌功能，不容小覷。近年來，台灣文學年鑑的製作，將文學文化活動，有系統地作了整體的規劃，客觀、詳實的紀錄與回顧，成為文學版圖的重鎮所在；論及內容資料的提供，報紙副刊堪稱一大功臣。解嚴後的台灣報紙副刊，於文學傳播發展的路途上，不僅成為時代見證，碩果豐富的可觀內涵，足以編目成冊，自成一部副刊文學巨史。

3、副刊守門人

「守門人」概念，發展於二十世紀五〇年代（註一四）。文學傳播學者須文蔚教授，依據先驅研究者White的研究焦點，對守門行為分析，提出論述。須教授認為研究者發現，守門人對傳播內容的形成，其關鍵影響因素有三：

其一，編輯以何種標準來選擇新聞。

其二，是否有決定性的、固定而快速的規則可循？

其三，守門行為是基於主觀偏見、特定偏好或是新聞價值？（註一五）

副刊主編居於「守門人」的前鋒位置，角色舉足輕重，與瞬息演變之人文動向，以及當代文藝潮流等多重面向息息相關。身負社會文化、文學傳播重責大任，副刊主編，執行落實文學與多元文化空間對話的職責，為副刊素質把關，儼如護守家園面對群眾的重要窗口，成為人文互動的重要溝通橋樑。

根據須文蔚教授於「文學媒體與傳播」（註一六）的研究敘述，「一個卓越的編輯人，是可以掀起文學風潮的。」（註一七）文學媒體守門人成為至要關鍵，茲將其理論脈絡摘要如下：（註一八）

（1）文學媒體研究尚可進一步深入分析守門行為，McQuail（Denis McQuail）（註一九）就表示，守門行為未必適用描述所有傳播情境，但是在文學傳播中，文學經紀人、編輯或出版者在選擇作家及藝術家的作品，具有十分重要的影響力。

（2）舉凡：書籍出版、雜誌編輯、戲劇劇本挑選刊行上，無不可見守門行為產生一種「無聲」的文學評論與價值判斷。

（3）就文學媒體守門人的定義而言，文學編輯工作絕非僅止於選稿與美工編輯，事實上是包括有：企畫編輯（developmental editor）、文稿編輯（line editor）和文字編輯（copy editor）等多重的角色與分工。

（4）事實上，一個卓越的編輯人，是可以掀起文學風潮的。在台灣的文學傳播環境中，在文學出版之外，同樣具有影響力的文學媒體非副刊莫屬，相關研究也顯示副刊編輯對文學發展具有深刻的影響力。

須文蔚教授並依據文史資料學者封德屏女士的副刊研究〈花圃的園丁？還是媒體的英雄？——台灣報紙副刊主編分析〉（註二〇）之論點，做出分析：

文學的守門人研究至少有幾個重要的分析層次：一為，單純分析文學守門人職業角色與生涯；二為，文學媒體守門人的美學觀念對於文學典律生成的影響；三為，將整個媒介環境視為一個分析的對象，探討編輯與評論人工作上面對環境、社會與媒體壓力的協調。（註二一）

須教授同時強調，於學者封德屏進行之副刊主編的研究中，發現副刊編輯的守門任務，不僅止於被動的「守門」，因應現代副刊的湧動潮流，除文稿的編輯工作，副刊守門人的作為，「必須同時扮演社會活動家的角色，透過廣泛的社會交往，使副刊的內容更加多元以及多采多姿。」（註二二）並稱「在此研究中也同時證實，副刊主編的守門行為，會受到主編與文壇關係的影響，這些社會脈絡的因素，會間接影響副刊內容與企畫編輯的方向。」（註二三）

註釋：

註一：參見「中央日報歷史沿革——中國大陸時期」：「《中央日報》創辦的情況比較複雜。一九二六年十二月，隨著北伐戰爭的順利推進，廣州國民政府遷到武漢。一九二七年三月二十二日，武漢國民政府在漢口創辦《中央日報》，社長由國民黨中央宣傳部部長顧孟余兼任，總編輯為陳啟修。陳啟修為中國共產黨黨員，所以有一批共產黨員和左翼人士參加編輯，如沈雁冰、孫伏園等。所以在「四一二事變」後，有不少反蔣中正的文章發表在《中央日報》上。七月十五日，「寧漢合流」，武漢《中央日報》於九月十五日停刊，共出版一七六號。台灣新聞史學界為《中央日報》修史時，一般不算入此段時期的《中央日報》。一九二七年四月，南京國民政府成立時，就有設立機關報的籌議。正逢上海《商報》停刊，於是國民黨接收了其一切設備，利用這些設備，於一九二八年二月一日在上海創辦了《中央日報》。」方漢奇主編：《中國新聞事業編年史》（福州：福建人民出版社，二〇〇〇年），頁一〇九五。

註二：「副刊編輯金鼎獎」，行政院新聞局主辦，於民國九十年頒發第二十五屆後，取消該獎項。

註三：須文蔚：《台灣文學傳播論——以作家、評論者與文學社群為核心》（台北：二魚文化公司，二〇〇九年四月），頁四九。

註四：「熱副刊」一詞，源於出版人隱地以〈熱副刊與冷副刊〉為文（參見《文訊》第四三期，一九九二年八月，頁一五），對當年副刊盛況的描述，而非副刊學或編輯學上的專屬學術名詞。以年代景象、時間軸線為譜，首先指跨越一九七〇至一九八〇年代，高信疆主編《人間副刊》與瘂弦主編《聯合副刊》時期的編戰競爭時期，其次來到跨越一九八〇至一九九〇年代，瘂弦主編《聯合副刊》與梅新主編《中央副刊》年代的較勁局面。於時代的鮮明記憶中，副刊風起雲湧的形成，可視為熱副刊的開始，先鋒人物代表為一九七〇年代《中國時報．人間副刊》的主編、「紙上風雲第一人」的高信疆先生。

註五：參見《中央日報．中央副刊》，一九九七年十二月三十日，第一八版。

註六：同註五，參見「編按」：「回顧歷史是一件神聖的工作。中副七十年，本該具體呈現原貌，但因年代久遠，資料短缺、整理不易，是故我們從最近十年開始整理，這份資料也可說是解嚴十年間文壇的縮影。」

註七：「文學搶灘」專欄，《中央副刊》，一九九〇年三月二十日。編按：「在文字的範疇，率先為讀者攻戰一處攤頭。」（首篇推出，奧斯卡金像獎九項提名的《溫馨接送情》劇作，普立茲獎戲劇獎得主艾佛烈德的舞台劇本，由郭強生迻譯。）

註　八：《中副大事記一九八七—一九九七——梅新vs.中副》（自印，未出版，一九九九年九月三十日。編撰：龔華，設計排版：魏妤安）。

註　九：張素貞主編：《他站成一株永恆的梅——梅新紀念文集》（台北：大地出版社，一九九七年十二月）。

註一〇：張素貞主編：《投影為風景的再生樹——梅新紀念文集續編》（台北：文訊雜誌社，二〇一七年十月）。梅新夫人張素貞教授，為紀念梅新逝世二十周年而出版。為各年代涉及梅新相關評論、詩評、論述等集結或摘要，經彙整、歸類，編撰而成，為「梅新紀念文集」《他站成一株永恆的梅》之續編。其中，「志事」一輯，多有梅新籌辦、編輯、研討會、活動等過程及行事作風等文章紀錄。

註一一：同註三，頁二四。

註一二：《詩人梅新追思會》，龔華製作，影片紀錄（台北：正一傳播公司，一九九七年十二月二十五日）。

註一三：參見林淇瀁：《書寫與拼圖——台灣文學傳播現象研究》（台北：麥田出版，二〇〇一年），頁二六。

註一四：「守門人（gatekeeper）研究在一九五〇年肇端，先驅研究者White以參與觀察法，對新聞媒體電訊編輯進行個案研究，開啟了『傳播者』的系列研究。」摘引須文蔚：《台灣文學傳播論——以作家、評論者與文學社群為核心》，頁四九（註二）。

註一五：同註一四，頁四九（註二）。

註一六：同註三，頁四八—五一。

註一七：同上註，頁四九。

註一八：同上註，頁四九—五〇。

註一九：Denis McQuail（鄧尼斯．麥奎爾），英國資深傳播學研究者，傳播學終身教授，「歐洲傳媒研究小組」成員，《歐洲傳播學雜誌》三位創始人之一。

註二〇：封德屏：〈花圃的園丁？還是媒體的英雄？——台灣報紙副刊主編分析〉，《世界中文報紙副刊學綜論》（台北：行政院文化建設委員會，一九九七年十一月），頁三五七。

註二一：同註三，頁五〇。

註二二：同上註，頁四九—五〇。

註二三：同上註，頁五〇。

第二章　梅新生平綜述

梅新，浙江省縉雲縣人，依據文獻記載，出生於一九三四年十二月二十三日。本名章益新，另有筆名「魚川」。三歲時母親便因難產離世，十歲又遭逢父喪，實際由外祖母一手帶大。因局勢動亂，梅新隨外祖母飄洋過海，自大陸來台，時間稍早於一九四九年。因生活壓力投入軍中服役（註一），自少年兵起步，擔任過上等兵、文書上士。一九五七年由野戰師退伍，隨即入花蓮師範「師訓班」（退除役官兵轉業國民學校師資訓練班）就讀。結訓後，遠赴偏鄉教書，並立志投考大學，於艱苦歷程中努力不懈，終於有志竟成，於一九六九年畢業於中國文化大學新聞學系。一九六六年與張素貞女士結婚，育有一子一女。

梅新於軍中晚期開始詩的創作，相對於同輩詩友，接觸台灣現代詩壇時期較晚。一九五五年，第一首現代詩作〈殞星〉，發表於《現代詩》季刊，一九五六年加盟「現代派」，並於一九六五年參加「創世紀」詩社。活躍身影始於一九六〇年代，以詩為創作主體之外，亦從事散文寫作；書寫範圍，同時廣及採訪報導、電影評介、新書賞析等領域。

梅新教過小學、中學、專科、大學，擔任媒體、文學編採工作，並有同時兼職四份工作的紀錄。一路以來，推動文學期刊創辦、出版，現代詩推廣、副刊編輯工作，直到逝世，將近四十年。期間提攜、栽培青年後進，不遺餘力；詩人零雨於敘述「梅新事略」時特別強調，梅新「獨具慧眼，能在沙礫中挖掘出珍珠，許多文學後輩在他的鼓勵之下，開啟了創作的動力，這是他最引以自豪的事。」（註二）

歷任《幼獅文藝》、《中華文化復興月刊》、《聯合報》、《民生報》編輯，《臺灣時報》副刊主編，《中央日報》撰述，正中書局副總編輯，《聯合文學》主編，《現代詩》季刊主編、社長，《國文天地》社長，《中央日報》主筆兼副總編輯、副刊中心主任暨副刊主編。梅新致力於文學、編輯領域雙軌的耕耘，於二十世紀八〇、九〇年代來到巔峰，卓越表現，明顯為台灣文學發展史帶來重要影響。

一九八七至一九九七年間，為梅新人生最強動力的年代高峰。不僅與台灣各重要報紙副刊守門人並駕齊驅，共同創造了文壇鼎盛時期的繽紛亮麗，也憑個人一生的努力，為自己織就出生命最燦爛的一頁。梅新於主編《中央副刊》第十一年初秋（一九九七年七月二十四日），被診斷出罹患膽管癌，令人始料未及，且毫無預警的已至末期，最終醫治無效，於一九九七年十月十日下午四時三十分，生命燃燒殆盡，匆匆走向人生盡頭。二十世紀台灣文壇重要作家、詩人梅新，積勞成疾，終究敵不過病魔的來勢洶洶，病逝於臺北榮民總醫院，過早結束了頗富傳奇色彩的一生，享年六十三歲。（註三）

第一節　梅新的家世背景與軍旅生涯

一、家世背景

梅新出生於浙江省縉雲縣。祖家早先居住在浙江省溫州城外一座小鄉鎮上，原本經商，後因祖母娘家在一次瘟疫中滅了門，祖父牽就祖母的意思，舉家移居縉雲新建鎮，以女婿的身分繼承岳家香火，從此棄商務農。

祖父的子女共十二人，梅新的父親排行老么，頗受寵愛，但因祖母比祖父早亡，祖母逝後，祖父因長年失偶、缺乏照顧，晚年得癱瘓症，從此無法主事，終至大家庭內的不睦，導致分家下場。身為幼子的梅新父親，受到虧待，但因生性不服輸，不願委屈度日，毅然離家。出走路上，吃盡苦頭，徘徊街頭之際，幸而遇到一位善心的長者，收留他為牧童，這位長者即為梅新的外祖父。

外祖先世是前清舉人，注重地方教育，以讀書求得知識，達成造福社稷的最終目標。外祖父為善好施，為當地鎮長，聲望高，十分受人敬重。梅新父親勤奮誠實、機靈謹慎的表現，獲得外祖父母的疼愛，也因而贏得受教育的機會，白天放牛，夜晚上祠堂跟私塾老師念書，因天資聰穎，勤讀《孝經》、《孟子》、《史記》，並能背誦白居易詩，頗得老師歡心；此段經歷，同時為梅新父親的命運帶來新的契機。

（一）外祖家對梅新的影響

梅新談起外祖父母時，滿溢的情感裡帶著敬重，尤其以外祖家族對知識的推崇為榮。梅新曾經以外祖母的名字為例，「她姓楊，叫官燕。一個婦道人家，父母親願意取這麼一個很男人氣的名字，一定有它的典故。」（註四）令梅新永生難忘的印象是，雖為農家，家裡卻有書箱、書櫃，「家裡三層樓上，擺了幾箱、幾櫃子的書，那些書箱書櫃幾乎成為外祖父和外祖母的一種驕傲。他們不談家裡面有多少錢，不談家裡面有多少財產，他們把那幾個書箱、書櫃保養、油漆，當作鎮家之寶。」（註五）

梅新筆下的外祖父母相當開明，下嫁愛女給窮困潦倒的梅新父親即為證明。就當時的習俗觀念而言，以父親的處境，外祖家召父親入贅、留他長久住在家裡幫忙，應屬平常。但外祖父並未要求父親入贅，反倒令其自立門戶，成家立業。此婚嫁在當時執著於門當戶對的傳統農村，造成轟動，成為鄰居街坊的大新聞。在外祖父通情達理的觀念裡，德性與智慧兼具，為第一要件；萬貫家財不足以給女兒安全感，積極上進，方足以信賴。此外，外祖父擔心的是，可能引來「找個聰明可靠的窮小子入贅，是為自家繼承香火」（註六）的閒言閒語，必定會傷害了女婿的自尊心。梅新父親贏得了外祖父母的尊重、信賴，婚後憑自己的雙手及母親的陪嫁為基礎，經過十年努力，終於揚眉吐氣，實現夢想，扭轉貧窘處境。

梅新兩歲多時，母親因生弟弟過程中，難產不治，永別於世。因父親忙於農事，梅新失恃後寄居於外祖家。十歲那年，梅新父親又不幸過世，深刻的記憶中，兄弟倆的童年，幾乎都在外祖家度過。「梅新是外婆的心肝寶貝，在戰亂中一直帶在身邊逃難。」（註七）梅新自幼的成長，受外祖家的影響極深，與外祖母的感情深厚，足以想見。

（二）父親對梅新的影響

父親人生故事中，艱苦奮鬥是實現夢想的重要動力，以勤勉自勵的精神，見證生命的轉折。梅新屢屢於父親的榜樣中，看見自己努力的方向。「事實上任何一個長久潦倒在人生道路上的人，他都有一個美好的夢。父親的夢是要贏得一場艱苦的奮鬥，絕不讓自己在眾人之面前倒下去。」（註八）

父親渴望讀書，珍惜得來不易的機緣，永不磨滅的印象，為梅新日後苦讀向上留下借鏡：

> 記得有回我跟鄰居孩子們玩捉迷藏的遊戲，直玩到三樓外祖父的書房，猛一推門發現父親倘閒坐在裡面看書。他態度之自然，以及臉上歡愉的表情，使我驚訝不已，這是我第一次看見他捧書本，也是我瞭解父親的開始。（註九）

父親的慈愛形象，處處刻劃於梅新內心深處。他總記得，收成再好，穀倉裡的糧食，似乎跟父親沒什麼關係，父親總將地瓜絲，一條條的挑給自己，再把碗裡的白米飯，一筷子一筷子扒給他們兄弟倆吃（註一〇）；每年年終，父親會在小閣樓的小木盒裡放進幾張田契或銀票，多存的田契或銀票，讓父親覺得這一年沒有白過，才會開心的吃年夜飯。梅新形容父親「總也捨不得讓自己閒著」（註一一），次日大年初一，又為了下一年的豐收，接著出門奮鬥。

父親的嚴以待己、寬以對人，令梅新印象深刻：父親曾因村人去世沒錢買棺材，挺身相助，贈棺材一副和家穀三百斤。而父親奮不顧身，單槍匹馬，敵對盜賊，上山看守外祖家的樹林，結果被打得遍體鱗傷的故事，令梅新感佩不已。父親以自身性命回饋外祖父家人的恩典（註一二），也因此成為梅新知恩圖報的人生哲理。

父親是梅新的高牆，他的處事為人，勤奮自勵的精神，無疑是梅新終生的典範。自幼耳濡目染，成長背景中，明顯可見父母祖輩的至深影響。由家族教養中獲得之訓勉，於薰陶間之所見所聞，醞釀了梅新爾後人生經歷最踏實的力量。梅新銘記自幼傳承的生活美德，並時時不忘提點兒女。於〈給女兒的信〉中再度回憶：「父親終年忙碌，無非是為了年終有帳可結，有帳可算」，並期勉子女，每年必以「盈收」成果，檢視自己的成長與人生學分。同時以「結算帳冊」四字，作為「家訓」金言；梅新對兒女說：「試想，如果你們將自己每天放在算盤子上划上划下，就不必擔心它不進位了。」（註一三）

（三）母親對梅新的影響

梅新三歲時，母親便過世了。因此對母親的印象，十分模糊，甚至於記憶中，可能毫無印象。由梅新的詩中可以讀出，其人生中最大的傷痛莫過於此。詩人瘂弦說，最近十幾年，梅新寫得最多、也最動人的詩，幾乎都是關於母親的。瘂弦比喻梅新是一生用詩來尋找母親的人（註一四）。懷念母親，成為梅新詩創作中，十分重要的題材。以詩投射對母親的想像，反映出梅新對母愛的渴望。瘂弦以梅新詩裡的母親印象，分析了年幼喪母對於梅新生命成長過程所造成的影響。梅新的愛，明顯由母親出發、瀰漫開來。梅新不僅用詩來尋找母親，還以種種意象，遍佈詩中每個角落，營造母子互動情境，彌補從小失恃的遺憾。動人之處，足以勾起母親情懷的集體意象。

「懷念母親」，彷彿也擴大了廣義的愛的象徵元素，成為梅新內心最大的創作力量。梅新夫人張素貞教授形容，梅新詩中的母親「也是大中國眾人的母親」（註一五），佐證了梅新以想像書寫母親，進而涵容千萬個母親形象於詩中的喻意。

二、軍旅時期

因局勢變遷，梅新隨外祖母由大陸來台，暫居稍早抵台的舅父家（註一六），隨後不久，被當時任職高雄要塞參謀主任的舅父送往鳳山軍中。年少的梅新因難以適應，外加不耐思親之苦，逃離軍營，在勤務兵的掩護下，在外婆床帳內躲了兩天，終被發現，舅父盛怒之下，又將他送往軍中，於左營半屏山、高雄要塞當一名上等測量兵。歷經八年的軍旅生涯後，於一九五七年自野戰師退伍。

初入軍營，槍桿子比人還高的娃娃兵梅新，處境維艱。所幸，苦悶之餘，梅新見到一線曙光。梅新於〈中山室裡一少年〉文中回憶：「在我對人生最失望的時候，在壁報中似乎見到了希望，見到了一條自己可能可以走的路。」（註一七）人生谷底，尋回自信，製作壁報是命中機緣，激發了梅新潛在的自覺。梅新於接觸知識層面中，為文學所吸引，開始嘗試寫作，於壁報上發表作品。壁報伴隨著梅新度過一個窘困、孤苦的漫長青少年期，也為梅新往後的編輯人生留下了精彩的註腳。

梅新談起他的啟蒙關鍵，曾幾度提到一位軍中指導員——岑峰先生。梅新於〈中山室裡一少年〉文中提示：「所幸現在我遇到一位至今仍令我十分感念的指導員，他曾是廣東中山大學政治系的學生」（註一八），此外，早於一九八五年六月出版的《梅新自選集》之〈小傳〉中，對於岑峰先生，已有過生動的描述：

> 他見我整日手捧濟公傳，七俠五義，偶爾也看看古文觀止，大概覺得我尚可造就，正好那時流行壁報比賽，每年總有好幾次，從連隊一直比到師，就讓我去「專業」編壁報。這前後將近二年的時間，是我在軍中最開心的一段期間。他告訴我，一幅好的壁報，應該有時論、有漫畫、有幽默小品、有文學創作。在他那裡我學到很多東西，使我接觸到知識的層面，感受它的可貴。（註一九）

岑峰先生還有一件事使梅新終身感念，在花蓮師範實習時，每月定期寄給梅新五十元零用錢，而那時岑峰先生的薪水也不過兩百多元。梅新遺憾的表示，到淡水海邊教書後，在收到一封祝福和鼓勵的信後，彼此就失去聯絡。梅新視岑峰為文學結緣的啟蒙「貴人」，梅新在〈小傳〉段落結尾寫下「我記下這個人，以表達我對他的感謝與懷念」（註二〇）。感念之情，溢於言表。

梅新自認書讀不多，然而因上進心的驅使，「中山室」成為讀書充實自己的地方。飽覽群書，自學以增長知識，編壁報中以求創新；同時愛上崑曲、平劇等古典藝術，以文藝見長，從軍五年後，得以升任文書上士。誠然，「中山室」孕育了文藝少年梅新，「中山室」也成為詩人梅新生命中的重要驛站。若干年後，梅新仍念念不忘：

> 四十年前，我當兵的時候，每個部隊都十分重視「中山室」。不常移防的單位，「中山室」的內容更是充實，我見過的許多市鎮圖書閱覽室，還不見得有它的規模，是軍隊裡最有文化的地方。（註二一）

第二節　梅新的筆名與家庭婚姻

一、筆名由來

（一）梅新

梅新於文壇刊登的第一首現代詩作〈殞星〉，即以「梅新」筆名發表。推測筆名「梅新」的由來，可能來自思念母親的情懷，於〈紮實的根——給愛女光霽〉一文中，或有跡象可尋：「你的祖母，我好想她。她已去世三十多年。活在世上時，她是全村全鎮眾人讚賞的花朵；死後，是我終年終月以懷念繪成的不凋的臘梅。」（註二二）

除此，筆名背後存在著多重喻意，亦屬自然。梅新的「同溫層」好友、評論家尉天驄認為，「梅新」是一種啟示：「先征服生活細綁，再開始生命的新春」（註二三）。而詩人張默則於〈橫看成嶺側成峰——泛談詩人的筆名及其他〉一文中，推敲梅新的筆名由來的類似看法：

> 本名章益新的梅新，筆名也另有所指，他早年服役軍旅，努力思變，從隨營補習教育到中國文化大學新聞系畢業，從小幹到現在執掌一個大報的副刊，期間所付出的心血可想而知，蓋梅新者實有經得起冰雪的嚴酷考驗，而有脫胎換骨之意耳。（註二四）

循沿諸意，梅新以「梅」喻意心中對母親永恆的思念，「新」則取自本名「益新」（本名章益新），符合了梅新追求「日新益新」的自勵精神。筆者以為，憑藉意象，「梅新」含有紀念母親、自我驅策、激勵他人的多重涵義。

（二）魚川

魚川，是梅新十分偏愛的另個一筆名，但鮮為人知，直到專為「中副詩選」撰寫的專欄「魚川讀詩」（註二五）推出，作者「魚川」才引起詩界的關注。甚至連梅新的老友們，也是在梅新遽然辭世之前數月，才得知「魚川」實際就是梅新。

根據梅新臨終前留下的口述錄音〈魚川讀詩話從頭〉，「魚川」是一個地名，是梅新的外婆家，也是梅新童年生活的小村子。梅新出生於魚川隔壁山坡上、一個更小的農村「三公彥」。「魚川」與「三公彥」，是梅新有生之年最想回去的地方，為了紀念出生地，把兒子取名為「公彥」。為了紀念幼時成長的美麗村落，「魚川」宛若梅新的心靈秘境，偶爾默默出現於筆端。（註二六）

事實上，梅新於〈魚川讀詩話從頭〉中表示，早年曾經用「魚川」筆名發表過詩作，至於在哪些刊物裡用過，並未說明，值得進一步研究發掘。

（三）經緯

「經緯」筆名，並不常見。筆者卻於研究中發現，梅新〈《現代詩》復刊緣起〉文首，即稱「我的第一首詩，發表在『現代詩』，我用的筆名是『經緯』二字。地球不是有經緯度嗎，看我當時是多麼的雄心壯志，多麼的年少幼稚。」（註二七）根據一般資料紀錄，梅新發表於《現代詩》的第一首詩作〈殞星〉，用的是筆名「梅新」。關於「經緯」筆名，經向梅新夫人張素貞教授諮詢，張教授也表示無以此筆名發表詩作的印象。因而筆者推測，或因年代久遠，難免記憶有誤，而產生混淆之可能。「經緯」筆名的聯想，似乎更合乎軍中氛圍，用於自己製作的壁報上所發表的，不無可能，留待後續研究查證。

（四）章益新

「章益新」是梅新的本名，但十分顯然，於文壇詩界「梅新」名號遠比「章益新」響亮，然而早年詩壇的愛詩者，對於「章益新」應該存有印象。事實上，早在一九五五年六月於《創世紀》詩刊上發表的第一首詩〈孤獨〉，用的就是本名「益新」。梅新回想詩創作初期，年輕時便有個「宏願」，要以不同筆名在不同的刊物上發表作品。梅新於懷念詩人羊令野時，便曾訴說以本名發表詩作的往事：「在《南北笛》我署的是真名，所以最初羊令野和葉泥以為我是全然的新人。我也樂於扮演這樣的角色。」（註二八）梅新於《南北笛》開始發表詩作，於第十七期（「復刊創刊號」，一九五八年一月十二日），首次刊登為〈一顆星〉。其後以「章益新」本名於《南北笛》（註二九）旬刊、周刊上發表的詩作有：〈致徐礦〉（第二八期）、〈自然〉（第二九期）、〈幕中張望〉（第三一期）；於《南北笛》季刊上發表的有：〈花一盆〉（《南北笛》季刊一九六七年三月以季刊形式復刊之第一期）。

二、家庭婚姻

梅新與夫人張素貞認識約莫在一九五八年，那階段是梅新最艱苦的歲月。詩人辛鬱回憶，因詩的緣分，經過老師、詩人紀弦的引薦，與同在金門當兵的梅新認識。首次見面那年，應是八二三炮戰前兩年（一九五六）。兩人談詩、談家鄉（註三〇）、談日常，閒聊中梅新向他透露了進修求學、走向社會、成家立業的強烈決心：「我一定要上大學，還要找一位志同道合的女大學生，成家立業。」（註三一）金門八二三炮戰前一年（一九五七），梅新調回台灣，那時與他相依為命來到台灣的外婆已經去世，舅媽對他十分冷淡。徹底失去了親情溫暖的梅新，立志報考公辦的師資訓練班，結業後，被分發到台北縣海岸線上一處極為偏僻的地方——阿里磅（地點為現今核電一廠所在地）。在阿里磅的小學校，梅新過得十分克難又艱苦，教書還兼工友，睡的是門板，蓋的是無法禦寒的濕冷的薄被子，辛鬱以「境況悽慘」形容：

> 阿里磅時期的梅新很瘦，收入少，除了生活必需品，再買幾本準備考大學進修的書，還得留下幾文作路費，上淡水買必需品，所剩無幾。晚上讀參考書，做筆記，在低度燈光下，原來就眨巴不停的眼睛就眨得更嚴重了，有蓄膿老毛病的鼻子，也抽搐得更厲害了。（註三二）

梅新突破重重難關，堅定目標，一步一步走上自己選擇的路，終究讓自己活得自在又有尊嚴。

梅新夫人張素貞教授於梅新逝後有段情深的回憶：

梅新跟我初次見面，是在很多很多年前的詩人節前夕。有好一段時間，我們通信，談詩，談他正在閱讀的書籍，談他海闊天空的憧憬。由於我住在新竹的東區，距離名勝景點東門城並不遠，我習慣在信封的寄件處署明「東風城」，隱含青春與希望的寓意吧？他非常喜歡。後來他寫〈麥加之旅〉，把風城暗喻為麥加。當時他以一副老大哥的姿態談著詩壇的現況與他喜歡的一些詩友，談論著方思的《豎琴與長笛》。我們像老朋友一樣隨興交談，從容而自在。（註三三）

梅新與夫人張素貞的「革命性」婚姻背後，有大時代裡的苦情與掙扎。梅新回憶，因當時社會風氣保守又閉塞，對婚姻不敢抱什麼希望，「本省小姐要和外省男人結婚，很少不鬧家庭革命」，何況自己一窮二白，只是個「窮光蛋」：

四年的大學讀書交學費欠下的債務，已經使我不得不減少與素貞約會的時間。我們曾有過兩人口袋裡湊起來只有十五塊錢、各喝一碗稀飯吃二只鍋貼、壓一天馬路的紀錄。（註三四）

八年的愛情長跑下，有情人終成眷屬，一九六六年，詩人梅新與張素貞女士終於結為連理。夫妻的相扶相持，屢屢流露於家族書寫中，梅新言下時時不忘對妻子的賢慧與精神支柱，表達感恩與肯定。不經意的文字間透露著：「我奮鬥不懈的精神，該潦倒而沒有潦倒，完全是有位好妻子在背後鼓勵我的緣故。」（註三五）梅新家庭美滿幸福，和樂融融。婚後育有一子一女。

梅新過世時，夫人張素貞猶任教於師大國文系，學有專精，學術領域兼及中國古、今文學，成就卓越，出版有《細讀現代小說》、《續讀現代小說》、《韓非子》等著作。夫婦倆均熱愛文學，攜手齊心奮發向上，於文壇上享有難得的「神仙眷侶」之美名。爾時，長子公彥就讀於陽明醫學院研究所，長女光霽於美國芝加哥大學攻讀博士。

張素貞於悼念文〈訴〉中，字字句句滿懷不捨，愛憐溢於言表：「過去我們突破傳統的婚姻，慶幸得到老祖母的首肯，親戚們北上參加我們的婚禮，現在這麼多的弟妹侄甥再來送你，套一句三叔生前的話：你有福氣啦！你這個外省郎，在我的大家族中得到尊重，你應該很高興。」（註三六）夫人張素貞的情深真摯，同時表現於對梅新志業的體諒與支持：

在十八、九年前你編《臺灣時報》副刊的時候，我就痛苦地察覺到你那股強烈的使命感與企圖心，可能會影響你做丈夫、做父親的角色扮演。你是浪漫的，也是瀟灑的，有時也是非常固執、非常蠻拗的。當你認定一件有意義的，非做不可的事，你就百般費神，務必做到，否則絕不放手。上蒼庇佑，你與生俱來的毅力與韌性是和你天真的詩心並存同在的，你終於感動了我，而且讓我不知天高地厚、不知未來艱險，就順著你牽手一路走過來。」（註三七）

梅新伉儷，鶼鰈情深，梅新於艱困、執著中，對志業有所堅持，於呵護、承諾中，對婚姻至死不渝。

第三節 梅新的生命旅途與倉促離世

一、勵志生涯

一九五三年韓戰結束不久，軍中力行整飭，梅新面臨退伍到東部開墾荒地，或選擇留在軍中繼續捱著過一天算一天的日子，抑或報考中小學的師資訓練班的抉擇（註三八）。梅新為追求個人志趣，毅然決定於一九五七年退伍，隨即報考「退除役官兵轉業國民學校師資訓練班」。梅新求學若渴，「師訓班」結訓後，終以自學毅力考上淡江大學，因錄取科系非興趣所在，復重考進入文化大學。幾經周折，半工半讀，於艱苦中求學，終於在一九六九年完成學業，畢業於中國文化大學新聞系。好友作家尉天驄形容：「行過五、六年軍旅生活的悲苦、貧困年代，

梅新是另一類型，他悲憤但不叛逆……他終於出了頭，憑著不斷努力進取，有了一片自己的天。」（註三九）

梅新曾任小學、中學、專科等教職，並於中國文化大學文藝組教授新詩。致力於文學、教育、新聞、編輯等工作，凡三十餘年。歷任《幼獅文藝》、《中華文化復興月刊》、《聯合報》、《民生報》編輯，《臺灣時報．副刊》主編，《中央日報》撰述，正中書局副總編輯，《聯合文學》主編，《現代詩》季刊主編、社長，《國文天地》雜誌社社長，《中央日報》主筆兼副總編輯、副刊中心主任暨副刊主編；文學編輯的經歷豐富，同時熱心於書籍、雜誌與報刊的編輯。

梅新努力不懈，終究於一九八七年二月接掌重要報紙《中央日報》副刊主編。梅新因編輯資歷豐富，擅於企畫編輯，加以解嚴後漸有寬鬆的自由空間，得以盡情發揮。尤其於一九九〇年代的後解嚴時期，表現出眾，將《中央副刊》打造成文壇上人人嚮往的文學後花園。主編期間，接連獲得四次新聞局「副刊編輯金鼎獎」，將《中副》園地帶往熱副刊的全盛時期。

梅新獨樹一格，以「企畫編輯」樹立的副刊特質，成為文壇風景，於一九八〇、九〇年代，頗負盛名；「我不風景誰風景」（註四〇）的瀟灑氣度，將梅新推向編輯志業高峰，享有文壇推動能手的響亮名聲，與當時叱吒風雲、有「副刊王」之稱的《聯合副刊》主編瘂弦先生，勢均力敵。詩人洛夫曾經說過：「老友中幹編輯的，以瘂弦點子最多也最妙，後來梅新直追瘂弦。談到台北報紙副刊春秋，大家都知道，前期是瘂弦與高信疆火拚的時代，後期則是瘂弦與梅新爭鋒的時代。」（註四一）所言甚是。

梅新文學生涯，可謂始於軍中，以一篇登在自己製作的壁報上的詩作〈啊，故鄉啊〉出發。曾加盟「現代派」（註四二），並參加創世紀詩社，活躍身影始於一九六〇年代，畢生鍾情於詩的創作，名列台灣中堅優秀詩人。以詩為創作主體之外，從事散文寫作。書寫範圍，廣及採訪報導、電影評介、新書賞析等。忙碌之餘，推動文學期刊的創辦、出版，現代詩運的推廣、教育，文學傳播、副刊編輯工作等，凡三十餘年。於一九七〇、八〇年代，以個人努力或團隊合作，明顯造就台灣文學發展重要史頁，如《現代詩》的復刊、《國文天地》的創辦、《聯合文學》的發想、《中國現代文學大系》的出版等，無不留下熱血蹤跡。

梅新平生仰慕的前人包括龔定庵（龔自珍）、黃遵憲和胡適之，評論集《憂國淑世與寫實創新》即以三人作品探源而著作。尤以龔定庵的詩句「但開風氣不為師」為表率，以詩句中所表現的恢弘氣度與刻苦實幹的治學精神為風範。（註四三）梅新開風氣之先的創舉，無疑以「中國百年來文學學術研討會」為重要代表作。百年一次的文人盛會，成功的號召了兩百餘位重要作家、學者滙聚一堂；四十五篇論文的發表，為中國近代文學發展史上，開發了資源寶庫，添加了一筆重要的文學遺產。因文學的狂熱與感動，驅使梅新義無反顧、挺身而出的事蹟，不一而足。梅新曾經為了遭禁的重要現代文學刊物，於寶島重見天日，於民間四處採集，徵蒐範圍甚至擴及海外，央託文友以影印或照相方式，一頁頁拾回作品內容、重新整合，於台灣依舊處於戒嚴時期的一九七〇年代，將原版樣貌還原，重刊發行，為台灣文學史發展命脈，填補上彌足珍貴的斷層之頁。梅新自創「雕龍出版社」（註四四），將創刊於民國十六年的《新月》（註四五）重刊出版，即為重要例證。

梅新雖因年少從軍失學，但奮發向上的精神，為自己爭取了讀書進修的機會，於「師訓班」結業後，取得教師資格，往偏鄉小學教書，其後報考大學，於苦學坎坷中完成文化大學新聞系學業。求得新聞專長，其過程可謂辛苦備嘗，全憑不畏艱難的毅力，逐步克服，為日後跨越新聞、文學的雙重領域，織就了驚人的成績。梅新尤其不忘文學最愛，即使處於雅正文學難以成為編輯核心的大眾文化副刊時代，依舊巧思安排現代詩的推動，如「中副詩選」的企畫推出，同步輔以「魚川讀詩」的評賞，為詩學教育、默默推廣，以文學報導方式含括多元內容，融入文學底蘊，處處顯示文學是梅新畢生的熱愛。

二、倉促辭世

梅新主編《中副》任內，共獲得四次「副刊編輯金鼎獎」的肯定（一九八七、一九八八、一九八九、一九九一）。繽紛亮麗的成績，不僅意味著梅新對副刊的編輯貢獻，也反映出個人的成就；梅新憑藉自身的努力不懈，為自己織就出生命燦爛的一頁。未料，一生努力創造的志業高峰，竟是梅新人生的盡頭。一九九七年七月二十四日，梅新被診斷出罹患膽管癌末期。因發現時為時已晚，敵不過病魔的來勢洶洶，於一九九七年十月十日下午四時三十分，倉促病逝於臺北榮總（註四六）。梅新嘔心瀝血，終至積勞成疾，於人間過早畫下句點，享年六十三歲。

梅新一生辛勞，為生活忙碌，為志業打拚，到任《中央日報》之前，曾有於五年時間之內、共兼四份工作的紀錄，除《聯合報》和正中書局的專職之外，還於大學、專校兼課，白天夜晚連番工作，這頭下班，那頭上班（註四七）。主政《中央副刊》，尤其殫精竭慮，終致鞠躬盡瘁。友人驚聞梅新噩耗，無不唏噓。

（一）健康亮紅燈

梅新邁向文學、編輯志業巔峰時刻，竟也成為梅新生命的最後階段。為了一九九六年六月的「百年來中國文學學術研討會」，梅新於會前的五月上旬親赴大陸，拍攝「文壇耆宿專訪」錄影帶；其後一連串的工作，加上三天會期，緊湊的行程，還包括會後招待遠來的學者、作家旅遊。梅新夫人張素貞於〈投影為風景的再生樹——懷念梅新〉文中，感傷的回憶梅新來台五十年，沒去過阿里山，正好趁此機會跟著去遊覽：

> 無奈他到了台中就生病折回來，終其一生，阿里山沒能去成。現在回想，或者那時老天爺已經預示了警訊，偏偏夫妻倆都是粗枝大葉，一心只在工作，一向互相尊重，並不相強。他在報社對面的醫院拿藥吃，只以為是胃不舒服，他還健身跑步，上樟山寺，登健行道，也一馬當先。等到一九九七年七月下旬檢查出來，醫生說已經太晚了，機會終究在兩大醫院來回奔走中消逝了。

然而癌症已至嚴重的末期，化療完全不起作用，「愛美的他擔心掉頭髮的事也沒有發生，他是戴著滿頭濃郁的美髮到另一個世界去了。」（註四八）

（二）求醫過程

一九九七年七月二十四日，梅新被診斷出罹患膽管癌，並已全面擴散至肝臟，自知已罹癌末期。縱然如是，危急之中，梅新熱愛不減、堅守崗位，依然督促年輕作家寫作，不忘為文學歸隊的新手作家的新書寫序，如常牽掛邊緣老作家的處境；因而，文壇友人對於梅新的突發狀況並未察覺。梅新的驟然離世，一時震驚文壇、詩界。眾說紛紜的關懷中，有文友妄加臆測，也有梅新拒絕作進一步治療的傳言（註四九）。筆者願藉此機會提出以下說明，見證梅新夫妻以堅強意志共同抵禦病魔的辛酸歷程，或能稍解眾惑。

一、夫人張素貞教授，於梅新追思會「他站成一株永恆的梅」的〈追思會致答辭〉裡，感謝大家的哀悼與關注，同時對梅新確診後的求醫過程，有所描述：

關於梅新生病的情形，文友中有人臆測，以為他拒絕做複檢及進一步治療，其實不是，各位可以參考龔華的那篇〈有詩未竟的遺憾〉。只是我們夫妻倆都很天真，很無知，料不到他的病情會那麼兇險。被西醫放棄了，趕緊找中醫；有西醫鼓勵治療了，又不肯放

棄任何機會；但機會已經從我們在兩大醫院（臺北榮總、台大醫院）遊走中消失，我們爭不過命運。（見附錄二）

張教授進一步形容了面對生命盡頭的梅新，雖然失去了往日的神采飛揚，但他照常忙碌，依然說笑，從不顯示沮喪洩氣，「只有在第一天住院檢查的夜晚，被疑慮困擾著，他交代萬一有什麼不測，火葬，他說。」（註五〇）

二、筆者因癌症關懷工作，地點同在梅新住院治療的臺北榮總中正大樓。梅新生病住院期間，正是筆者為臺北榮總組織癌症病友團體「同心緣聯誼會」（一九九七年八月開始籌備）、緊鑼密鼓忙於籌備成立大會（一九九七年十一月二十三日）的階段，工作地點於北榮中正大樓十樓一般外科，因此得以經常前往病房探視，親歷梅新伉儷攜手抗癌經過。梅新積極求醫過程，筆者可為見證：

梅新因胃痛症狀就醫，意外發現罹患膽管癌，確診當天一九九七年七月二十四日，即刻遵照醫囑，住進臺北榮總中正大樓十二樓一二二病房。因癌細胞已於肝臟全面擴散，短短二個月又十六天期間，梅新曾三度進出榮總、台大醫院，做各項進一步的確認檢查，以利治療方向的評估。並於第一次由榮總出院之際（一九九七年八月一日）即刻求助中醫診治，甚至親自致函陳立夫先生，懇切尋求護肝藥方；信中語意迫切，讀來令人鼻酸。若非攸關生死，以梅新的個性，絕對不肯這般懇求於人。事實上，筆者因曾與立夫先生毗鄰而居於天母山上，深知立夫先生和藹可親，樂於助人。情急之下，筆者於一九九七年七月三十一日親赴陳府，經立夫先生引薦，梅新夫婦前往拜訪中醫界名師馬光亞大夫，並獲得藥方診治。無奈中藥效果僅見於服用初期，終究難以對抗已大肆擴散的腫瘤細胞的惡性侵蝕（註五一）。單憑幾項數據及影像檢查，就判定得了不治之症，是難以令梅新完全信服的。梅新說，我不怕死，但是我總不能這樣不明不白的就投降了。這也是緊接於九月初，梅新在兒子公彥的安排下，再度到台大醫院尋求複檢、做肝穿刺檢驗的原因。病理化驗結果，再次確定了肝臟上的癌細胞的原位出處，正是來自膽管。幾番周折，梅新終於決定面對最後一個挑戰——化學治療。一九九七年九月二十二日中午，接到梅新公子公彥來電，告知梅新老師又住進臺北榮總，這回住的是位於中正十九樓的榮總與「中研院」的合作病房。一九九七年九月二十五日，梅新開始接受化學治療，他望著點滴吊瓶，幽默的說了一句：「噢！來啦？終於來啦！儘管來吧！」那一日，梅新老師還嚷著打完點滴後要去報社上班，他風趣的說：「還是要出現一下，否則人家以為我『掛』了！」（註五二）

（三）矢志不渝的熱愛

梅新求生意志堅強，熱愛生命，未曾輕言放棄，留下來不及完成的諸多願望，於無預警中，來到意想不到的生命盡頭，匆忙被迫畫下句點，實屬萬般無奈。筆者以為有必要釐清事實，除解除眾惑之外，但願有助於往後的梅新研究，使梅新生平軼事探討更加趨於完整、明確。

梅新夫人張素貞於〈訴〉文中，依稀透露了梅新生命與新聞傳播熱愛的連結：

> 在你揮別塵寰的前一天夜晚，也是你留在人間的最後一夜，你不停地躺下隨即又坐起，嘴裡喃喃不已。有些話很不清楚，明顯還有些浙江老家的土話，而有一段話卻是非常清晰，而且重複，語調肯定：「我是梅新，希望媒體各界發佈這個消息，拜託拜託。」陪侍在側的兒子和我對望一眼，一邊哄你躺下，一邊低語猜測你可能回憶剛從大學新聞系畢業。（註五三）

顯見，梅新對媒體工作始終無法忘懷，直到生命最後一刻，依然為使命感驅使而有所堅持，即使於意識昏亂之中，對傳播志業的敬業精神，絲毫不減。

（四）以詩告別

病中，梅新曾於一九九七年七月二十七日悄悄由病房「開溜」，來到創世紀詩社舉辦的「青年詩人創世紀現代詩講談會」現場。梅新臉龐憔悴、枯瘦，卻依然鼓足精神與青年詩人講談互動。主持台上帶著笑容的畫面，記錄了詩人梅新參加最後一場此生的最愛、文學活動的身影。

筆者至今仍不忍心想像，章先生（筆者對梅新老師的尊稱）在那樣身心備受煎熬的狀況下，依然堅持出席，是否心有不甘，難以接受生命盡頭竟然無預警地殘酷降臨，他堅持參加了人生最後一場現代詩活動，默默以詩告別？

直到臨終，梅新始終沒有道別。梅新夫人張素貞感傷的說：「他的腳步是快了些，林黛嫚的懷念文章裡提到，他沒有和我道別。我知道，許多老友、小友後來去癌症病房探望他，他也沒有道別。」（註五四）但筆者有幸，親眼見證一顆詩心的永恆，足以超越命運的摧殘。梅新於北榮第一次接受化學治療的情景，筆者記憶猶新：或許詩人所見，處處皆詩。梅新望著點滴瓶中紅色藥液緩緩流淌，悠悠的琢磨著一百年後的社會現象，梅新說，這裡有一首詩，就叫「點滴在心頭」；聲色的平和，卻難掩詩人的憂患意識（註五五）。梅新彌留時，於昏亂的意識中，仍孜孜念念、尋覓詩句。梅新夫人在〈詩人梅新追思會致答辭〉中提到：「管管在梅新臨走的前一天，老遠再跑去醫院陪他，不僅幫忙光霽（梅新的女兒）安撫有些混亂的病人，跟峰源（梅新夫人妹婿）合力扶著他到窗邊看風景，還跟龔華一起陪著梅新尋覓詩句。」（註五六）而詩人零雨認為，梅新於臨終前病榻上，「依然喃喃自語，彷彿還在編排詩句，如春蠶吐絲，不休不止，或許這就是他告別人間最好的方式吧。」（註五七）

梅新辭世，宛如一枚巨星的殞落，突如其來，瞬間而逝，於人世間留下的光輝燦爛，卻似永恆。梅新於文壇發表的第一首現代詩作〈殞星〉：「在群星的睥睨下／我終於看見你／發出瞬間的強光而化為灰燼」，似乎早已壯烈諭示，縱使人生終將成為灰燼，依然不甘屈服於黯然卑微的命運，為生命發光發熱，無怨無悔的燃燒。一日詩人，終生詩人，梅新堅信對繆思盡忠職守的詩人，臨終的腦海裡，還會留有尚未成篇的詩句，隨軀體埋進土裡；彷彿呼應了梅新詩作〈詩人的復活〉之「死去／不再復活／當然／不是詩人」（註五八）的永恆信念。梅新以詩出征，也以詩告別。

註釋：

註一：參見張素貞主編：〈投影為風景的再生樹——懷念梅新〉，《投影為風景的再生樹——梅新紀念文集續編》（台北：文訊雜誌社，二〇一七年十月），頁二八六。

註二：零雨：〈梅新事略〉，《他站成一株永恆的梅——梅新紀念文集》（台北：大地出版社，一九九七年十二月），頁五。

註三：參見張默：〈我不風景誰風景〉，《夢從樺樹上跌下來》（台北：爾雅出版社，一九九八年六月二十日），頁二四七，附記二：「詩人辛鬱曾於一九九八年一月中旬返回浙江探親，在杭州與梅新的胞弟見面。他的弟弟告知，梅新為民國二十二年生，可能因為年幼離家，把自己的生辰弄錯了。」根據此說法，梅新享年六十四歲。

註四：梅新：〈魚川讀詩話從頭〉（梅新口述錄音，張素貞、章光霽整理），《魚川讀詩》（台北：三民書局，一九九八年一月），頁七。

註五：同上註，頁七—八。

註六：梅新：〈父親〉，《梅新自選集》（台北：黎明文化公司，一九八五年六月），頁一七一。

註七：辛鬱：〈從「魚川讀詩」說起——略憶梅新〉，《投影為風景的再生樹——梅新紀念文集續編》，頁一二五。

註　八：同註六，頁一六九。

註　九：同上註，頁一六九—一七〇。

註一〇：同上註，頁一七六。

註一一：梅新：〈小傳〉，《梅新自選集》，頁一三。

註一二：同註六，頁一七六。

註一三：梅新：〈給女兒的信〉（代序），《沙發椅的聯想》（台北：三民書局，一九九七年五月），頁五。

註一四：參見瘂弦：〈用詩尋找母親的人——悼念梅新〉，《履歷表》（台北：聯合文學出版社，一九九七年十二月），頁二八。

註一五：同註一，頁二九〇。

註一六：同註七，頁一二八，編按二：「時間稍早，舅父先到，梅新隨外祖母來台依親。」

註一七：梅新：〈中山室裡一少年〉，《沙發椅的聯想》，頁一一八。

註一八：同上註，頁一一八。

註一九：同註一一，頁一一。

註二〇：同上註，頁九。

註二一：同註一七，頁一一七。

註二二：梅新：〈紮實的根——給愛女光霽〉，《梅新自選集》，頁一八九。

註二三：尉天驄：〈詩人與同溫層〉，《他站成一株永恆的梅——梅新紀念文集》，頁一四五。

註二四：張默：〈橫看成嶺側成峰——泛談詩人的筆名及其他〉，《中央日報．中央副刊》，一九九二年十一月三日，第一六版。

註二五：「魚川讀詩」專欄，首篇評「中副詩選」余光中詩作〈答紫荊〉，《中央日報．中央副刊》，一九九四年五月二十五日，第一六版。

註二六：同註四，頁五。
註二七：梅新：〈《現代詩》復刊緣起〉，《投影為風景的再生樹——梅新紀念文集續編》，頁二〇〇—二〇四。
註二八：梅新：「《南北笛》主編羊令野，與當時任職於國防會議（秘書）的名翻譯家葉泥共同主持《南北笛》。」〈南北笛與羊令野〉，《沙發椅的聯想》，頁五九—六〇。
註二九：《南北笛》詩刊創刊於一九五六年，至第一六期（一九五八年九月）休刊；一九五八年一月復刊，由旬刊改為周刊，至一九五八年五月停刊，共出三十一期。一九六七年三月第二次復刊，以季刊形式推出，一九六八年五月停刊，計出五期。參見《文訊》文藝資料研究及服務中心（https://www.facebook.com/wsnlib）。
註三〇：詩人辛鬱的家鄉是浙江慈谿，和梅新同是浙江人。
註三一：同註七，頁一二六。
註三二：同上註，頁一二六。
註三三：同註一，頁二八六。
註三四：梅新：〈「革命性」的婚姻〉，《沙發椅的聯想》，頁一一三。
註三五：同註一一，頁一三。
註三六：張素貞：〈訴〉，《投影為風景的再生樹——梅新紀念文集續編》，頁一三五。
註三七：同上註，頁一三六。
註三八：同註二三，頁一四〇。
註三九：同上註，頁一四三。
註四〇：引用梅新著名詩句：「我不風景誰風景」，〈風景〉，《梅新自選集》，頁六八。
註四一：洛夫：〈我不風景誰風景〉，《他站成一株永恆的梅——梅新紀念文集》，頁七七—八三。
註四二：一九五六年四月，由紀弦發起成立，第一號封面公告消息：領導新詩的再革命．推行新詩的現代化，劃時代的具重大文學史意義的「現代派的集團宣告正式成立」。

註四三：同註一一，頁一一二。

註四四：「雕龍出版社」：梅新號召，與顏元叔、商禽共同設立。

註四五：《新月》月刊，一九二八年三月十日，由新月社創辦於上海。徐志摩、胡適、梁實秋等任編輯。當時的成員還有聞一多、邵洵美等。

註四六：龔華：〈有詩未竟的遺憾〉，《他站成一株永恆的梅——梅新紀念文集》，頁二〇三。

註四七：梅新：〈與朋友書——寫在詩集《家鄉的女人》之後〉，《家鄉的女人》（台北：聯合文學出版社，一九九二年十二月），頁一一八。

註四八：同註一，頁二八八。

註四九：參見張素貞：〈追思會致答辭〉，「梅新追思會——他站成一株永恆的梅」（一九九七年十二月二十五日，台北市羅斯福路中國文藝協會）。（參見附錄二）

註五〇：同上註。

註五一：根據梅新夫人敘述，梅新亦曾積極求診於另一位名中醫：「劉先生（梅新好友、三民書局負責人劉振強）不知從何處得知西醫束手的消息，火速安排隨他的座車去看一位傳聞中的中醫，輾轉幾間門戶才得名醫診斷。梅新沒能遇到延壽續命的高人，但擁有劉先生深厚的情誼，愚夫婦真是歿榮存感。」參見張素貞：〈細水長流〉，《投影為風景的再生樹——梅新紀念文集續編》，頁一八四。

註五二：同註四六，頁一九五—二〇四。

註五三：同註三六，頁一三五。

註五四：同註四九。

註五五：同註四六，頁二〇〇。

註五六：同註四九。

註五七：同註二，頁五。

註五八：梅新：〈詩人的復活〉，《梅新詩選》（台北：爾雅出版社，一九九八年十月），頁九〇。

第三章　梅新的文學之路

第一節　梅新的文學啟蒙

一、中山室裡一少年

（一）壁報製作

初入軍營，槍桿子比人還高的梅新，處境維艱。所幸苦悶之餘，梅新幸運見到一線曙光，於人生谷底，製作壁報的興趣，使他燃起希望。製作壁報，為他啟開文學知識、編輯設計之旅。從此梅新逐漸感覺自信，也隱約顯露了他潛在的創意天資。梅新說：「那時我根本沒讀多少書，現在想來仍覺驚奇的是，我居然知道用『獨創』二字去和指導員辯論我的設計。」（註一）

公餘之暇，更辛勤於文學、知識的充實，也開始嘗試寫作。自認壁報上發表的「憶故鄉」

詩作，是為此生第一篇文學作品。對照梅新首次發表於詩刊《現代詩》的〈殞星〉詩作年代一九五五年推測，軍中壁報上的「憶故鄉」，大約為同年代作品或稍早於一九五五年的軍中習作。

（二）「中山室」

梅新於人生最失望的時候，由製作壁報的過程獲得編輯經驗，以及文學創作的學習，帶來了意想不到的啟示，軍中「中山室」為人生里程碑上的重要驛站。梅新數次提起他的文學創作之初，如：「曾在自己編的壁報上發表過一首『憶故鄉』的詩，這應該是我第一篇文學作品」（註二），如：「我的第一首詩，就是刊載在自己編的壁報上，題目是《啊，故鄉啊》（〈啊，故鄉啊〉）。」（註三）終究梅新於絕望中蛻變，於希望中「見到了一條自己可能可以走的路」。（註四）

設計壁報、寫詩創作，伴隨著梅新度過貧乏、孤苦的慘綠年少。文學原鄉的「中山室」，為「中山室裡一少年」的梅新人生，刻劃了精彩的註腳。梅新的文學編輯啟蒙因緣，可謂始於軍中。

二、梅新的第一首詩

（一）現代詩作

1、〈殞星〉

長久以來，一般資料無不顯示，梅新的第一首詩作為〈殞星〉。參考文獻、資料來源：其一、署名「梅新」的作品，首見於文界重要刊物、紀弦創辦的《現代詩》季刊一九五五年夏季第十期第七〇頁，發表詩作為〈殞星〉。該文獻資料和梅新與《現代詩》的淵源敘述「我的第一首詩，發表在《現代詩》」（註五）相符。其二、詩人莊裕安於〈《梅新詩選》編輯事略〉表示，一九五五年夏天，梅新在《現代詩》發表的詩作〈殞星〉，「據商禽的回憶，是梅新在媒體初試啼聲的處女作。」（註六）其三、商禽與其他梅新同代詩人，提及梅新的創作之路時，也都表示梅新的第一首詩作，發表於《現代詩》，理當無誤。

2、〈無題〉

事實上，《現代詩》第十期同頁上，刊載的梅新作品除〈殞星〉之外還有〈無題〉，因版面上下排序因素，〈殞星〉在前，〈無題〉緊接其後。於時間軸上檢視，兩首同時發表，同為梅新創作歷程上重要的起首紀錄。

3、〈孤獨〉

此詩作刊登於《創世紀》第三期，出版日期為一九五五年六月，以本名「益新」發表，就時間點而言，與首度發表於《現代詩》第十期（一九五五年夏季）的〈殞星〉、〈無題〉十分接近，當可視為創作之初同時期詩作。

（二）「壁報體詩」

探索梅新生平「第一首詩作」，筆者另有發現，於梅新自述的文章中，曾數次提及「憶故鄉」的「詩」〈啊，故鄉啊〉，如前章節所述，詩作時間為軍旅時期，發表於軍中壁報。茲將梅新相關文句摘引如下：

之一、〈中山室裡一少年〉：「我的第一首詩，就是刊載在自己編的壁報上，題目是〈啊，故鄉啊〉。」（註七）

之二、〈小傳〉：「我曾在自己編的壁報上發表過一首『憶故鄉』的詩，這應該是我第一篇文學作品。」（註八）

之三、梅新第一本詩集《再生的樹》的〈後記〉中亦有記載：「二十一歲發表第一首壁報體的詩：遙念故鄉。」（註九）

以上幾段文摘表示，第一首詩創作，同為壁報上發表過的遙念故鄉的壁報體詩：「憶故鄉」的〈啊，故鄉啊〉。對照梅新回憶記載之「二十一歲發表第一首壁報體的詩：遙念故鄉」推算，梅新於軍中發表的「第一首壁報體的詩」〈啊，故鄉啊〉，年代似與文壇紀錄上的梅新第一首詩作〈殞星〉的一九五五年相仿，但以詩作的成熟度推測，〈啊，故鄉啊〉應稍早於〈殞星〉。

（三）第一首「散文詩」

梅新的散文詩作，也堪稱卓有特色。本論於研究中發現，〈與朋友書——寫在詩集《家鄉的女人》之後〉文中，梅新曾提及他的第一首散文詩作〈蘇澳港〉，可見其在意程度：

〈蘇澳港〉是應羊令野兄主編的《詩隊伍》詩刊製作「龍族的聲音」專輯寫的。它是我的第一首散文詩。現在再讀，尤其第二段，確實費了些心。它們是我早期的作品，但我卻將它列在最後，目的是為了讓讀者先接近我比較近期的作品，多一點新鮮感。（註一○）

綜合以上，關於「梅新的第一首詩」，因年代久遠，〈啊，故鄉啊〉發表時間與〈殞星〉發表時間的一九五五年十分接近，誰先誰後，記憶難免混淆。或有可能，梅新於重新檢視早年作品時，視軍中時期的寫作為不成熟的文學習作，而將創作歷程修正，以稍後發表於紀弦創辦的《現代詩》上的詩作〈殞星〉，為正式發表的第一首現代詩作。筆者以為無論是〈殞星〉、〈孤獨〉或〈啊，故鄉啊〉，均為梅新創作之初，同等重要之詩路歷程，不可忽略。因此特予摘要記錄，留待梅新現代詩創作專題研究者進一步深入探討。

三、一首攸關命運的詩作

梅新生平第一本詩集《再生的樹》，收納入內的四十五首詩，其中〈星的命運〉最引筆者關注。梅新於《再生的樹》的後記中，有段敘述：

我還記得：二十四歲那年，是我生命呈現最黯淡的一年。乏人照拂，乏人啟迪。對於一位不願失落的青年，唯一能磨鍊他的智慧的，是閉戶苦讀，去充實自己，教育自己。但對學園外那種缺乏體系、未經提煉的知識囫圇吞棗的結果，是產生嚴重的消化不良現象，過分的鑽牛角尖，藝術思想的桎梏，沒法解脫。加上自己現實環境的不景氣，我也曾一度十分消沉，一時想不開，自殺武器都已經「上膛」了，但在我的腦中，倏然閃亮幾行詩句：「醃在海底的星星／醃了幾千幾百萬年／仍醃不出一個／屬於他們自己的青空。」多麼美好的詩句！我樂不可支，嚷著跳下床，推門而出，五月的夜空也像是鬆開了憂鬱的臉孔，展示了明日的晴朗。（註一一）

詩作〈星的命運〉的靈感，攸關的命運抉擇，為梅新人生開啟了重要的轉折點。梅新認為，這幾行詩，在千鈞一髮之際，不僅喚回了他的生命，還引發對詩的更加熱情，從此，詩成為梅新的信仰。這首詩作，曾經再度出現於一九八五年出版的詩、散文合集《梅新自選集》的影像頁上，並特別以手寫方式呈現，抄錄日期為《梅新自選集》出版同年的「七四．二．六」（一九八五年二月六日），彰顯了此詩於梅新人生道路上的特殊意義。

四、詩壇結緣

一九五五年梅新於《現代詩》發表〈殞星〉後，次年（一九五六），收到《現代詩》創辦人詩人紀弦的邀請函，該時梅新尚在軍中，理當不可加入民間組織，卻因對現代詩的愛好，以及有感於紀弦的鼓勵有加，為參加紀弦於一九五三年創辦的「現代詩社」，乃甘於冒險寄出了同意函。「現代詩社」成為梅新進入詩壇所參加的第一個詩社。一九五〇年代，梅新於《現代詩》季刊上發表了不少詩作，如詩組「語言一輯四首」含〈未題〉、〈一面旗子升起〉、〈一日〉（《現代詩》第十七期，一九五八年三月號），以及〈守衛〉（第十八期）等詩作。梅新與詩壇早年結緣，還包括了一九五五年起開始在《創世紀》詩刊上發表詩作，首次發表了詩作〈孤獨〉（註一二），充分展顯了梅新詩的創作動力，其後於一九六五年加入「創世紀詩社」。

綜合以上，梅新自軍中退伍（一九五七年）以前，已開始從事文學、現代詩的創作，其重要歷程，大致可以勾勒出梅新現代詩創作萌芽之初，以及文學結緣年代。

第二節　梅新的創作與詩觀

一、以詩為主的文學創作

（一）擁抱生活、感性誠實

梅新的文學生命，以詩的創作為代表。於一九五〇年代中期開始發表現代詩作，於詩的創作中，刻劃出生命的成長，呼應著生存年代的壓抑，以及自我獨立意識的表達與追求。一九六〇年代末，創世紀詩社出版《七十年代詩選》（註一三），由洛夫、張默、瘂弦所編，有四十六位詩人作品入選，梅新是其中之一。介紹梅新的篇章「梅新小評」，以〈被抓住的江湖客〉形容梅新，「他是一個在生活上極單純而思想上極複雜的人，他的詩雖然並不完全從生活中茁長，但是他個人的生活，仍是他詩的基石。」（註一四）

一九七〇年，梅新的第一本詩集《再生的樹》出版，於後記中，梅新自稱：「過去的十多年，我的詩風有過幾回自覺性的轉變。青年時期（一般稱為詩的年齡）的熱情，我也曾不加抑制的任性地表現過；但對人性作更深一層的觀照，又何嘗不是我所要探求的？」（註一五）一九七〇年代末，梅新的詩創作維持於口語化的調性中，寫實風格的深入淺出意境，根植於現實人生的經驗色調，以樸素語言中流露的浪漫，達成以詩蘊涵生命存在的創作本質。顏元叔教授形容梅新的詩：

> 他撇開了「美文主義」——那種只是在字面上刺繡彩蝶的小巧作為，他也撇開了情思上的高蹈派——那種自以為能見人之所不能見的靈視專家的詭詐；他磨礪了他自己的敏感度，鋤入了我們腳邊的泥土，好像說：「看，你我的腳下就是『詩』！」（註一六）

顏元叔教授認為，梅新企圖在現實人生中找詩，又將詩還給現實人生，同時於評析中表示，梅新筆下的生命哲理境界遼闊，人生視野可遠可近，與生活緊密結合。根植於現實人生，有寫實風格，詩人瘂弦似乎亦表贊同：

梅新是一位忠於文學、擁抱生活、感性誠實的作家，他每一首詩作的產生，都有一定的自因、他因或共因，自因來自主觀感情的激發，他因來自客觀事務的映射，而共因來自整體的社會要求與時代召喚。（註一七）

瘂弦認為梅新的詩中，微觀宏觀兼而有之，與顏元叔的見解頗為一致。一九八〇年代，詩人兼詩評家蕭蕭（蕭水順）曾經表示，梅新的詩簡潔可親，善於掌握事物個別的殊異風貌，並認為「梅新喜歡集中焦點尋求事物的特質。以『點』突破發展出一首完整的詩，是從殊相中的異，演化為共同的相。」（註一八）詩人蕭蕭的詩評，同時喻意了梅新詩作題材涉及層面的廣度，以之輻射出梅新詩作中關注人生寫實的種種景象。

探究梅新根植於原鄉之刻劃、抒情之美感的生活詩作，亦不難發現梅新從容的詩語之轉喻、超越命運原鄉的期待與追求，可以〈家鄉的女人〉為代表。〈家鄉的女人〉系列之一，原名〈家〉，寫於戒嚴時期的一九七九年，系列之二、三成於一九九〇年回鄉探親後的一九九一年；雖因現實的環境所造成的差距，令梅新失望悲嘆，但謳歌家鄉女性的淳樸與勤勉、溫暖與慈愛，似乎未因時空而轉變。循此線索，梅新獨樹一格的詩風，除形貌樸實之外，以詩擁抱生活，呈現寫實卻感性的特質。

（二）小我的凝視，大我的通透

梅新擅長以自身際遇融入時代背景，堅定自我。生活即詩的文學詩觀內涵層面甚廣，由小我的凝視，以至大我的通透。

1、小我的凝視

梅新以「堅持有其必要」的毅力出發，將龔自珍的「但開風氣不為師」尊奉為終身座右銘；而梅新詩作〈風景〉中的詩句，「我不風景誰風景」是他自我的精神標竿，也成為文壇一時人人稱誦、朗朗上口的特殊「風景」。詩之所喻，或可略述其風骨、個性。筆者以為，「我不風景誰風景」難免意味著「孤芳自賞」，但更明顯的是，梅新對自我成長的期許、不隨流俗的暗示、求新求變的創造精神，於詩中表露無遺。〈風景〉詩作內涵，是梅新戰鬥人生的寫照，有風雨生信心的堅毅，有風景的壯麗，也有際遇的酸楚；而催人斷魂的梅雨季，又何嘗不是一種意象，隱喻著詩人鄉愁的滿溢！詩人無以忘懷的是，那一路行來、如跛腳僧的身世，坎坷中堅持挑戰明日，於淚雨交加中，繼續前行。入山、不入山，黃梅雨、跛腳僧，昨日、今日，入山的那位、唯一的遊客，成風景、不成風景，全在於我梅新。如山的堅毅，如風景的壯麗，一如梅新的個性，哪管其間的昂然，或悲涼，梅新儘管兀自於漫漫人生路途上，以風景創造出下一個風景：「不成風景不入山／入山成風景／握住一山性向奔瀉如瀑布／是風景／我以漲潮繫住秋月／我不風景誰風景／昨日黃昏謁風景／今日黃昏謁風景／發現自己更風景／立也風景臥也風景／現在我正淋著黃梅雨／而明日入山的那位／跛腳僧／是我唯一的遊客」。（註一九）

2、大我的通透

以貓擬人的兩首詩作，語調平淡無奇甚至「乏味」，卻可一窺梅新於大環境中的通達、敏銳。其一，〈死貓〉：看你有多肥／死貓／你的屍體／足以餵飽／一村的老鼠／因為／你在生前／吃過／一村的老鼠／／看你有多肥／死貓／你屍體下的／那塊土地／要剷掉一層土／才能鏟掉你／油膩的／影子。其二，〈貓的吃相〉：貓的吃相是很難看的／一隻老鼠／一隻老鼠／往肚子裡吞／喉嚨愈吞愈大／他就是／想把自己吞成／一隻老虎。〈死貓〉、〈貓的吃相〉（註二〇）兩首詩均以「貓」為主角，展演出整首詩的鮮明意象、轉喻。不刻意譁眾取寵，卻有意無意，引發創作與生活周遭的聯結。藉由為人棄置的角落中，隱隱約約展露實有所指的敘事背景。生活化的輪廓，正以超現實的手法，默默散發指涉、諷刺，於寫實氣味之中。兩首借「貓」演出的詩的背後，急欲揭露的醜態，究竟是社會的、或是政治的？留下予以讀者自我解讀的空間，平實的景象，蘊含著梅新由現實生活向周遭輻射的詩觀。

（三）大愛的創變

瘂弦認為，影響梅新詩創作的生命主軸是「母親」，並稱梅新是以詩來尋找母親的人。梅新自己也十分贊同，且認為這是詮釋他詩創作的一個重要角度。梅新的憶母詩作意象，隱藏於生活日常的細微末節中，藉由淡墨表達濃情，以簡樸意象結合原始情衷。梅新詩中的景深，甚至經由懷母之情，延伸擴張，成為某種大愛的「創變」（註二一）。誠如瘂弦所言：

他近年的詩，微觀宏觀兼而有之，具有多種的寫作成因，但不管那一種成因，全都統攝於思母、尋母這個總的意象之下。母親，守護神一般，早已幻化為詩人故鄉的山川大地，他生命的初極與終極，成為先於一切、高於一切、無所不在的神聖象徵了。（註二二）

詩人鄭愁予同時讀出梅新詩中的大愛，以「這是一個『施愛』的人」（註二三）為梅新作了註腳。以鄭愁予形容梅新詩中母子親情的共生為例，或可略窺一二：

在月亮中、在夢中、在歌中，有時是少女一樣的穿著花的裙裾走在蒲公英的草地上。當讀到月亮中的淚滴，我們也看見自己母親臉上的淚，不禁掩卷而泫然。所以他的母親是眾人的母親。（註二四）

以更廣闊的視角解讀梅新的念母詩，察覺梅新的「母親」由具象而至抽象，梅新經過歲月成長，似乎漸漸能將耿耿於懷的母親情結昇華至大愛形象。

梅新的詩創作，不以尖銳犀利的字眼取勝，亦不以衰頹哀怨的情緒字句表達，反而以生命的自嘲、反諷、影射，將潛藏的情感，從容地轉喻於特有的淺白詩語當中，因此「讀者品賞梅新有點薄荷味兒、爽口的詩句的時候，應該知道他是一個詩形式的先知者。」（註二五）以詩人鄭愁予對梅新的理解，梅新詩句鮮少陷入文字霧障，但意境自有象徵意義：

> 原因極為單純，他的作品出之於他單純的心境，他的善，不自私，和對自身之外人群的關切，使他在創作動機上直覺地以率真與感人為念。他的詩中雖有對生命的自嘲，對人世良性的調侃，卻是現代文學中高層次的功能——反諷（目的不是傷害和殘虐他人）。（註二六）

誠如詩人鄭愁予所描述，梅新如清泉流淌、活潑自在的語言，終究對詩的創作有所影響。現代詩的創作避免艱澀、追求明朗，成為近年來詩作語言的一股新的時代趨勢。

二、寂寞文學路

梅新詩作為人讚賞之處，相關風評指向其平實意境的內涵象徵，淺白語彙自有神韻動人之處。然而實際上，梅新自成一格的詩風，於早年似乎並未受到太多關注。詩人張默在《夢從樺樹上跌下來》中提到梅新時曾說：

梅新在軍旅中的生涯，大約是四〇年代到六〇年代初，筆者遍尋國內多種文學大系或詩選，有關他的簡介，似乎很少著墨。倒是辛鬱於一九六六年四月《創世紀》第二十四期，發表一篇〈試論梅新的詩〉，透露若干有關他的第一首資料，彌足珍貴。（註二七）

事實上，梅新的現代詩創作，於一九五〇代方才起步，晚於詩人張默推述中的四〇年代，但筆者仍以一九四〇年代到一九六〇年代初期為界定，參考封德屏輯〈梅新作品評論索引〉，編目文獻顯示，一九六六年始有梅新評論的相關文章——辛鬱的〈試論梅新的詩〉。詩人隱地亦曾表示，梅新的詩早年並未受到重視。瘂弦回憶：「早在民國五十五、六年，梅新作品的基本風格就已『粲然大備』，也就是說他一開始就有自己的詩法、自己的風格。但當時大家都在講熱鬧的時候，他是比較寂寞的。」（註二八）

直到一九六〇年代末，顏元叔發表了〈梅新的風景〉，其後，一九七〇年代開始，方有較多相關梅新詩作的評論出現。

詩人余光中對梅新的過世，不勝感慨，因為梅新是來台的軍中詩人中，「年紀較小，但國難家變之感不減其深，只是他的懷鄉症比他人的潛伏期似乎較長，所以到了臨老更加發作。」（註二九）對梅新詩集《履歷表》中的懷鄉憂國，有所表示：

在這本遺集中他有不少詩是在大我的歷史背景上浮雕小我的身世。這類詩的主題介於歷史與自傳之間，暗示與聯想極濃。〈民國三十八年的事〉是最動人的一例……（註三〇）

梅新一心想用白描的手法寫詩，力求詩的口語化。平白之中還得要有詩趣，詩趣的把握，不能用艱深的文辭，以藏意的手法完成。梅新詩集產量不算豐富，自認是一個接近難產的詩人，即便如此，梅新還是堅持己見。於樸實意象中，深入表達生命的悲喜。將現實人生的憂歡層次，深刻融入最熱愛的詩創作中，尤以對母親的追尋與極致的想像，令人印象深刻。

梅新後期詩作風格的表現，語法看似淺易，事實上獨樹一格，不隨俗追求潮流、故弄玄虛，不玩文字迷宮遊戲、避免讀者陷入文字霧障；不著痕跡的脈絡，於生活化的語句中，自有超現實、寫實、散文詩等形式表現。詩作題材內容，涉及層面甚為廣泛，囊括社會、情意、感懷、覺醒、反諷、哲理、存在、期許、生態、愛情、懷鄉、思念等，在在顯示梅新詩創作的深層內涵：賦予生活寫實以高度的思想哲理。縱使他的詩不完全從生活中茁長，但是梅新個人生活歷練，仍是他詩創作的最堅固磐石。

歷經現代主義、超現實主義的波波潮流，詩創作者終究疲於語言堆疊、意象繁複、標新立異的形式追求，躑躅於長時期的紛擾現象之後，捨棄盲目的隨波逐流，進而主張現代詩應該除卻蔽障，回歸言詞精準而簡約的清流。近代論者終於肯定梅新的創作，看似平淡，卻透射出廣袤生命視野的深度與高度。

梅新一生共出版四本詩集：，《再生的樹》、《椅子》、《家鄉的女人》、《履歷表》。前三本詩集《再生的樹》、《椅子》、《家鄉的女人》的出版，平均間隔十年，而第四本遺著《履歷表》的集結出版，卻和《家鄉的女人》之間只隔了五年，為此，詩人余光中於〈斷然截稿——讀梅新遺著《履歷表》〉序中有言：「足見梅新晚年不但詩藝加速成熟，詩評新闢天地，而且較前增產，冥冥之中，竟像是預感到時不我予。」感嘆之際，為梅新詩的創作生命留下伏筆，值得深入研究。

三、梅新詩觀

（一）性情兼備，是文學的至高境界

梅新表示「文要見性，詩要見情」（註三二），如果不能面對現實，僅止於堆砌一些美麗的詞藻、強說閒愁，就淪於空洞虛幻，言之無物，失去真摯，就不是文學。梅新追求的是思想的落實、情感的真誠，其表述雖偶或建立於事件的浮象上，但平易的詩語，卻隱藏遼闊的意境。梅新認為詩人作家可以狹窄的生活環境出發，但必以真誠、細膩觀照世界。一旦情感失真，創

作亦將貧乏，唯有至情至性，「性情兼備，是文學的至高境界。」（註三二）

（二）詩的風格以原創為貴

文壇現代詩創作領域，少數幾位不受派別、主義約制的自由創作者中，毋庸置疑，梅新是其中之一。無論詩壇如何紛紛擾擾，始終不受影響；梅新的詩創作，不在意體例的規範，也不附會所謂的超現實主義或後現代主義的標榜，而自有堅持和有所揚棄。

基本上梅新自覺是個純粹的創作者，不受體系規範，始終不受趨勢影響，堅持己見；「詩的風格既然是以原創為貴，又何必去撿拾這些在西方已不再新鮮的牙慧呢？」（註三三）此番觀點，或可解讀為梅新認為不同的文化、氣質、背景的影響，產生不同的思維邏輯，而於異樣的生活色調中，生活感受自有差異。並非抗拒繽紛多變的文風思潮，但也無須刻意標榜追隨，創作表達於個人的作風，幻化，也就無須拘泥在一個潮流的框架之內了。

（三）知性與感性的圓熟交融

梅新認為，詩人可以語不驚人死不休，但人文關懷才是詩人的成就，小詩的藝術美感，足以激發悲天憫人的情懷，但不僅僅是為了虛華的美麗文句。梅新在意的是，知性、感性的圓熟交融：

一首好詩的完成，必須先有感性，而後再透過文化的思考，圓熟技巧的營造，讓知性進來，加強意象的深度與廣度。文學家知性的思考是絕對有其必要的，而且是必須強調的，否則諸如生命的、人性的、歷史的主題都無法顯現。可是文學拒絕純粹知性，因為文學不能失去對感性的掌握。（註三四）

一如顏元叔教授曾經表示，梅新的詩就是現實。梅新詩中表現意圖純樸，回歸現實人生萃取詩意，復將詩中訴求還給生命原鄉。人生文學化、文學寫實化的境界莫過如是。

（四）剎那間的心境，真實人格的呈現

梅新時而以生活題材作為詩的內涵，也以詩的創作為生活創造多彩氣氛。梅新注重詩的氛圍表現，以陶淵明〈飲酒〉組詩中之「采菊東籬下，悠然見南山」為例，於歷來的多方探討之中，梅新據以自己的詩觀角度，認為很可能寫的是境界的營造與情懷的投射；若詩人以真實的胸襟、內在的修養，各自解讀，「南山」是否真實存在，便不那麼重要了。

對照梅新的〈風景〉，以壯麗的氛圍，輪番表達梅新戰鬥人生的奮鬥目標，營造風雨生信心的境界。以張力的延伸，擴充一路走來的人生風景。至於黃梅雨、跛腳僧的角色，或許是梅新深層內在最真實的心境的投射了。

第三節　重要著作與獲獎紀錄

一、重要著作

梅新發表現代詩創作開始於一九五〇年代，一路以來，加盟「現代派」、參加「創世紀」詩社等，活躍身影始於一九六〇年代，畢生鍾情於詩的創作，名列台灣中堅優秀詩人，實至名歸，不為過譽。以詩為創作主體之外，從事散文寫作，時以生活日常、人生際遇感發入題。書寫範圍，廣及採訪報導、電影評介、新書賞析等。

梅新認為性格選擇題材，題材決定風格，此觀點多少透露出梅新創作態度的嚴謹，因此主張五年出一本詩集：「我替自己訂一個寫作的限額，一年不要超出十首，只許少，不許多。而必須是，寫一首就有一首的水準。」（註三五）梅新比喻寫詩形同挑戰：

> 我常愛尋找一些很難入詩的題材來嘗試，失敗的機會增多，無形中影響了我詩的產量。不過跟自己挑戰還是比較過癮，因為跟別人挑戰有結束的時候，跟自己挑戰則永遠沒有終止。（註三六）

梅新身前在台灣出版過三本詩集：《再生的樹》（一九七〇，驚聲文物供應公司）、《椅子》（一九七九，成文出版社）、《家鄉的女人》（一九九二，聯合文學出版社），加上逝前整理完備、而於逝後兩個半月內出版面世的遺著《履歷表》（一九九七，聯合文學出版社），梅新共計出版過四本詩集。詩人莊裕安於爾雅出版社出版的《梅新詩選》之編輯事略中敘述，「這四本詩集，似乎可以西曆六〇、七〇、八〇、九〇年代來分期，顯示梅新穩定持平又不懈的創作速度。」（註三七）

梅新的出版著作，包含個人作品集以及編選的文集、叢書。或因對於創作自我要求的設限，相形於主編的文集、叢書，個人著作相對量少。出版著作如下：

（一）詩集、詩選、詩文合集、散文集、報導文學、論述、詩評賞，共十二本

1、四本詩集：《再生的樹》（驚聲文物供應公司，一九七〇・九）、《椅子》（成文出版社，一九七九・六）、《家鄉的女人》（聯合文學出版社，一九九二・十二）、《履歷表》（聯合文學出版社，一九九七・十二）

2、兩本詩選：（1）《梅新詩選》（北京，作家出版社，一九九三・一）、（2）《梅新詩選》（爾雅出版社，一九九八・十）

3、一本詩、散文合集：《梅新自選集》（黎明文化公司，一九八五・六）

4、兩本散文集：《正人君子的閒話》（大漢出版社，一九七八・三）、《沙發椅的聯想》（三民書局，一九九七・五）

5、一本論述集：《憂國淑世與寫實創新》（時報文化出版公司，一九八二・一）

6、一本報導文學集：《從北京到巴黎》（文經社，一九九三・四）

7、一本詩評賞集：《魚川讀詩》（三民書局，一九九八・一）

（二）主編、編選叢書、選集，共二十多種

《永恆的桂冠》（一九八九）、《近代中國名人的童年》（一九八九）、《粉紅色男孩》（一九八九）、《成語出迷宮》（一九八九）、《我們走過的路》（一九八九）、《最愛》（一九八九）、《跑步人生》（一九八九）、《從陋巷中走出一片天地》（一九九〇）、《我們走過的路第二集》（一九九一）、《繁華猶記來時路》（一九九一、一九九二）、《願景》（一九九五）、《中副八三年散文精選》（一九九五）、《中副八三年小說精選》（一九九五）、《中副下午茶》（一九九五）、《每日一典》第一輯、第二輯（一九九六）、《每日一典》第三輯（一九九七）、《中副八四年小說精選》（一九九七）、《中副八四年散文精選》（一九九七）、《新動脈：心靈改造工程》上、下輯（一九九七）等，經由「中央日報出版部」出版的編選文集，至少有二十種以上。

（三）重要著作相關記事摘要

1、《再生的樹》，梅新的第一本詩集，一九七〇年由淡江文理學院驚聲文物供應公司出版，此書獲得一九七二年教育部文學獎。關於《再生的樹》詩集的書名，梅新解釋：「至於我選〈再生的樹〉這首詩的詩題做為本詩集的書名，並不是它特別好，實在是由於我的生命的成長頗近似這首詩的內容。」（註三八）

2、《椅子》，梅新第二本詩集，一九七九年由成文出版公司出版。詩風與第一本詩集迥異。

3、《憂國淑世與寫實創新》，為文學評論集，一九八二年由時報出版公司出版。本書以前人包括龔定庵（龔自珍）、黃遵憲和胡適三人為論述之主軸，此著作在學界頗受矚目。梅新平生尤其欽佩龔自珍：「過去國內文學界討論現代文學的發展只回溯到黃遵憲為止，很少人知道還有一個龔定盦。龔定盦但開風氣不為師這句詩所表現的恢弘氣度與刻苦實幹的治學精神，最為我所敬佩。」（註三九）

4、《家鄉的女人》，為梅新第三本詩集，此詩集留有梅新的後記：

前年我回家探親，家鄉的女人，已不是我兒時記憶中的女人。記憶中的女人，似乎有一種生活在傳統規律中的秩序美。女人容忍、操勞的美德，全都在那規律秩序中表現了出來。也許我詩中描繪的景象仍然存在；也許是我停留的時間太短了，無法重溫兒時所看到的「家鄉的女人」的種種。但〈家鄉的女人〉這一系列，我陸續寫過不下十首，有些還要改，有些不喜歡，在這個集子裡只選了三首。我用它來作詩集的書名，是因為它代

表我某一個時期的心境。今後，我可能很難再寫這種詩了。（註四〇）

5、詩集《履歷表》，屬梅新身後遺作，於一九九七年十二月由聯合文學出版社出版。梅新夫人張素貞教授記述了梅新過世前，自己將詩作剪貼妥當、編目成冊的情形：

你是有心的。你的新版詩集《履歷表》，自己早就編好了目次，書名寫好，扉頁上正中寫的是「給素貞」。你另有一本我叫它「詩筆記」，以工楷謄錄自己的作品，並寫有後記，說明寫這首詩的緣起、經過，以及發表的報刊、發表後的迴響，首頁也題了「給吾妻素貞」，仍是工楷。（註四一）

6、遺作詩評《魚川讀詩》，為一本以「魚川」筆名讀賞「中副詩選」詩作的結集，由三民書局於一九九八年元月出版。張素貞表示，梅新於得知病情（一九九七年七月下旬）以後，便著手自己整理編輯，並錄下〈魚川讀詩話從頭〉表達製作「魚川讀詩」專欄的理念。（註四二）

7、遺作《梅新詩選》，可視為梅新逝世周年紀念詩選萃，由爾雅出版社出版。張素貞解釋了編選過程：

你可能也沒有料到這麼匆忙就得結束人生之旅，可是你的書桌整理過了，詩集剪貼簿編列了五十五首詩，另外擺放了三首，我把它交給你常發表詩的報刊；而黛嫚在你辦公室的抽屜裡也發現了〈從和平飯店出來〉，就用在紀念你的專刊上。我都附在你詩集後面。五十五首中有兩首有目無詩，翻到你的一本「閒情筆記」，才看到一些你起草、塗抹、而又定稿的詩，總算找到了〈夜〉和〈夜的底層〉。我知道你一向對自己要求嚴格，有許多詩發表過，也沒有收入集子，一度考慮把後附的四首撤下來，詢問過《現代詩》主編莊裕安，他覺得這幾首也並不差；想到這是你最後一本詩集，我想我略做交代，還是把它附上吧！（註四三）

8、《梅新自選集》，緊接著梅新素描像的頁首和生活照片頁面背後，是梅新詩作〈星的命運〉手稿。以此詩作開啟序幕，足見其對梅新的重要象徵意義，筆者在梅新於一九七〇年發表的第一本詩集《再生的樹》的後記中，發現了答案。梅新認為是〈星的命運〉的觸發，挽救了他的生命，且引發了他對詩的熱情，筆者於第三章第一節之「一首攸關命運的詩作」單元中已作說明，不再贅述。

二、獲獎紀錄

梅新於主編《中副》任內，連獲四屆行政院新聞局主辦的「副刊編輯金鼎獎」（一九八七

〔註四四〕、一九八八、一九八九、一九九一〕。具有文學意義的獎項分別為：「救國團青年文學獎」和「教育部文藝創作獎」（一九七二）。此外，筆者認為，梅新年少軍中壁報獲得首獎一事，或屬當年軍中例行小事，非正式文界獎項，但於梅新個人編輯人生歷程，此項榮譽有其意義，為啟蒙時期之重要事蹟，不容忽視，特於此文，附帶提及。

註釋：

註　一：梅新：〈中山室裡一少年〉，《沙發椅的聯想》（台北：三民書局，一九九七年五月），頁一一八。
註　二：梅新：〈小傳〉，《梅新自選集》（台北：黎明文化公司，一九八五年六月），頁一一。
註　三：同註一，頁一一九。
註　四：同上註，頁一一八。
註　五：梅新：〈《現代詩》復刊緣起〉，「現代詩四十周年專輯」，《現代詩復刊》第二〇期（一九九三年七月），頁三五。
註　六：莊裕安：〈《梅新詩選》編輯事略〉，《梅新詩選》（台北：爾雅出版社，一九九八年十月十日），頁二九七。
註　七：同註一，頁一一九。
註　八：同註二，頁一一。
註　九：梅新：〈《再生的樹》後記〉，《再生的樹》（台北：驚聲文物供應公司，一九七〇年九月），頁一四六。
註一〇：梅新：〈與朋友書——寫在詩集《家鄉的女人》之後〉，《家鄉的女人》（台北：聯合文學出版社，一九九二年十二月十五日），頁一二一。

註一一：同註九，頁一四六。

註一二：梅新：〈孤獨〉，《創世紀》第三期（一九五五年六月），頁二三。以本名「益新」發表，參見張默、張漢良主編：《創世紀四十年總目：一九五四—一九九四》（台北：創世紀詩社，一九九四年九月），頁六。

註一三：洛夫、張默、瘂弦主編：《七十年代詩選》（高雄：大業書店，一九六七年九月）。

註一四：同上註，頁一一三。

註一五：同註九，頁一四五。

註一六：顏元叔，〈這是一條路——讀梅新的詩〉，《梅新自選集》，頁三三三。

註一七：瘂弦：〈用詩尋找母親的人〉，《履歷表》（台北：聯合文學出版社，一九九七年十二月），頁二四。

註一八：蕭蕭：〈愛國詩選註：四、大擔島與二擔島之二（梅新）〉，《幼獅文藝》第五〇卷第二期（一九七九年八月），頁一八—一九。

註一九：梅新：〈風景〉，《梅新詩選》，頁一四—一五。

註二〇：〈梅新詩五首〉之兩首〈死貓〉、〈貓的吃相〉在同一時間發表於《現代詩復刊》第一三期（一九八八年十二月）。

註二一：同註一七，頁二四—二五。

註二二：同上註，頁二四。

註二三：鄭愁予：〈序梅新詩選〉，《梅新詩選》，序頁五。

註二四：同上註，序頁四。

註二五：同上註，序頁三。

註二六：同上註，序頁二。

註二七：張默：〈我不風景誰風景——梅新的詩生活〉，《夢從樺樹上跌下來》（台北：爾雅出版社，一九九八年六月），頁二三四。

註二八：羅任玲：〈秋日之約——「懷念梅新・讀梅新詩」紀念會側記〉，《投影為風景的再生樹——梅新紀念文集續編》（台北：文訊雜誌社，二〇一七年十月），頁六七。

註二九：余光中：〈斷然截稿——讀梅新遺著《履歷表》〉，《履歷表》，頁一四。

註三〇：同上註，頁一四。

註三一：梅新：〈給女兒的信——代序〉，《沙發椅的聯想》，序頁五。

註三二：同上註，序頁五。

註三三：同上註，序頁五。

註三四：梅新：〈零雨的愛之組曲〉，《魚川讀詩》（台北：三民書局，一九九八年一月），頁八〇。

註三五：同註一〇，頁一一七。

註三六：同上註，頁一一七。

註三七：同註六，頁二九七。

註三八：梅新：〈梅新説詩〉，《投影為風景的再生樹——梅新紀念文集續編》，頁一九四。

註三九：同註二，頁一二。

註四〇：同註一〇，頁一二一。

註四一：張素貞：〈訴〉，《履歷表》，頁二九。

註四二：同上註，頁三四—三五。

註四三：同上註，頁三六。

註四四：梅新於一九八七年底，主編《中副》的第一年即獲副刊編輯金鼎獎的肯定，獲頒獎盃年分為一九八八。

第四章　梅新的編輯事蹟

第一節　文學編輯歷程

一九六九年，梅新畢業於中國文化大學新聞系，同年，進入《幼獅文藝》月刊擔任編輯，從此啟開文學編輯生涯之途。迄至一九八七年，接任《中央日報》副刊中心主任兼主編之前，除《幼獅文藝》以外，尚包含《國文天地》社長、正中書局副總編輯、《聯合報》編輯、《民生報》編輯、《臺灣時報．副刊》主編、《聯合文學》編輯顧問、《現代詩》主編、「年度詩選」編審委員、《中央日報》主筆兼副總編輯等編輯經驗。意即梅新自一九六九年從事編輯工作以來，迄至擔任《中央日報》副刊主編，已累積了十八年以上的文學編輯相關資歷。

綜述梅新的文學人生，甚可溯源至一九五〇年代、梅新自喻「中山室裡一少年」的軍中創作時期。爾後，致力於文學推廣、教育，現代詩運動，文學刊物創辦、出版，媒體傳播、副刊編輯等志業，未曾間斷。梅新在文學編輯上，創意屢出，乃文壇公認之事實。敬業堅持，以耐力克服環境逆勢，以意志達成不可能的任務，開拓文學發展重要史頁之軼事，有跡可循。一九七、八〇年代至解嚴時期以來的台灣文學傳播、編輯發展，梅新所作所為，值得深入探索研究。今以梅新的編輯資歷對台灣文壇的影響脈絡，以及梅新的企畫編輯上的行事作風，如何落實副刊的守門精神為旨，分項論述於後：

一、期刊編輯

（一）《幼獅文藝》

梅新的文學編輯資歷，實際早於一九七二年的《聯合報》編輯經驗。一九六九年自文化大學新聞系畢業，同年即已進入《幼獅文藝》月刊擔任編輯，此應為梅新文學編輯生涯之途的第一份專職工作。

梅新於一九五〇年代開始發表詩作、參加詩社活動，以詩作風格獨特知名。而名氣漸出，應該始於《幼獅文藝》年代，一則由於一九六〇年代，梅新的創作才華漸獲肯定，另則，因歷經《幼獅文藝》的編輯表現，有助於知名度的提升，加以與作者、讀者的良性互動，一九七〇年代，「梅新」詩人名號已遠勝過「章益新」的本名。

梅新進入《幼獅文藝》於瘂弦主編時代（一九六九—一九八〇年）初期，參與工作包括撰文、編輯、邀稿。有緣認識學者作家、台大教授顏元叔先生，兩人因而成為知音。一九八一年秋天，顏元叔教授至正中書局擔任總編輯，梅新「拔刀相助」（註一）隨好友至正中書局工作，一年後升任編輯組長。知名的文學批評家顏元叔教授，文學評論多以小說創作為對象，批評言詞以犀利聞名。據梅新敘述，顏元叔首開先例評詩，即選梅新詩作，以〈梅新的風景〉為題評論，發表於《幼獅文藝》第一九一期的「文學專欄」（註二）。梅新十分重視這段詩緣，將顏元叔評論〈梅新的風景〉，附錄於其第一本詩集《再生的樹》正文後。除了尊崇以外，梅新與顏元叔亦師亦友，早年的相遇，始自文學編輯生涯之初，可謂知遇之交。梅新受到顏元叔的激勵、影響，可以想見。十分顯然，《幼獅文藝》之於梅新詩藝的意義，更甚於文學編輯生涯的啟蒙。

（二）《中華文化復興月刊》

梅新曾為《中華文化復興月刊》編輯的工作經歷，鮮少成為焦點為人著墨。學者尹雪曼教授於〈五天連喪兩好友——悼歐陽冠玉與梅新〉中稱：「認識梅新是在民國五十年代，當時的文復會出版一份『中華文化復興月刊』，由於原來負責編務的副秘書長胡一貫先生太忙，於是，便請了在台大教書的逯耀東先生來主持編務。而與逯先生一起來工作的，便是梅新。」（註三）依據逯耀東教授於〈暫時忘了籍貫〉中的回憶則是：「初識梅新，二十五年前。我去接編一份雜誌，他原先就在。」（註四）按該文發表的一九九七年換算，約莫是一九七二年梅新已在《中華文化復興月刊》。張素貞教授也提供了梅新於文化大學新聞系畢業前後的蹤跡：一九七〇年曾邀約國學研究者許世瑛口述筆錄《論語二十篇句法分析》，分篇刊載於《中華文化復興月刊》；從六月一日第三卷第六期起，至一九七三年四月一日第三卷第六期陸續刊完，整理修潤，由台灣開明書局出版，更名《論語二十篇句法研究》（註五）。綜合三路回憶，梅新於《中華文化復興月刊》工作時期的萍蹤掠影，漸趨清晰，應屬一九六〇年代末至一九七〇年初期間。此乃梅新早年編輯起程的珍貴履歷之一，不容磨滅。

二、刊物興辦

台灣社會歷經政治、經濟的巨大變革，文藝趨勢亦隨之產生連動的微妙關係，促使現代化走向愈加快速；而西方文藝思想的大量輸入，衝擊著文壇文化，助長了文藝思潮的能量蓄積，由暗潮洶湧，到風起雲湧。文學文化刊物、雜誌需求的增長，不僅帶動了商業的發展，也為出版業締造了七〇年代以來的黃金時代。熱衷文學的推動能手，洞察敏銳，掌握先機，親力親為，為文學理想效力，對台灣文壇產生相當的影響與貢獻，梅新是其中之一。

梅新以詩人及編輯人的雙重身分，聞名於二十世紀八〇、九〇年代的文壇、詩界；不僅因主編重要副刊擁有一席之地，於推動文學產生的影響，亦舉足輕重。熟悉台灣文壇、學界動向的學人、知識分子，對於梅新推動文學書籍、期刊、雜誌的作為，當不陌生；促使停辦期刊的「死而復生」（註六）如《現代詩》的復刊、「年度詩選」的續刊等事蹟，當可如數家珍。茲將梅新推動出版的刊物，依年代順序擇要綜述於下：

（一）《中國現代文學大系》、《中國現代文學年選》

《中國現代文學大系》，一九七二年，巨人出版社出版。梅新與瘂弦等人共同尋思、籌畫而生。《中國現代文學大系》的構想，獲得經營巨人出版社的詩人黃荷生的知心襄助、鼎力支持，得以出版。編輯委員會由余光中、朱西甯、白萩、瘂弦、梅新、洛夫、聶華苓、曉風、葉維廉等九人組成。大系分詩、散文、小說卷，涵括一九五〇年至一九七〇年的二十年作品選集，相當引人矚目。

《中國現代文學年選》，繼《中國現代文學大系》於一九七六年出版，兩部書構想一脈同源，但有別於《中國現代文學大系》著眼於文學發展進程之史料意義，《中國現代文學年選》進一步要求入選作品的素質，以典範為考量取向。

《大系》與《年選》，二部書的推出，一時引來多種角度的探討。梅新為此特別為文〈從大系到年選〉，撰述工作經過，事前的構想，以及事後的演變結果，層層階段均有詳細的交代（註七），在此不予贅述。僅將推行理念、抱負原則的出發點，擇其要點，勾勒如下：

一、基於以作品代替敘述，呈現一部脈絡清晰、內容豐實的文學史之初衷，以承先啟後、繼往開來為理念，策辦《中國現代文學大系》。

二、《中國現代文學大系》出版原則，必須顧慮到史的演進，具歷史代表性的作品，不能遺漏，凡發生過某種程度影響的創作，皆列入考慮範圍。

三、《中國現代文學年選》出版理想，與大系區別之處，在於更進一步著重追求創作的品質，「只求作品好，各家的風格相近，亦不為瑕疵」。（註八）

（二）《詩學》雜誌

《詩學》雜誌，由梅新和瘂弦聯手合編，共出版三輯。

一九七六年十月推出創刊號，巨人出版社出版，分兩輯，第一輯、第二輯同步上市。封面由聶光炎先生設計，書名為臺靜農先生題字，扉頁有徐訏先生提供的圖案，有夢幻逸品之稱，頗受歡迎。《詩學》雜誌的出版信念，引用梅新的敘述：「不想標榜什麼主義，只希望紮紮實實地為詩壇、為文學界做點有意義的事。史料的整理，和引導讀者作史的回顧與觀照，也是我們要做的工作之一。」（註九）

《詩學》雜誌，可謂建構中國詩論傳統的重要典籍，但因曲高和寡，銷路有限，停滯多年，遲至一九八〇年，第三輯方由成文出版社接手出版，依然秉持創辦初衷：

詩學的誕生，結束了新詩與舊詩長達半個世紀老死不相往來的尷尬局面，意味著傳統詩的研究與現代詩的寫作都已邁向了另一個新紀元。在把新與舊，現代與傳統融一爐而冶之的宗旨下，學者與詩人們展開了第一次的理論試探。（註一〇）

（三）《新月月刊》、《學文月刊》（《新月》、《學文》的「重刊」）

《新月》，於台灣戒嚴時期，被列為大陸禁書。梅新為了實現文學理想，使文學愛好者得以深入了解一九二〇年代以來，中國現代文學史的重要發展，特地央請海外文友，到尋獲《新月》的圖書館一頁頁拍攝翻印，重刊發行。梅新於〈正人君子的閒話〉（註一一）文中回憶，一九七六年的《詩學》創刊號上有段預告，說明了他個人甘於冒險重刊發行《新月月刊》的文學傳承信念：

「新月」對國家的貢獻是多方面的，在文學方面的成就更是特別大，尤其是徐志摩、聞一多等人所創的新詩體，不但帶動了一時的風氣，也為以後詩學的發展種下了良好的因子。所以，在《詩學》雜誌創刊號這一期，我們就有計劃的整理出「新月」的全部目錄，並請梁實秋先生撰寫一篇長數千字的「新月與詩」，再以訪問的方式，請葉公超先生為我們做了一次對「新月」的回憶。（註一二）

梅新當年義無反顧，奔走發起，並獲顏元叔、商禽等人響應、支持，自創雕龍出版社（註一三），於一九七七年十一月完成《新月》翻印，以《新月月刊》面貌重刊出版，共四卷十四冊，為台灣文學發展與中國新文學脈絡，填補上珍貴的斷層史頁。戒嚴時期的七〇年代，將禁書重刊，曾經引起譁然議論；好友們於多年後，仍為之捏一把冷汗；辛鬱回憶，梅新「冒險

將落在匪區（當時對中國大陸的官方稱謂）的一套書——《新月月刊》給翻印出來，幾乎因為『通匪』而坐牢。」（註一四）

由梅新主導，與《新月月刊》同時期（一九七七年十一月）推出的重印刊物還有《學文月刊》。葉公超在〈寫在學文重印之前〉中談到他在北平創辦的學文的主旨，曰：《學文》的創刊，可以說是繼《新月》之後，代表了對文藝的主張和希望。

（四）《現代詩》「復刊」

1、紀弦於一九五三年創辦的《現代詩》

《現代詩》創刊於一九五三年二月，一九六四年二月停刊，前後整整十一年，共出了四十五期。梅新形容這本厚不過數十頁，三十二開本的小小刊物，「改寫了中國現代詩史，將中國的現代文學運動浪潮，帶上一個至高點。」（註一五）

2、梅新促成一九八二年的《現代詩》復刊

梅新的現代詩創作〈殞星〉、〈無題〉，發表於一九五五年，刊登於紀弦創辦的《現代詩》第十期，而梅新參加的第一個詩社為「現代詩社」，《現代詩》無疑為梅新步入文壇的起步。於《現代詩》季刊前後發表的三十多首詩作，與《南北笛》等刊登的若干詩作，集結成包含四十五首詩創作的梅新第一本詩集《再生的樹》。僅就《再生的樹》中的詩作發表原處，足見《現代詩》對於梅新的寫作之路，帶來非比尋常的意義。如是因緣，醞釀了他對《現代詩》至

深的情感；梅新心心念念，期望「它對中國文學的發展還要繼續的影響下去」。（註一六）

《現代詩》復刊第一次籌備會議，於一九八一年六月十二日下午，在梅新家（台北市景華街一五八號三樓）召開。梅新夫人張素貞描述：

醞釀多時，經林泠回國激勵、大體具備共識之後，從展開首次籌備會，羊令野、羅行、商禽、辛鬱和梅新談論了四個鐘點；到創刊號出刊，整整一年。復刊版型由三十二開到二十五開稍微放大，復刊得很徹底，連封面美術設計都保留，只是以每期《現代詩》方框套色變化。發行人羅行，社長羊令野，編輯者為現代詩社編輯委員會。（註一七）

一九八二年，在梅新的積極奔走下，《現代詩》停刊十八年後，「《現代詩》復刊」終於面世。梅新與夫人張素貞不忘推動過程中詩人林泠對《現代詩復刊》付出的諸多貢獻。〈《現代詩》復刊初期〉文中，有張素貞的感念：「林泠是《現代詩》復刊最大的功臣，梅新說她是靈魂人物。雖是梅新與羊令野、羅行、商禽、辛鬱等人共同致力合作，她無疑是凝聚詩壇、團結力量的核心人物。她出資金提意見，多方鼓勵，使梅新的膽氣壯大許多。」（註一八）

（五）「年度詩選」續編

1、「年度詩選」第一階段

一九八二年「年度詩選編輯委員會」成立，參與編務委員有六位詩人，向明、張默、張漢良、向陽、蕭蕭、李瑞騰。由爾雅出版社出版，自創辦至一九九一年，於出滿十集之際，爾雅出版社負責人隱地宣告「年度詩選」圓滿停刊：「爾雅『年度詩選』從民國七十一年（一九八二）開始，到八十年（一九九一），整整出滿十集，由一到十，圓滿成章，值得慶賀。但不幸的是，這也是最後一集。」（註一九）

2、「年度詩選」第二階段

梅新致力於現代詩香火的傳承、綿延，可謂竭盡全力，除《現代詩》的復刊，促使「年度詩選」的復活，是另一例證。一九九一年的停刊消息，自然令梅新心懷遺憾，為此，尋機向瘂弦、向明表達「年度詩選」接續出刊意願，幸獲兩位老友的支持贊同。匯聚了詩人瘂弦愛詩的熱忱，以及詩人向明編輯「年度詩選」十年的資深經驗，梅新開始籌畫，「接著我們三人，瘂弦、向明和我，便有聯合報社對面小巷『石濤園』茶館之約，研商年度詩選再出發的事。」（註二〇）經費匱乏乃最大問題，幸獲作家張曉風提醒，向政府部門尋求出版贊助的建議。一九九二年秋，在梅新的積極奔走之下，文建會贊助印製費申請提案獲准通過，終於促成《年度詩選》的再出發。此後改由《現代詩》季刊社出版，爾雅出版社負責經銷。

（六）《國文天地》

《國文天地》由梅新一手提議、籌畫，主導創辦，「國文天地雜誌社」出版。梅新自任社長，自行物色總編輯，炎炎夏日，漫漫長路，親赴各中學向校長推介，終於成功創造出特優績效。立刊宗旨「發揚中國文化、普及文史知識、輔助國文教學」為信念，進行文化推廣。創刊號於一九八五年六月一日出版，以月刊形式，由正中書局發行。梅新稱：「我辦得最得意的一份雜誌，是《國文天地》月刊，創刊號印了一萬冊，一周內賣罄，再版六千冊，創台灣雜誌界的紀錄。」（註二一）

1、《國文天地》初創

梅新表示：「對於這份刊物（《國文天地》），我的理想是走實用的路，不談空泛的文化，只談實用的知識；不論艱深的學術，只求知識平民化。這樣的刊物一定成功，怕的是執行得不夠是徹底。」（註二二）《國文天地》初創，梅新擔任社長，於物色總編輯要角上，梅新展現出好眼力——龔鵬程於一九七九與一九八〇年，在《臺灣時報》副刊發表的〈評林語堂的《蘇東坡傳》〉和〈評錢著管錐編〉，文中現露的文學功底；還有多篇精彩訪錄，文筆練達，令梅新主編刮目相看。愛才，又樂於提攜年輕學子、作家的梅新，對當時仍在研究所博士班就學的龔鵬程，留下了深刻的印象，成為力邀龔鵬程承擔《國文天地》總編輯之重責大任的主要原因。《國文天地》期刊的推出，果然受到相當關注，引發國文學界矚目。版面令人耳目一新，內容豐饒、創意無盡，出人意表。除此，網羅諸多碩學、鴻儒的焦點之外，延請社會人士共同參與，也成為亮點之一。誠如總編輯龔鵬程〈徜徉在國文的新天地裡〉（註二三）文中回憶，以一個民間雜誌來說，能有這樣的成績，實屬罕見。

張素貞教授〈開闊而豐饒的新天地——《國文天地》初創的二十四期〉文中，以多種面向著墨，觀察「知識的、實用的、全民的」三大目標的達成。如「學者專業的專欄及作者群」小節，介紹了學者專家、作者群的陣容：

《國文天地》月刊之所以亮麗出色，得力於眾多人才的熱情參與，而劉兆祐、黃慶萱兩位教授最見愛護刊物的多面才情。他們兩位都在創刊號即和讀者照面，談讀書要當心錯字、如何編寫教材。此後劉教授應和撰寫：「我的國文老師」、「叢書特寫」（六次，第一三、一四、一五、一六、一七、一九期）、「書裡的玄機」（兩次，第二一、二二期）、「應用文的現代化」專欄，並在「早期從事創作的學者」中受訪。（註二四）

2、《國文天地》轉手

關於轉手過程，《國文天地》進入第三年，梅新已接編《中央副刊》離開正中書局。時值正中書局業務調整，編輯小組進行改組；第四年，正式全面改組，加以涉及諸多因素，使《國文天地》難以繼續由正中書局經營。國文學界聞知皆深感惋惜。憂心《國文天地》將面臨停刊命運，多位大學國文學界教授聯手出面，秉持創辦初衷，於一九八八年三月，終於由台灣師範大學國文系陳滿銘、東吳大學中文系林慶彰等教授承接，萬卷樓圖書公司負責出版發行。

接掌《國文天地》社長、時任總編輯的國立台灣師範大學陳滿銘教授，於一九九七年梅新逝世的悼念文中，不忘肯定其推動文學的貢獻：「《國文天地》這份刊物，以發揚中華文化、普及文史知識及輔助國文教學為目的，是十二年前在梅新（本名章益新）的大力推動下誕生的。」（註二五）《國文天地》始終秉持創刊理念，努力不懈，堅持走過三十年歲月，直至本論文進行研究期間，《國文天地》已出版至第四二五期（二〇二〇年十月）。梅新在天之靈，想必樂見、深感欣慰。

三、綜合閱歷

梅新之文學傳播、媒體編輯，相關履歷以年代順序簡示如下：

一九六九年，畢業於中國文化大學新聞系。

一九六九年，擔任《幼獅文藝》月刊編輯。

一九六〇年代末、七〇年代初，曾任職《中華文化復興月刊》。（註二六）

一九七二年，首入聯合報系。從事校對、改稿，其後由基層工作擢升至《聯合報》新聞版、家庭版任職。

一九七八年，任《臺灣時報．副刊》主編。

一九八〇年，離開《臺灣時報．副刊》，回聯合報系復職，於《民生報》負責專版編輯，之後回《聯合副刊》任編輯工作。

一九八一年，秋，赴正中書局任編輯組長。

一九八二年，升任正中書局副總編輯。

一九八四年，發起並參與《聯合文學》的籌畫、創刊。任主編、企畫主任。（詳見附錄三：梅新與《聯合文學》）

一九八七年，二月，接掌《中央日報．中央副刊》副刊中心主任及副刊組長，主編期間，另有《中央日報》主筆、副總編輯等職銜。

一九九七年，九月十七日，因病情急速惡化，請辭《中央日報》副刊組長，由時任副組長的林黛嫚女士升任主編。

一九九七年，十月十日，因病辭世。

附註：梅新與《中央日報》的淵源，尚有早年曾兼差任職《中央日報》撰述的經歷，根據梅新在《梅新自選集》（一九八六）中的〈小傳〉自述，推斷於一九七二至一九八六年間，但確切年代不明。（註二七）

文史資料學者封德屏女士於〈梅新小傳〉中，以「梅新除了『詩人』外，另一個重要的身分，便是他是一位專業且敬業的媒體編輯人。」（註二八）概括詩人梅新主編的重要一生，對文學、新聞生命的熱愛。綜合以上文學編輯履歷，約略可勾勒出梅新編輯志業的三個重要階段：

1、文學媒體編輯人

一九六九年，進入《幼獅文藝》從事編輯工作。一九七〇年代，正式進入報界媒體，首先進入《聯合報》從事校對、改稿，其後由基層工作擢升至《聯合報》新聞版、家庭版編輯，直至出任《臺灣時報．副刊》主編工作的一九七八年，時已累積六、七年的副刊編輯經驗。一九八〇年重返聯合報系，擔任《聯合副刊》編輯，以及《民生報》頭版編輯工作。

2、擔任《臺灣時報．副刊》主編

一九七八年至一九八〇年，梅新擔任《臺灣時報．副刊》主編，此段經歷轉折，無疑為梅新編輯的才華與企圖心，開闢了更寬闊的用武之地，同時成為梅新個人編輯生涯的重要里程碑。

3、接任《中央日報．中央副刊》主編

一九八七年接掌《中央副刊》主編，梅新逐漸步入志業高峰，執掌《中副》十一年，可謂行在人生屋脊的鼎盛時期，編輯獨特手采，堪稱自成一家，為副刊文化再添新頁；於副刊發展史上，留下開風氣之先的突破精神。梅新主編《中央副刊》於一九八七至一九九七年間，編輯策略、副刊理想、行事作風，影響貢獻，將於第五章起，分層詳述。

第二節　精於企畫編輯的守門人

一、閱讀風景，全民運動

民生富足之餘，知識水準提高，閱讀報紙成為日常生活的必要。梅新於〈漫談副刊編輯〉文中的分析，「現代報業幾乎已是全民化。根據民國七十三年（一九八四）三月十三日當時的新聞局長宋楚瑜在立法院答詢報告，台灣地區平均每五人有一份報紙。又以現代家庭一家四口來平均，百分之九十的家庭已有一份報紙了。」（註二九）說明了當時讀報人口的盛況。

報紙所屬的副刊園地，以知識、文學，滿足知識分子的求知欲望，以藝術、民間百態，滋養百姓的心靈需求。當副刊成為知識爆發年代的傳播據點，以多元層次的文化精神，獨立於新聞、時事、政治的嚴肅面貌之外，閱讀副刊，儼然成為精神的寄託、人文素質的象徵。集體閱讀風氣，宛若全民運動，成為二十世紀下半葉的年代特色，為時代風景造就了鮮明的色彩。

二、文學傳播最前線

平面媒體傳播發達、報業興旺的盛況，刺激著閱讀市場的相對熱絡。歷久以來，報紙副刊，除了對現代文學的發展進程，具有傳承史料的價值功能以外，同時負有為知識傳播把關，為社會教化暨立典範的職責。副刊的發展，成了攸關現代文學進程的重要一環。副刊賦予文學、知識的社會責任，影響力甚至相關著國家文化素養的整體提升，擁有難以取代的文學最前線地位，成為文化場域傳播工具之首。

報紙副刊，乘載著文學傳播的時代使命，於激烈的競爭下，各家副刊大展手藝，各顯神功，不分軒輊，但是否對社會具有實質的影響力，其主要區別關鍵，仍在於副刊主編的編輯表現。

副刊守門人，身肩文學傳播的重要使命，扮演文學傳播現場直播主的角色，理所當然，首要對自家副刊負起全責。副刊頁頁關連著傳播命脈，節節不可疏漏。內容題材，關係著社會文化、文學知識的進展；版面規劃，扮演了傳播載體的時代表現。編輯設計的結構，如刊首刊尾的配置，文章主標副標的導引，文類屬性的歸納，本末輕重的調節等，種種枝微末節的安排，都有講究。內容、形式，共同擔負起副刊整體的視覺樣貌及素質呈現，密切地牽繫著讀者的閱讀興趣，連帶產生的影響，相關著編者讀者的互動。副刊的聲望與能見度，同時顯現出編輯者的企畫功力。

三、執掌南方文學重鎮《臺灣時報．副刊》

梅新自軍中退伍以來，執教、進修、求職期間，持續不斷的文學、文化工作，為自己累積了可觀的編輯經驗。基於種種實務經驗，各類文學傳播形態、功能、屬性、生態、環境的瞭若指掌。基於編輯資歷豐厚，經由歐陽醇老師的推薦，梅新於一九七八年赴任《臺灣時報．副刊》主編。

首度登上副刊主座，成為梅新文學傳播守門工作的啟航，主編《臺灣時報．副刊》的重要資歷，為梅新個人生涯豎立了十分重要的里程碑。梅新的副刊理想獲取盡情發揮的空間，精於企畫編輯風格對文壇風氣的走向，同時產生舉足輕重的影響。主編《臺時副刊》，雖僅為時短短兩年，卻能快速創造出嶄新格局，其設計規劃、創意表現，於廣受注目下，贏得好評。

《臺灣時報》創立於一九七一年八月二十五日，總社位於高雄。以一九七〇年代的文化視角而言，《臺灣時報》實際上屬於服務南台灣的重要地區報紙，與《中華日報》、《民眾日報》同為南台灣主流大報。但因文化風氣、生活形態、教育資源，囿限於地域、習俗、運輸、交通等多重交流不變的因素影響，以至南北文風懸殊有別；南台灣報系的相對弱勢，對文壇整體的影響力，終究無法與北台灣傳播媒體抗衡。

梅新以實戰經驗、編輯自信出發，以倍加嚴謹的態度，克服現實環境的不足，且戰且走，競競業業，而其苦幹實幹的敬業表現，由同事姜穆的回憶畫面，可略見一二：

當時版面是台北編高雄排，還沒有版樣紙，稱為「盲目作業」，也是在逼不得已之下的創新，安善率居然相當高。梅新改稿常是滿篇紅字，顯見負責和認真的態度，是一位非常認真的主編。最重要的是，他很少在自己主編的刊物寫稿，我們稱為「潔癖」。（註三〇）

文史資料學者封德屏女士稱，擔任《臺灣時報．副刊》主編時的梅新「已展現出梅新對副刊懷抱的理想與企圖。」（註三一）主政《臺灣時報．副刊》，為梅新帶來展現編輯才華的大好時機，梅新夫人張素貞教授則形容，這也正是「給他獨當一面最好的歷練機會。」（註三二）

四、南北文風交流的整體實現

二十世紀七〇年代，《臺灣時報》屬於南方地域性媒體，於網際網路尚未普及的年代，《臺時副刊》因受侷限，而未能全面流通於台灣文壇。梅新開始嘗試以企畫編輯執行運作，以傳播專業的敏感度，靈活的思維運用，以延伸周邊效益為考量，意圖擴展活動範圍，促使南北文壇、跨域性的平衡交流。善加運用副刊的文學傳播功能，灌注以文化活血，因勢利導，以提升整體文化素養的加乘效果。上任時即展開相關作為，開發議題，積極舉辦活動，促使南北互動、加速南北資源交流，以期達成「還可以略矯文學、文化活動重北輕南的缺失」（註三三）的期待願景。

梅新努力促進南北文壇跨域性交流的決心理想，延續到主編《中副》時期仍再接再厲，未曾間斷。張素貞教授曾經於敘述梅新籌畫過的幾場「現代文學討論會」中提到，《中副》於一九九一年舉辦的朱西甯討論會，「會場從報社的十一樓會議室移往高雄中山大學舉行，是對文藝界活動重北輕南的一種調節，會後還安排與會的人員暢遊墾丁。柯慶明教授的〈斯約竟未踐〉一文，歷數相識、相熟，互相勸勉、支持的種種，也談到《中副》墾丁之旅的詩人、作家聚談。」（註三四）此外，一場陣容浩大的「南北作家會師高雄」活動，令人印象至深。《中副》一向致力於親近讀者，「南北作家會師高雄」特為南部讀者舉辦；一九九六年九月二十六日，參與的作家有施叔青、陳若曦、黃永武、廖玉蕙、向明、丘秀芷、林黛嫚、周昭翡、龔華等，專程搭車南下和余光中、鍾玲、馬森、陳冠學諸位學者作家，在高雄會合，於漢王飯店的咖啡廳裡，與南部讀者談文學、人生。南北作家齊相會，與南部讀者聚敘，共享一場文學盛宴的同時，也度過一個溫馨難忘的中秋節前夕。會後《中副》將座談會與兩天行程的紀錄，製作為「南北作家會師高雄」特輯，以玉筱的「南北作家會師高雄」活動側記開場，自一九九六年十二月十日至十二月十六日，於《中央副刊》接續刊登了黃永武的〈舊城懷古〉、陳若曦的〈官校的黑天鵝〉、丘秀芷的〈高雄之美〉、陳冠學的〈大阡陌〉、施叔青的〈黑色的詛咒〉、馬森的〈那一年，在鳳山陸軍官校〉、廖玉蕙的〈迎接陽光的心情〉、向明的〈在時間改造中變年輕的城市〉、鍾玲的〈高雄的鳳凰花〉、魚川（梅新）的〈重遊少年地〉，以及龔華的〈不可消逝的年代〉。

封德屏在〈梅新小傳〉中回顧梅新主編《臺時副刊》時代，特別提到梅新「曾為臺時副刊設計過不少專欄，及精彩的學人、作家專訪與座談。」（註三五）除了肯定梅新專欄設計的靈活表現、可圈可點，也意味了對梅新領先於保守編輯群、首開風氣之先，展現企畫編輯之實力的讚揚。梅新於《臺時副刊》的編輯成效，多受肯定，而「自他接辦後，《臺灣時報》副刊已成為報紙的一個重要版面，成績可觀。」（註三六）之言，當無可置疑。

《臺灣時報．副刊》文學園地，首度成為梅新實現抱負的遼闊空間，於構築獨特行事風格的舞台上，啟程闊步施展創發企畫編輯的副刊理想。於主編兩年期間，包含採訪專欄、專題製作，延請作家闢寫專欄，社會關懷、鄉土意識，藝術文化、學術交流，甚至兒童、婦女專屬領域，主題設計與內容角度，均富含主動出擊的開發創意。而活動舉辦，獨具特有的吸引力，除增加副刊自身能見度的動態創意，同時深化了文壇整體視角中，對南台灣文界的印象挹注：

（一）活動設計

梅新主張：「在計畫編輯下，你就非動起來不可了。」（註三七）活動設計主調，除主題內容的傳達，形式效果亦屬不可忽略的因素，為彰顯副刊活動對南台灣社會文化動能開發的效益，梅新初步採取與南部的大學院校合作，如舉辦研討會、座談會，與師生、作者、讀者、民眾產生互動，將副刊文化與校園、文界結合，不失為創意的發揮兼顧了知識教育、文學傳播的文化意義，也同時達到為副刊宣傳的效果。

1、多元主題的研討會

研討會、座談會的活動設計，實為後續專題、專輯製作的重頭序幕，動態、靜態兩者相輔相成，是為亮點。梅新的企畫編輯範圍甚廣，遍及藝術、舞蹈、影視、國劇、文學、歷史、小說等各種類別，僅參考張素貞教授撰〈略談《臺灣時報・副刊》梅新主事的企畫編輯〉（註三八），摘舉代表性數例，以茲引述梅新企畫編輯中的形構設計：

（1）「中國文學研討會」

一九七九年三月二十三日晚間，在高雄師範學院視聽中心舉行。文學院院長薛光祖參與，系主任林耀曾開場致辭，出席座談會的學者和作家各有論題發表。學者有黃永武〈民族性與文學風格〉、丁履譔〈文學的功用〉、江聰平〈詩與散文〉、張夢機〈古典詩的創作問題〉；作家有郭良蕙〈小說創作的取材與人物刻劃〉、商禽〈現代詩的語言〉、司馬中原〈問答篇〉。

（2）藝文夜譚：「誰來關心國劇」

一九七九年五月二十四日晚間，於台大文學院，《臺灣時報》與台大文學院聯合舉辦。出席者有：台大外文系客座教授高友工，舞蹈家、雲門主持人林懷民，舞台設計家聶光炎，戲劇家、台大外文系教授胡耀恆，國劇演員朱陸豪等重量級國劇行家與演員。紀錄由尚德敏整理，於一九七九年七月二十五日刊出。

（3）詩的活動鑑賞

一九七九年七月二十八日，下午，另有一場別開生面的作家聚談，於台北市太陽飯店頂樓，二十位詩人聯席展演了「余光中作品〈獨白〉鑑賞會」。當時有「火浴的鳳凰」之喻的余光中，剛由香港回來，面對來自不同詩派的詩人，有些犀利的議論，是挑戰；而就以文會友來說，是盛會。詩人蕭蕭撰寫了〈與永恆拔河的詩人——余光中作品〈獨白〉鑑賞會紀錄〉。

（4）「現代文學的回顧與前瞻」

一九七九年十月二十八日夜晚，在高雄師範學院視聽中心舉行。此為第二次與高師院合作舉辦之研討會，南下參與的學者、作家有：彭歌、朱西甯、張曉風、黃慶萱等四位。

（5）「古典文學討論會」

一九八〇年五月七日下午，在成大演講廳舉行。與成大中文系聯合主辦，出席者有成大中文系主任吳璵，另有各校重要學者：師大國文系教授汪中、台大中文系教授曾永義和黃啟方、中央大學中文系教授章景明和洪惟助。

2、為青年舉辦的講談會

梅新對青年的拔擢與關懷熱忱，可謂眾所皆知，針對青少年問題探討，如「變壞了怎麼辦？」之主題座談等，多有例證。《大珠小珠落玉盤》（註三九）的集結出版，是梅新在《臺灣時報．副刊》為鼓勵青年朋友特別舉辦的作家談文論藝彙整專輯。九場講談會實錄都收納在內，計有如下篇目（註四〇）：

（1）白先勇與青年朋友談小說，王法耶、潘秀玲紀錄，一九七九年九月十四日於《臺灣時報》副刊編輯室。（一九七九年九月二十五至二十七日刊出）

（2）李敖、胡茵夢與青年朋友談歷史、文學與電影，龔鵬程紀錄，一九七九年十二月八日於《臺灣時報》副刊編輯室。（一九八〇年一月二至四日刊出）

（3）名詩人鄭愁予與青年朋友談詩，潘秀玲紀錄，一九七九年八月二十一日於台北女青年會。（一九七九年十月八日刊出）

（4）金庸與青年朋友談武俠與報業，林清源紀錄，於中國文化學院新聞系。（註四一）

（5）思果與青年朋友談散文，王聯懿紀錄，一九七九年十一月十三日於耕莘文教院四樓。（一九七九年十二月三至四日刊出）

（6）花開的聲音——原文秀與青年朋友談舞蹈，潘秀玲紀錄，一九七九年九月十三日於大

陸飯店。（一九七九年九月十九日刊出）

（7）夏志清與青年朋友談文學批評，潘秀玲紀錄，一九七九年十月二十六日於中泰賓館八三三室。（一九七九年十一月七至八日刊出）

（8）人在江湖——古龍與青年朋友談武俠，龔鵬程紀錄，一九七九年九月十九日，於台北金世界貴賓室。（一九七九年十月十五至十六日刊出）

（9）從歷史中擎出一盞燈——高陽與青年朋友談歷史小說，龔鵬程紀錄，一九八〇年四月十五日於《臺灣時報》副刊編輯室。（一九八〇年四月二十八至二十九刊出）

文學活動的舉辦，研討、座談會的關注題旨，廣及各層面的社會議題、文化關懷；此外，涉及兩性平權下的婚姻關係，《臺灣時報．副刊》也舉辦了一場以「變遷社會中的婚姻問題」為主題的座談會，受邀與談者包含政大教授柴松林、小說家郭良蕙、三總總醫師陳汝斌、律師陳玲玉、家庭協談中心主任葉高芬，以及生命線義工雷麗娜等多方學者及專業人士（註四二）。座談會時間安排於婦女節午後，可見設想的用心，而陣容之可觀，亦足以顯示籌畫之周到。

（二）議題開發

梅新主編《臺灣時報．副刊》期間（一九七八—一九八〇），除了文學、知識、教育層面以外，民間、社會的多元面向，皆被梅新引為人文關懷的議題資源。在梅新的用心之下，廣泛的題材，用之不絕，而涉及時代意義或歷史價值的議題，更值得開發。議題的開發，形同藝術的雕琢。梅新認為，編輯不僅應具備專業知識，還應該以藝術家自居，「一位傑出的藝術家，可以將一方廢木，一塊無靈性的石頭雕塑成藝術品。」（註四三）

梅新初始以主題邀稿為具體行動，實施議題開發方針，落實副刊的編輯策略，於主編《臺灣時報．副刊》的二十世紀七、八〇年代，已有跡可循。如「新北投滄桑史」專欄，符合梅新主張的社會性議題開發，以北投旅館業的特殊文化色彩，探討衍生出的社會問題（註四四）；而「台灣早期的西醫」專欄，涉及台灣早年醫療生態的報導，觸角伸入醫界的發展，有其醫療學術性價值。事實上，「台灣早期的西醫」和「新北投滄桑史」兩個專欄，同屬「尋根篇」系列，特以台灣早年社會生態為理念而設計，兩個專欄各以不同的角度，同步刊登，相互映照時代風情，別有特色，亦可略見梅新創意風格中的挑戰實驗性質。（註四五）

其他層面的議題製作，藝術相關性篇章如〈楊英風訪談錄：亙古的呼喚，純樸的回歸〉，音樂相關性報導有〈郭美貞的音樂理想〉、報導陳必先的〈十個指頭，一分驕傲，千斤鄉愁〉，本土人物議題製作有「楊逵畫像」的評介、「賴和、張我軍與台灣文學」的報導，以及鄉情風土〈客家山歌的弦外之音〉的專文刊載等。社會議題的製作，除兩性、青少年問題，更延伸擴及兒童關懷，例如一九八〇年台北兒童書城的開張，《臺灣時報．副刊》製作了特別報導，是為一例（註四六）。梅新以專題、專輯形式進行議題探討，或以舉辦座談會，達成動態宣導效果，使活動的舉辦、議題的開發，進一步達成相輔相成的加乘效果。

註釋：

註　一：參見梅新：〈與朋友書——寫在詩集《家鄉的女人》之後〉，《家鄉的女人》（台北：聯合文學出版社，一九九二年十二月），頁二一九。

註　二：參見梅新：「他論詩，據我所知，是從我開始的。」〈《再生的樹》後記〉，《再生的樹》（台北：驚聲文物供應公司，一九七〇年九月），頁一四七。

註　三：尹雪曼：〈五天連喪兩好友——悼歐陽冠玉與梅新〉，《投影為風景的再生樹——梅新紀念文集續編》（台北：文訊雜誌社，二〇一七年十月），頁九五。

註　四：逯耀東：〈暫時忘了籍貫〉，《他站成一株永恆的梅——梅新紀念文集》（台北：大地出版社，一九九七年十二月），頁一五九。

註　五：許世瑛：《論語二十篇句法研究》（台北：台灣開明書局，一九七三年二月初版）。

註　六：隱地：〈懷念梅新〉，《中央日報．中央副刊》，二〇〇四年十一月六日。（收入《身體一艘船》，台北：爾雅出版社，二〇〇五年二月）

註　七：梅新：〈從大系到年選〉，《梅新自選集》（台北：黎明文化公司，一九八五年六月），頁二三五—二四三。

註　八：同上註，頁二三六。

註　九：梅新：〈正人君子的閒話〉，《梅新自選集》，頁二四四。

註一〇：瘂弦、梅新主編：《詩學》第三輯（台北：成文出版社，一九八〇年四月），封底頁文字。

註一一：同註九。

註一二：同註九。

註一三：雕龍出版社，梅新號召發起，與詩人商禽、顏元叔教授三人合創於一九七七年。

註一四：辛鬱：〈老友，你好走！〉，《他站成一株永恆的梅——梅新紀念文集》，頁六六。

註一五：梅新：〈《現代詩》復刊緣起〉，「《現代詩》四十年紀念專輯」，《現代詩》復刊第二〇期（一九九三年七月），頁三六。

註一六：同上註。

註一七：張素貞：〈《現代詩》復刊初期〉，《投影為風景的再生樹——梅新紀念文集續編》，頁二〇五。

註一八：同上註，頁二一〇。

註一九：丰翎：〈話說「年度詩選」二十年〉，爾雅典藏館，網址：Books.elitebooks.com.tw，上網時間：二〇二〇年一月十八日。

註二〇：梅新：〈「年度詩選」再出發〉，《八十一年詩選》（台北：現代詩社印行，一九九六年十月十五日三版（一九九三年六月二十四日初版）），頁一九一。

註二一：梅新：〈梁桂珍與她的書〉，《沙發椅的聯想》（台北：三民書局，一九九七年五月），頁五七。

註二二：梅新：〈小傳〉，《梅新自選集》，頁一一。

註二三：龔鵬程：〈徜徉在國文的新天地裡〉，《國文天地》第一三期（一九八六年六月），頁八—九。

註二四：張素貞：〈開闊而豐饒的新天地——《國文天地》初創的二十四期〉，《投影為風景的再生樹——梅新紀念文集續編》，頁二五四。該文以近一萬字書寫，甚為詳盡，氣勢壯闊，研究者不妨參閱。

註二五：陳滿銘：〈談國文天地的誕生——悼第一任社長梅新先生〉，《他站成一株永恆的梅——梅新紀念文集》，頁一一一。

註二六：按尹雪曼〈五天連喪兩好友——悼歐陽冠玉與梅新〉稱：「認識梅新是在民國五十年代，當時的文復會出版一份『中華文化復興月刊』，由於原來負責編務的副秘書長胡一貫先生太忙，於是，便請了在台大教書的逯耀東先生來主持編務。而與逯先生一起來工作的，便是梅新。」按逯耀東〈暫時忘了籍貫〉（《他站成一株永恆的梅——梅新紀念文集》，頁一五九）：「初識梅新，二十五年前（換算為一九七二年）。我去接編一份雜誌，他原先就在。」

註二七：同註二二，頁一〇。

註二八：封德屏：〈梅新小傳〉，《他站成一株永恆的梅——梅新紀念文集》，頁八。

註二九：梅新：〈漫談副刊編輯〉，《沙發椅的聯想》，頁一七二。
註三〇：姜穆：〈一生沉浮常相遊〉，《他站成一株永恆的梅──梅新紀念文集》，頁八六─八七。
註三一：同註二八，頁八。
註三二：張素貞：〈投影為風景的再生樹──懷念梅新〉，《投影為風景的再生樹──梅新紀念文集續編》，頁二八七。
註三三：張素貞：〈略談《臺灣時報．副刊》梅新主事的企畫編輯〉，《投影為風景的再生樹──梅新紀念文集續編》，頁二四七。
註三四：張素貞：〈「現代文學討論會」與「鹿橋閑談」〉，《投影為風景的再生樹──梅新紀念文集續編》，頁一八八。
註三五：同註二八，頁八。
註三六：同註三〇。
註三七：同註二九，頁一七四。
註三八：同註三三，頁二四五─二五〇。
註三九：龔鵬程：《大珠小珠落玉盤──當代名家談藝錄》（台北：暖流出版社，一九八〇年六月）。
註四〇：參見張素貞：〈《大珠小珠落玉盤》──《臺灣時報．副刊》的當代名家談藝錄〉，《投影為風景的再生樹──梅新紀念文集續編》，頁二三二─二四四。
註四一：參見張素貞於〈《大珠小珠落玉盤》──《臺灣時報．副刊》的當代名家談藝錄〉文末註一：「這篇未能明確查知時地背景，因金庸多次提及，推想可能地點是在中國文化學院新聞系。」《投影為風景的再生樹──梅新紀念文集續編》，頁二四四。
註四二：同註三三，頁二四五─二五〇。
註四三：同註二九，頁一七三。
註四四：同上註，頁一七三。

註四五：同註三三，頁二四八。

註四六：同上註，頁二四八—二四九。

第五章 梅新主編《中央日報．中央副刊》歷程

第一節 《中央副刊》簡述

一、「大陸出版時期」

《中央日報》，一九二八年二月於上海創刊，中國國民黨所創辦，為中華民國國民政府在大陸時期之代表性的官方媒體。發刊詞中公開表示：「本報為代表本黨之言論機關報，一切言論自以本黨之主義政策為依據。」一九四九年中央政府遷徙來台，《中央日報》於三月十二日復刊，在台北出版發行。若以時間點區分，由創刊到遷台前的二十二年，被視為「大陸出版時期」，該階段期間，因應時局變化，報導內容以戰事發展為主。

《中央日報》於一九二八年成立時，已有「附刊」，重慶《中央日報》創立的《平明》即為《中央副刊》的前身。早期，《中央日報》的「副刊」，曾由幾位文學大家經手編政。其中

文學新聞人孫伏園，曾二度受到中國國民黨「機關報」的邀約，主編副刊。《中央副刊》的名稱，正式於一九三八年（民國二十七年）十二月一日使用。一九四一年初，孫伏園先生二度應邀擔任重慶《中央日報》（南京國民政府所創辦）的《中央副刊》主編，因當年頗具副刊影響力而名滿報界，享有「副刊大王」的美譽，與《中央副刊》的緣分，久久仍傳為美談。

早期《中央日報》副刊史上，表現傑出的主編不乏學者、作家，如丁玲、沈從文、胡也頻等均在《中央日報》副刊擔任過編輯工作，其中尤以梁實秋先生主編時代風格備受矚目。一九三七年（民國二十六年），抗日戰爭爆發，鑒於時勢所趨，各報刊充滿了「抗戰八股」文章。《中央日報》身為黨報，於抗戰時期，更當秉持黨治文藝宗旨，作品發表以鼓舞抗戰為主。一九三八年擔任《中央日報》副刊《平明》的主編梁實秋先生，卻大膽地提出他的意見：「歡迎」涉獵「與抗戰無關」的材料，「不必勉強把抗戰截搭上去」。（註一）

二、第一副刊「孫如陵時代」

《中央日報》於一九四九年三月十二日遷台，因身為中國國民黨黨營事業，具權威性色彩，《中央日報》持黨政合一之優勢，成功執行了「黨報」為國府喉舌代表之任務，於動盪中，對穩固社會秩序，國家發展，具有安定承平的貢獻，銷售量長時期居於全國之冠，成為第一大報。與《青年戰士報》（後改名《青年日報》）同為宣導官方立場的主要傳媒。一九六〇至一九八〇年間，《中央日報》與《中國時報》、《聯合報》並立為台灣「三大報」。

《中央副刊》隨《中央日報》於一九四九年三月十二日在台復刊，直到二〇〇六年歇業，共計五十七年，前後計有耿修業、薛心鎔、孫如陵、陸鐵山、王理璜、胡有瑞、梅新、林黛嫚等八位主編。其中，孫如陵曾二度主編《中副》，前後長達二十多年（一九六〇年代到一九八四年），主編名氣在台灣副刊史上數一數二。據資深報人孫如陵先生描述：「《中副》（《中央副刊》簡稱）在歷任社長領導之下，為環境所侷限，僅維持一個小康的局面，到曹社長手裡，才開始壯大。」林黛嫚對《中央日報》「開始壯大」的形容是：

> 首先是天天見報，建立讀者閱讀《中副》的習慣；歡迎外稿，引進外社的大智大才來充實《中副》內容；同時經常研究新的內容，如開發「趣譚」、「我的座右銘」等欄目，又發行《《中副》選集》，讓《中副》版面上的好文章有再一次與讀者見面的機會，這些在當時都是走在時代先鋒的創舉。曹聖芬擔任社長十一年，領導《中央日報》成為國內言論第一大報，與《聯合報》、《中國時報》鼎立一時。（註二）

孫如陵兩度擔任《中央副刊》主編，由一九六〇年代到一九八四年，跨越了二十五年之久。「孫如陵時代」為《中副》奠定了穩重扎實的基礎，維繫了《中副》於文界第一大報副刊的地位，《中央副刊》於台灣文壇，風光一時，成為教育的典範、文學的正統、勵志的標竿。「孫如陵時代」開啟了《中副》活潑、趣味的創新局面，於相對保守的特殊時空背景下，脫穎而出，成為時代楷模，為各報競相效法學習的對象。台灣戰後出生於嬰兒潮、成長於一九五〇、六〇年代的讀者，大都擁有相同的深刻記憶；以筆者自身幼、少年時期為例，《中央副刊》乃筆者與多數同齡層閱讀報紙副刊的第一印象。閱讀《中央副刊》，儼如家家戶戶的文化風景、精神生活的滋養來源，誠為不可否認的事實。

三、熱副刊「梅新時代」崛起

一九七〇年代的台灣，邁步走向工業發展巔峰，於各種產業激盪的聯鎖效果中，同時迎來了前所未見的文化景觀。歷經一九六〇年代工業化的努力，致使台灣創造了繼之而來的經濟起飛。印刷出版，受產業全面帶動，傳播多元發達自成氣候，於文明普遍洗禮下，約莫於一九七〇年代末，諸多報社快速成長，尤以《中國時報》與《聯合報》為首，發展成為報業市場的指標性大報。《中央日報》第一大報的龍頭之姿，以及《中央副刊》為眾報效法楷模的巔峰地位，漸被取代。幸而《中央日報》有航空海外版的發行，《中央副刊》於該特殊年代，除了反共文學、懷鄉文學之外，也因普及海外，提供留學生抒發創作、發表作品園地的開放優勢，故於一九七〇年代至一九八〇年代，依舊得以保有與《中國時報．人間副刊》及《聯合報．聯合副刊》同等主要文學傳播媒體的角色地位。《中央副刊》持續仍為眾多作者發表作品的重要園地，也因而發掘了許多傑出的作品，成就了更多優秀的作家，貢獻影響不可磨滅。然而，與《人間副刊》及《聯合副刊》對照之下，「中央副刊的老路子」（註三），明顯保守傳統，相形趨於冷門。

一九八七年二月，梅新接任《中央副刊》主編，同年七月，政府宣布解嚴，一九八八年接著報禁解除。適逢戒嚴與報禁、黨禁解除的敏感年代，上任不到半年的新手主編——詩人梅新，必須兼顧黨政喉舌的原生背景，迎接「除舊」時代的來臨，帶領《中副》團隊進行挑戰；梅新竭盡所能，以全新編輯策略開拓革新、帶領《中央副刊》突破傳統形象，果然不負眾望，表現亮眼，以「熱副刊」之姿，開展《中副》最強動力階段。

一九九六年六月，《中央副刊》繼一九八七年迄至一九九一年連獲四次「副刊編輯金鼎獎」的卓越表現之後，再度以大型學術活動「百年來中國文學學術研討會」的創舉，破副刊史上空前紀錄。

卻始料未及，梅新帶領《中副》展現最強動力階段之際，不幸因積勞成疾，於一九九七年十月十日，驟然病逝，《中央副刊》邁步巔峰的全新一頁——「梅新時代」，匆匆宣告結束。

梅新於七月二十四日確診入院，感知自己健康狀態無可挽回之時，於八月著手安排《中副》主編接班人選；資深副手林黛嫚女士的主事能力深獲肯定，於梅新推薦之下，順利承接《中副》主編位置，且經由《中央副刊》一九九七年九月十七日「中副編輯室快訊」，正式宣布了梅新請辭副刊組長、主編的聲明：

中央日報主筆兼副總編輯、副刊中心主任及副刊組長之詩人梅新，已請辭副刊組長之兼任工作，副刊組長由副組長也是年輕小說家的林黛慢升任，而梅新則仍任副刊中心主任，他希望學術界、文壇先進、以及熱愛中副之作者、讀者繼續支持和愛護。（註四）

梅新時代畫下句點，由原副主編林黛嫚於梅新去世前的一九九七年九月十七日，正式承接《中央副刊》主編重責大任。

四、最後一頁「後梅新時代」

受到梅新栽培與提攜的小說家林黛嫚女士，由於副刊編輯長期的訓練養成，對編輯業務已相當熟練，於一九九七年九月十七日正式接掌《中央副刊》，主編手法大致維持梅新路線，除了使命的傳承，明顯意味著對梅新主編的行事風格的推崇與敬重。林黛嫚主編於副刊編輯相關的論述上，往往提及「中副梅新時期」的軼事與影響，為梅新的編輯貢獻留下一頁歷史的見證，除以「後梅新時期」謙稱自己擔當《中副》主編的階段，並直言「接下主編的重責大任，每一樣學習都來自梅新主編的訓練」。（註五）

始料未及，因黨禁、報禁的解除，促使報業瞬間興旺，引來市場營運激烈競爭的同時，一路以來，也相對醞釀了隱伏的危機，引發報業生態的質變。在多重連帶因素的惡性循環下，不過幾年時光，報社的存廢，便面臨極大的挑戰。身為「黨報」的《中央日報》，尤其倍受考驗，於報禁解除後，雖已轉型民營化，但因國民黨仍為最大股東，編輯團隊仍以國民黨幹部為主，以致傳統官營色彩未減，編輯版面依舊相對保守。政局鬆綁，報禁解除，自由空間擴張，資源不受管束的狀況下，印刷媒體不自覺面臨著「政治的解嚴同時發生的經濟解嚴」（註六）之窘境，《中央日報》的競爭力相對銳減，不難想像。

二〇〇〇年，政黨輪替。民進黨執政後，《中央日報》失去優勢，除相關單位、學校、圖書館，以及傳統國民黨黨員以外，一般民眾鮮有訂閱意願。時局的變遷，民眾閱讀習慣改變，種種社會因素，導致《中央日報》營運艱難，加以受網路媒體崛起，實體報紙受到排擠，報業普遍進入衰退期，《中央日報》雪上加霜，營運更加艱困，銷售量因而大為減縮。鉅額的虧損，終至衰頹無以挽回的地步，來台發行了五十七年的《中央日報》，擁有七十九年歷史的老字號《中央日報》，於二〇〇六年六月一日倉促宣告停刊，總計發行共二八三五六號。行經近八十年歲月，創辦於一九二八年、堪稱世界中文報界歷史最悠久的《中央日報》，終於走入歷史。（註七）

「期待再相見」的特大號醒目紅色字句，是最後一號《中央日報》的頭版標題。《中央副刊》隨著《中央日報》的結束，堅持刊完最後一號，總計共發行二八三五六號。中華民國九十五年（二〇〇六年）五月三十一日星期三，《中央日報》十七版《中央副刊》最後一刊「我們，陪中副走過」，主編林黛嫚寫下〈繼續寫文學史〉，勉勵編輯夥伴們即使離開編輯工作，仍能盡其所能為文學做一點事。

《中央日報》實體報停刊後，改制由電子報形式接續，但網路報並無副刊園地的發行。

《中央副刊》因此於無充分的預警下，斷然吹熄燈號。據《中央副刊》最後一任主編林黛嫚的最後回憶，當時四座「副刊編輯金鼎獎」獎盃，因梅新夫人張素貞教授的建議，主張與打包裝箱的四大箱副刊資料、物品置放一起，留做館藏。從此，刻有「新聞類副刊編輯金鼎獎／章益新先生／中央日報／中央日報副刊」的四座金鼎獎盃，亦隨之走入歷史，化為永遠的「精神象徵」。

第二節　接掌《中央日報．中央副刊》

一、詩人、新聞人雙棲身分

報紙副刊，於中國報業史上，多以文人、作家擔綱，由來已久，如孫伏園、徐志摩、張恨水、劉半農、陳紀瀅、梁實秋等，皆為文人出身。《中央副刊》作風亦然，但自國府遷台以來，副刊主編人選除文人、作家，亦見以新聞專業出身、新聞學歷為背景考量，或以曾任報社記者、具有採訪主管資歷的人員升任副刊主編，或由副總編輯等兼編副刊，歷任副刊主編如耿修業、薛心鎔、陸鐵山、王理璜、胡有瑞等，都具有新聞資歷、背景。孫如陵主政副刊之前，於《中央日報》資料室工作的背景與資深閱歷，也都符合新聞專業的標準。詩人梅新，畢業於中國文化大學新聞系，資深作家、新聞專業背景兼具，於一九八七年出任《中央副刊》主編，可謂遊刃有餘。

梅新於軍中已開始從事文學創作，軍旅生涯後期，即以詩人身分參與文壇，退伍後立志求學進修，終於苦學有成，取得文化大學新聞系學位。爾後於文學、媒體領域步步耕耘，當上《臺時副刊》主編，成為名符其實、擁有詩人與新聞人雙身分的主編。梅新的老師鄭貞銘教授回憶，詩人梅新進入新聞界後，展現的專業與熱忱，「始終以副刊為他施展抱負的園地，但是他也沒忘了他的最愛——寫詩。」（註八）不啻道出詩人、主編的雙重身分，梅新除了編輯副刊的專業背景，還於編輯上融入了詩人本色。於主持《臺灣時報》副刊短短兩年期間，為副刊編輯奠定基礎，鎔鑄通俗兼雅正的藝文情致，於邁向「具文學性、思想性、社會思想性特質的副刊」（註九）的多元思潮中，堅守文學精神。

一九八〇年，因《臺灣時報》人事變動因素，梅新離開《臺時副刊》，重返「聯合報系」，先後於《民生報》專版、《聯合副刊》擔任編輯工作。此時梅新的副刊才情，已漸具鋒芒。精於編輯計畫的才氣，為梅新打開知名度，衝勁十足的熱忱，勇於創新的形式風格，成為梅新登上《中央副刊》主編寶座的關鍵特質。

二、副刊文化時空背景

歷經六〇年代工業化的努力，致使台灣創造了繼之而來的經濟起飛榮景。印刷出版、傳播多元，自成氣候，於文明普遍洗禮下，諸多報社快速成長。七〇年代的台灣，邁步走向工業發展巔峰，於各種產業激盪的連鎖效應中，迎來了前所未見的文化景觀，同時掀起報業迅速發展後的激烈爭戰。約莫七〇年代末，歷經時代累積的演化，環境的變遷，台灣報紙副刊的文學傳播功能角色，於時代的遞變中，雖良莠不均，但殊異的生態特色，終究為社會文化的提升，積存了相當的能量，為副刊發展史鋪陳了深遠的貢獻。

副刊編貌的競逐，掀起沸沸揚揚的熱絡氣氛，《中國時報》的《人間副刊》與《聯合報》的《聯合副刊》表現前衛，兩大報銷售量也為之帶動，成功壓倒《中央日報》的市場績效，成為台灣指標性兩大日報。《中央副刊》相形之下，風格傳統、過於保守，「第一副刊」的時代光環，被取而代之，《中央副刊》的老舊面孔，被時代掩沒，成為無可否認的事實。

七〇年代的文藝思潮熱浪，席捲台灣文壇，激起副刊文化的浪花，於台灣文學史上留下繽紛色彩。熱門報紙副刊主編，甚至被冠上「媒體英雄」的美譽，至今仍為人稱道不已。以高信疆為例，一九七三年，高信疆首次登上《中國時報．人間副刊》主編位置，以令人驚豔的手法，為副刊開拓出全新風貌格局，文壇為之大開眼界，封為「紙上風雲第一人」（註一〇）。卜大中說：「他不但在形式上革命，也對內容做了很大的調整，擺脫了那時各報都學習中央副刊的老路子。」（註一一）此言肯定了高信疆的「才高八斗」，同時也指出了《中副》的刻板調性風格，已然不合時宜。

一九八〇年代，台灣報紙副刊，歷經時代演進，已大步跨越幾個世代的更新，來到競爭激烈、相互較勁的副刊戰國時代，該現象衍生出來的所謂「熱副刊」現象，尤為亮點，為文壇生態掀起熱絡煙硝。副刊場域生態，已由文藝副刊的性質，歷經文學、文化等單一、融合的綜藝面貌，於各時代階段，表現出各自模式的演變。

三、藝文墾拓，資歷完整

後現代時空的開放年代，除文學的傳播功能外，報紙副刊的內容被期待以順應時代潮汐的多樣化。挖掘社會人文的新面貌，賦予以藝文為核心基礎的新價值觀，以彰顯社會責任為訴求。報紙副刊於編輯面貌上，必須展現出與社會緊密結合的思維與考量。回應八〇年代以來、社會文化現代化的新價值，副刊的功能，負載的文學使命，與社會息息相關的「社會關懷」，成為副刊結構發展不可忽略的重要一環。新聞的敏感，文學的涵養，知識的廣度，成為副刊編輯實力的基本條件，缺一不可。

身為一個文化工作者，畢生致力於文學發展的推動、出版，見長於傳播編輯的設計、創新；長久以來，傾注心力於文學墾拓、藝文的關懷，成績斐然，為梅新開啟了知名度，加以主編《臺灣時報・副刊》的績效呈現，鋒芒漸具。梅新的資歷完整形象，編輯副刊的才情，受到時任中國國民黨「文化工作委員會」主任宋楚瑜先生的賞識，於《中副》主編拔選中，施助一臂之力，梅新因而雀屏中選，繼胡有瑞先生，接下《中央副刊》主編一職。

一九八七年二月，梅新由《聯合副刊》轉赴《中央副刊》，二度登上重要新聞媒體副刊主座之際，時空環境的變化，已不可同日而語；台灣報紙副刊經由時代思潮、文化演進，跨越長時期以來、以文學為主軸的單純屬性，此時副刊樣貌，已幾經變化，歷經六〇年代的現代主義，走過七〇年代的鄉土文學論戰，於八〇年代來到炙熱巔峰，亦所謂的副刊戰國時代，各副刊於競爭激烈的交手中，產生「熱副刊效應」，震撼文壇。八〇年代末，大報副刊承載的文學、社會文化使命，於特殊的時空背景下，自然備受矚目。一九八七年七月十五日政府宣布解嚴，繼之而來的是一九八八年一月一日報禁解除。因報禁開放登記，報紙增張、內容更趨多元，台灣民主文化現象，躍入一種新的趨勢，傳播媒體越趨興盛。自由化腳步迅捷快速，面對時代潮流的衝擊，各大報副刊紛紛順應人文省思的新時代潮流，展現出更多元性的台灣文化綜合樣貌。各家報紙副刊，於日日發刊的緊湊步調中相互較勁，熱烈的氛圍，正如所謂的遍地開花、萬家爭鳴。前所未有的此情此景，釀造出二十世紀色彩鮮明的副刊文化。此時梅新接任《中副》主編僅五個半月，解嚴、報禁的政治改革，副刊文化時空的丕變，適巧考驗著《中副》新手主編的能耐與機智。

第三節　副刊金鼎獎大編

一、文學傳播教育背景

梅新幼時即父母雙亡，由外婆扶養長大，少年時期於烽火離亂中，隨外婆離鄉背井，飄流遷徙。梅新懷念家鄉種種，文中常見，而知識品德的養成，多得自父、祖輩的訓勉、家教，顯而益見；但相關教育背景，及早年家鄉年少的求學經驗，卻少有著墨。筆者僅由詩人辛鬱的悼念文章〈老友，你好走！〉約略得知一二：「十三歲從家鄉——浙江西南部一個山城出來，跟隨外婆與當軍官的舅舅四處飄泊。念過小學卻什麼人情世故都不懂，一頭栽進了戰火中。」（註一二）

由閱讀梅新懷鄉的文章中，這位帶有濃重鄉音的農村少年，求知進取，極為渴望上學，但渡海來台後不久，即被舅父送往軍中。梅新年少失學，卻趁軍中工作之便，在「中山室」裡獲得機會，閱讀畫報、書籍等圖書刊物，得以汲取古典文學、現代文化的知識，挑起他內心深層的求知欲望，也適時為自己鑿亮了一扇窗扉，開起爾後的文學人生之路。

好友辛鬱提起經由詩人紀弦的引介與梅新認識，於八二三金門炮戰的前兩年（一九五六）。當時，梅新位階下士，主理文書工作，於金門東部鵲山附近服役，辛鬱在金南埕下駐營，兩地相距不遠，偶有機會見面。辛鬱道出一段梅新克服艱辛、努力向學的困窘年代：

> 梅新患有鼻炎，我第一次去探訪時，他正在用鹽水洗鼻腔，呼嚕呼嚕的。看他痛苦的樣子，我傻楞楞忘了作自我介紹。但我們一下子就交上朋友，是緣分嗎？我覺得那是基於我們有共同的命運。我深知梅新不屈從命運的個性，他在沒有任何關係沒有絲毫助力的情況下進取，考上了「師資班」，由此脫掉了軍服。（註一三）

梅新如願脫下了軍服，展開人生夢想追求，他終於爭取到讀書進修的機會。師資班結訓後，梅新被分發到遍遠的石門鄉石門國小阿里磅分部教書，之後再投考大學。據梅新夫人張素貞教授回憶，梅新先是考入淡江大學西班牙語系，因非志趣所在，經重考進入中國文化大學法文系，經再次努力轉入新聞系，終於一九六九年畢業於中國文化大學新聞系（註一四）。梅新十分珍惜得來不易的大學求學機會，且於坎坷路途中，能完成大學學業，隱藏著一段永生難忘的溫馨往事。梅新就讀文化大學時期，半工半讀，仍然付不出學費，幾經周折，獲得文化大學創辦人張其昀先生的幫助，才得以度過難關：

> 四年大學我可以說無日不是在借貸中度日，每到學期開始，是我最感無助的時候。私立大學龐大數字的學雜費，常使我不知所措，舉目無親，朋友又和我一樣的窮苦，眼看註冊日子一到，徘徊終日，最後總是去敲張夫子的門，獲得寬限時日，而終究得以完成學業。（註一五）

梅新回想著當年為學費事去敲「張夫子」的門，寫下〈夫子的故事〉，除感念張其昀先生的寬容與鼓勵之外，更加令他佩服的是「張夫子」的為人處事：

> 辦公室的光線很暗，桌上的檯燈類似學生用的檯燈，不是很亮。他一邊挑著飯盒裡的

> 飯，仍一邊翻著書。那情景，使我震驚，使我發呆，我萬萬想不到，曾經做過教育部長、做過國民黨中央委員會秘書長，而又是這所大學的創辦人，他的生活竟簡樸到近「清苦」的地步。
>
> 更使我震驚的是，飯後他竟自己拿著飯盒去盥洗間對著水龍頭沖洗，而沒有留給房門外的工友去清理。（註一六）

艱苦求學，獲得大學主修新聞系的背景，豐富了日後新聞、智識的觸角，加以年少軍中編排壁報的訓練，激發其往後對新聞工作的更加熱情，對社會觀察角度的更加敏銳，也助益了文學傳播的專業素養。

二、梅新的編輯素養

副刊傳播的編輯作為，關係著主編的學識、智慧、才情、觀察力、敏銳度等。就學識而論，畢業於文化大學新聞系的最高學歷，為梅新奠下良好的學養基礎，嚴格的教育訓練，培養出學識、智慧，激發出熱情、觀察力，以及新聞敏銳度與文學創造力的結合。主修的新聞本科，恰好符合了他的理想、熱忱。梅新以文化發展、知識傳播、資料收集、文學傳承為念，接受挑戰。梅新對文學、編輯志業的熱愛，自踏入文壇以來，經歷時代的薰陶，親眼目睹戰後台灣報紙副刊各階段的演變，已然擁有豐富的閱歷。再以現代詩人、新聞人的雙重身分，主事《中央副刊》編輯，理當難不倒這位縱橫文學、編輯二十年的「點子王」。梅新雖然不擅引經據典，高談闊論，卻胸有成竹，自有獨到的創見。

梅新勇於挑戰，以行動自許，實踐成功背後所堅持的理念。以新聞人的專業敏銳、時代觀察，落實於傳播媒體的文學文化編輯的邏輯運用。大刀闊斧，執行編輯運作的背後，呈現了精密的思考，主張編輯副刊以「企畫」先行。而其計畫編輯的價值依憑，正來自於副刊的社會功能，以及時代風向指南。

早期副刊，附著於報紙，居於不顯眼的位置，重要性大不如報紙「正刊」頁面，而以「附刊」名目相稱，但因時代變遷，教育的普及，文化素質的提升，報紙副刊的角色，不再次於「正刊」，而於文學知識或資訊的傳遞、發揚，與讀者生活，產生了更加緊密的關係。傳播學者林淇瀁（向陽），曾經以「從屬」與「自主」雙重媒介性格，主訴「副刊的微妙」：

> 副刊的微妙，在於它相對於當代西方報業，以全然不同的身姿存在東方中文報業之中，彰顯著東方傳媒與西方傳媒的殊異面相……副刊的獨特，來自於它既是大眾傳播的，同時又是文學的媒介……這種介於大眾文化與精緻文化之間的擺盪，形成副刊在大眾傳播媒介中最特別的特色。也正因為如此，華文報業的副刊，同時就具有「從屬」與「自主」的雙重媒介性格。（註一七）

意即報紙副刊雖因屬性有別而自立園地，甚或擁有「獨立王國」之稱，但論其存亡，卻依舊得仰賴報紙「正刊」，與之成為命運的共同體。林黛嫚也曾以「副刊其實『不副』」（註一八），詮釋副刊引領風騷的角色地位。通常被冠以「報屁股」的附隨角色，早因時代的演變，順應文化潮流的高漲，不再敬陪末座，不僅呈現副刊不副的地位，甚至因閱眾的消費需求，影響著報紙的出路，凌駕消費市場的關鍵。熱副刊堪稱見證之一。

梅新編輯《中副》的脈絡思想，或可由他的種種副刊表現，從中梳理探究：在理想中觀察時勢，隨時代俱進；以開風氣之先的精神執行創意。「堅持有其必要」，是梅新人生信念的執著，以「企畫編輯」策略，改造冷副刊的衰微體質，尋求突破。相對於傳統副刊的文以載道的使命，現代副刊的影響價值，超之甚遠，涵蓋範圍除時事新聞以外，文學傳播、文化推動、社會關懷等，可謂無所不及。

研究顯示，現代社會以更廣泛的價值看待副刊，綜合論述分析，副刊的功能價值，大致可歸納為五個層面：其一，副刊是新興作家的搖籃；其二，副刊具有對讀者的使用與滿足功能；其三，副刊能協助知識分子身分、地位的確立，藉以滿足知識分子關懷社會的情懷；其四，副刊是社會現代化的催生者，提供知識、技巧、新人生觀、新價值、形成人格結構、藉以鼓勵批評的精神；其五，幫助提升報紙的銷售（註一九）。而事實上這些功能訴求、傳播價值的時代導向，同步彰顯了梅新主事《中央副刊》嚴謹以對的努力方向，進而也符合了梅新編輯素養的能力所及。

三、第二副刊《長河》版的創刊

《中副》的副刊《長河》版，可謂為學術的延伸、歷史的銜接而生。梅新的文學使命，基於副刊篇幅侷限的因素，無法盡情施展，曾經因此延伸《中副》園地，另闢「副刊的副刊」《長河》版，由《中副》的得力助手張堂錡負責編務。一九八八年一月一日，《長河》版的推出，以刊載更多中國文學史上的現代作家、學者的重要訪談、紀錄為主，相關文獻等第一手稀有資料，彌足珍貴，堪稱《中央副刊》兼顧傳承古典與發揚現代的精神象徵，亦可謂梅新重視文學史跡回顧與傳承的一大見證。學者連文萍教授，於其研究論文〈轉瞬即逝向永恆過渡——試論報紙文學史料的特性與價值〉中，點出了《長河》版相當於《中央日報》「第二副刊」的重要性：

> 該版多刊載中國古典文學、現代文學的相關論述，也有學術界學者訪談、專書評介、文化動態報導等，並以專題企畫或特稿的方式，有系統的介紹與文學有關的命題，其中與中國古典文學有關的討論及學院研究動態的報導等，是傳統副刊或文化新聞版較少顧及的領域，這就使得《長河》版既呈現出辦刊的特色，也累積許多深具價值的古典文學史料。（註二〇）

主編《中副・長河》版的學者張堂錡教授，回顧了當年國內各報開始增張、報業競相大展身手的氛圍中，「兩個副刊」是許多報紙共同的趨勢，於此前提之下，《中副》主編梅新產生構想：

> 在深思熟慮之後，中副主編梅新先生（他過去曾擔任《國文天地》雜誌的社長）決定不走通俗、趣味的路線，而採取以介紹文史知識為主的學術走向，策畫推出了國內報紙媒體唯一結合學術的全版文化性副刊──「長河」。（註二一）

張堂錡教授表示，《中副・長河》版的推出，因催稿、約稿，企畫專題、設計專欄的需要，必須經常與學者聯繫，同時因稿件屬性多與學術相關，梅新主編一開始就決定錄用的編輯，以中文系碩、博士研究生為主，如此安排，使得《長河》版能務實與學術界結合，除此，得以與學者們建立深厚的關係。雖然《長河》版學術性濃，但基於滿足大多數讀者的閱讀需求，報章媒體的通俗化趨向，使得《長河》版的內容也不得不採取多元普及的生活化為規劃方針。初時的《長河》版走近代文史、傳記文學的路線，張堂錡教授於梅新主編的授權下，與《長河》版編輯們合作，一口氣推出了許多專欄，如「書海鏡詮」、「鏡頭中的歷史」、「文學古蹟之旅」等；同時舉辦了「說不完的《紅樓夢》」、「甲午戰爭百年省思」、「日據時代台灣年」等座談會；甚至，包含了民俗掌故、歷史意識、古典文學乃至琴棋書畫等各種專欄，以及周六整版以本土文化為主的專輯，如「紙上原住民博物館」、「呷新娘茶講好話」、「古早的行業」……等，不計其數；當代與古典的兼顧，學術與文化的並重，《長河》的奔流，獲得極大的迴響。令人惋惜的是，「以推廣中國文史知識、關懷本土文化、拓展國際視野為宗旨」（註二二）的《長河》版，終因不敵市場需求，於報業的激烈競爭下，於一九九六年十二月宣告停刊。

四、四座金鼎獎的肯定

（一）扭轉形象，再創佳績

台灣副刊發展形勢，基本以文藝、文學、文化為導向元素，呈現不同的副刊面貌功能。政府遷台以後，因「文藝政策」的實施，副刊受反共文藝策略主導，以雅正文學為核心重點，以純「文藝性」風格為主軸方向。台灣報紙副刊，歷來多以作家、文人擔任主編，以文學類別形態編輯，可謂最為得心應手，此種編輯形式，逐漸引領風潮，形成一九六〇年代文藝性強的「文學副刊」模式（註二三）。時代潮流瞬息變化，尤其於一九七〇年代較為顯著，文學色彩濃厚的「文藝性」副刊，漸已無法滿足社會大眾文化需求，副刊園地轉而衍生出與傳遞資訊緊密關聯的「文化性」取向。一九七〇年代，「文化性」副刊改革運動，以《中國時報・人間副刊》主編高信疆為代表，掀發一場新形態的副刊風潮，開啟了「文化副刊」時代序幕。風起雲湧的巨浪，於一九七〇年代末開始更加洶湧，起因於一九七七年瘂弦開始主編《聯合副刊》，一年之後的一九七八年，高信疆二度重返《中國時報》主編《人間副刊》。兩人的編輯才華正面交鋒，碰撞出副刊時代的炙熱火焰，燃燒出的熱副刊現象，盛況空前，也因此展現出一九八〇年代的「文化副刊」特質。至此，台灣副刊的演進，概括可以「文學副刊」、「文藝副刊」、「文化副刊」等模式概念，陳述各個時代的不同副刊面貌。

一九八七年，梅新繼主編《臺灣時報．副刊》之後，二度擔任重要新聞媒體副刊主座，成為《中央日報》副刊組組長。當下副刊的大時代樣貌，又不可同日而語。《中央副刊》不同於民營報紙副刊，黨政的精神傳統，純淨正派的訴求，形同品牌，依然默默存在；然而時空轉移，社會變遷，《中央日報》失去了以黨領政時期的優勢，《中央副刊》不再是第一副刊的楷模。跨越時間長河，幾經變化，以純文學文藝為主軸的初衷，經歷了一九五、六〇年代的反共文學與現代主義浪潮，一九七、八〇年代推動鄉土文學的煙硝現場，已然一路邁向一九九〇年代政治解嚴後的繽紛多元的大時代景象。

解嚴、解禁的表象，帶來施展編輯理想的更具彈性的空間，而實際上，跨時代的敏感階段，正是副刊守門人面臨考驗的開始。梅新勇往直前，迎接挑戰，以「大手筆的版面調整及有系統的企畫編輯，曾獲得四次金鼎獎的肯定，繼孫如陵後再度創下一番佳績。」（註二四）

銜接時代脈動、塑造嶄新現代局面，落實編輯理想於行動執行，梅新主編自上任之初，即有積極不凡的表現。行事豪邁，作風穩健，於兼顧黨報功能的原生初衷的原則下，排除阻力，帶領《中副》團隊進行改革；以全新面貌，成功挽回《中副》一度失去的社會影響力；讀者的增加，擴充了閱讀市場，同時也為報社帶來了樂觀的銷售業績。

（二）作家的夢土「中央日報文學獎」

敞開胸懷與作者、讀者的互動密切，乃梅新式的作風特色。顯然，《中副》的多采多姿，與貼近閱眾的精神需求，相繫相維。副刊成為文藝愛好者的日日靈糧，生活不可忽視的文學後花園，「甚至在海外各地的中國人，讀到《中副》，都把它當作心靈度假的別墅」（註二五）。黃永武教授甚而形容「《中副》是百萬人的社教館」（註二六），梅新懷抱《中副》理想，走向群眾，同時藉以於文藝熱愛者中挖掘文才。

文學獎的舉辦，是熱副刊年代不可缺席的文學活動，帶動文藝創作熱潮的文壇大事，也成為發掘新秀作家的管道。一九八八年，第一屆「中央日報文學獎」以「中央日報文學獎兩百萬徵文」展開序幕，小說首獎得主是邱妙津（註二七）女士，那時，邱妙津是還在就讀台大心理系二年級的學生。

知名小說家嚴歌苓，傑出的寫作生涯，也以《中副》出發。上世紀九〇年代初，流亡海外的年輕作家嚴歌苓因投稿〈栗色頭髮〉、〈我不是精靈〉等短篇小說給《中副》，受到梅新主編的重視與關注。嚴歌苓的創作成就不凡，於國際間成名以後，久久依舊感念梅新的鼓勵。於〈也獻一枚花環——憶梅新先生〉中有段回憶，字裡行間透露出梅新鼓勵青年、新秀作家的誠摯與熱忱精神，深具意義，值得一提，特予摘錄如下：

我和梅新先生是以書信結識的。……，他總是每每來信鼓勵，雖是短語三、五行，熱情與真誠卻飽和其中。那是我剛到美國最艱難的日子，每天上學、打工，芝加哥大而冷漠，常在撲面的飛雪裡橫跨十個街口，從打工的餐館奔到學校，時而感覺做烈士的豪壯。而烈士都是有虔誠信仰的，我卻正處於所有信仰都被粉碎的時期；婚姻的、愛情的、政治的，一切。無信仰而做烈士，剩的就祇有純粹的孤苦。每回只是在收到梅新先生的信時，心裡才感到世界不全然是荒涼。

梅新先生每回都親筆寫信給我，通知我哪篇小說被採用。他的語言是詩人式的，有股很大的歡樂在裡面。他對我作品的讚揚，也是毫無保留的。在一九九〇年深秋的一個清晨，我的室友被電話鈴驚醒，說有台灣長途來，找我的。我已在電腦前寫英文作業，膝上蓋著毛毯。我將電話湊近耳朵，遲疑地「哈囉」一聲。裡面是個陌生嗓音，卻是不陌生的江浙言語。說了幾句話，他才介紹自己道：「我是《中央日報》的梅新！」我急忙「哦！哦」的應答。梅新先生口氣殷切亦急切，說：「我們設立了一項文學獎，你來參加好不好？我覺得你很有希望！……」我不記得自己說了些什麼，但對此一番熱情昂揚的激勵，我是唯恐辜負的。那個時期，我自視為一名失敗者，於婚姻，於寫作，於戀愛，都是最不得要領的時候。

人在這樣的時期，是把自己很看低的。我於是覺得，文學獎是距我遙遠的東西。梅新先

生在電話中又高一個調門，對我說：「這個獎你一定要爭取，啊？」（註二八）

嚴歌苓的〈也獻一枚花環〉，言外深具感念之情，「要是沒有梅新先生那麼猛力一推，我或許不會就此振奮。」（註二九）在梅新主編的鼓勵之下，嚴歌苓於一九九一年第一次參加「中央日報文學獎」，小說作品〈少女小漁〉即獲得二獎，兩年後又以〈女房東〉獲得「中央日報文學獎」首獎。此後，嚴歌苓連續獲得國內各大報文學獎項，成為國內文壇人盡皆知的傑出新秀小說家。其後隨著作品改編成電視劇和電影，搬上螢幕，於國際間亦逐漸成為享有高知名度的華文女作家。實不枉梅新主編努力耕耘，一心為作者開發夢土，推動作者施展才華動力之熱忱。

（三）「副刊編輯金鼎獎」的肯定

《中副》成為心靈度假的別墅，作家的夢土，甚至「是文學選手的培養村、是文學的競技場」（註三〇），訴說著梅新主編《中副》的熱副刊的黃金年代。「梅新主編將《中副》編得虎虎生風，在《中央日報》發行量漸減、影響力大不如前的時候，讓《中副》能維持三大報副刊的地位。」（註三一）

梅新主編《中央副刊》，上任滿一年即獲得「副刊編輯金鼎獎」，任期內於一九八七、一九八八、一九八九、一九九一年，獲得「副刊編輯金鼎獎」共計四次，此項紀錄於副刊史上，當屬史無前例。林黛嫚回憶，該獎在當時等同於各報副刊的正式競賽，並認為「這項得獎紀錄讓《聯副》的瘂弦感受到很大壓力，瘂弦直到一九九六年才得到這項肯定。」（註三二）然而，林黛嫚認為《中副》連獲四座金鼎獎的殊榮，未必一定表示《聯合副刊》、《人間副刊》、《中華副刊》等其他報紙副刊相對遜色，主要關鍵更在於梅新為《中央副刊》創新高峰，「把《中副》從『冷副刊』變成『熱副刊』，同時也是對《中央副刊》在正刊報份日漸減少、社會影響力大減、財力較兩大報困窘、文化資源當然也較少的情況下，能有如此成績的支持與肯定。」（註三三）

《中副》於梅新接手下，不久即由「冷副刊」重返高峰，蛻變成「熱副刊」，與藝文學界、文化族群密切接軌，與《聯合副刊》、《人間副刊》並肩參與副刊風雲，成為「主流」副刊之一。位居主流，對文壇風氣、社會文化所產生的影響力，可想而知。副刊樣貌的創新、內容的豐富、主題的創意、文類的多元，以及文壇訊息的快遞、文化場域的掌握、社會議題的探討深度等各層面、向度，均為關鍵焦點。《中央副刊》再次獲得文壇矚目，所舉辦的活動訴求，甚或文學獎的規模等，亦無一不受到挑戰、檢視，成為文壇大眾焦點，繼《聯合副刊》、《人間副刊》的亮麗表現，同等被讀者、作者默默期待。《中央副刊》獲獎，廣受肯定，相形證實了「熱副刊」名聲，並非言過其實，《中副》主編、詩人梅新，贏得「金鼎獎主編」頭銜，名符其實。

第四節 熱副刊《中央副刊》風雲再起

一、以熱副刊理想重振《中副》

（一）「老面孔」的革新改造

特殊時代的自由民主氛圍，賦予梅新盡情發揮的空間，解嚴、解禁的考驗，也進一步挑戰著梅新騁志施展文學傳播的表現。梅新以「一顆永遠死不掉的愛心」（註三四）期許自己，守住熱愛的工作崗位。接掌《中副》之際，已擁有長期的文學、媒體執編經驗，對於編輯的理念架構，應屬諳練嫻熟的梅新認為，報紙屬於新聞傳播媒體，報紙副刊有別於文學刊物，讀者層面較廣，在形式、內容上，都該隨時代更迭而有所改變。

梅新於載道淑世的《中副》傳統中，融入現代思維。於題材的內容、包含文類的分布，形式的展現、包含標題的文學美感，處處可見梅新熱切企圖心的綻露。企畫編輯的理想，實踐於梅新式的創意風格上，加以新聞背景出身的敏銳，梅新試圖扭轉《中央副刊》傳統嚴肅的「老面孔」形象。梅新主編《中副》，為文學文化服務，以發揮領導功能為目標，落實現代社會的需求；但於破舊革新中，亦有所堅持，於眾媒體隨時代起舞的風潮中，自有節奏，跳脫刻板形象，創新格局，帶領《中央副刊》走向人群，力挽《中副》對社會產生的影響力。

（二）「一顆永遠死不掉的愛心」

事實證明，梅新接編《中副》，於文壇熱絡鼎盛時期，激烈競爭之下，能快速獲得副刊編輯獎的肯定，挺然獨秀，脫穎而出，與《聯合副刊》、《人間副刊》並駕齊驅，躋身熱副刊主流，必有其成功因素。

文學與新聞傳播是梅新的摯愛。由軍中開始寫詩投稿，可以看出文學的熱衷，而其新聞志業，於克服種種困難、最終苦學有成、畢業於文大新聞系的事實，為不言而喻的見證。梅新曾直言渴望新聞工作，如一顆永遠死不掉的愛心：

我渴望學新聞，進新聞界，倒不是新聞記者神氣，捧著無冕王的符牌，到處進出無人敢過問。我羨慕的是新聞工作，對改造社會、建樹文化、教育大眾有直接的影響力。而我的一顆永遠死不掉的愛心，也希望有機會守住自己的工作崗位，將它發揮出來。（註三五）

梅新決心力挽《中央副刊》的衰微情勢，從事「老舊面孔」的革新改造，不敢掉以輕心，以「熱副刊」為理想標竿，全力以赴，做好背水一戰的準備。當《中央副刊》歷經了半世紀的時空轉換、文化的遷移，承續了各階段主編的傳統風格，於漸漸演變成型的副刊樣貌下，梅新主編以企畫編輯理念架構，緊扣社會脈動，革舊振新，結合潮流思維，展現現代化風格，同時不偏離《中副》一貫以來，載道淑世的傳統、溫柔敦厚的形象，實踐大時代的文化多元任務，邁向全新格局的《中副》「梅新時代」。

二、熱副刊編戰風雲

（一）熱副刊現象

穿越時光隧道，文學媒體，副刊編者、作者，學者，專家，無論先進、新秀或後學，接續登場，文壇大道，可謂冠蓋雲集，一九八〇年代以來，副刊因競爭角逐而產生的特殊景象，所呈現之熱能十足的形勢生態，堪稱時代奇景。風起雲湧的「熱副刊」現象，標誌了副刊英雄舞台的展演成果，為台灣副刊文化增添了階段性的光鮮色彩。二十世紀七〇年代至九〇年代，「熱副刊」爭奪戰的年代記憶，至今為人津津樂道。擔負著報紙副刊主編重責，文學傳播第一線的「守門人」，同時成為「副刊英雄」。

早年副刊與報紙正刊，同為一體，但主、副關係，甚為清晰，副刊因附屬於正刊，甚至有「報屁股」之稱。然而隨時代演變，大多數的報紙已默許副刊獨立作業，予以更自由寬廣的空間。儘管副刊的存亡，仍舊得仰賴於命運的共同體——報紙「正刊」，但「熱副刊」園地被視為報章的靈魂，為報紙衝鋒陷陣，已成不爭的事實；訂戶以副刊的選擇為優先考量，不乏其例，「周公買報紙」即為文壇上眾所皆知的例子——詩人周夢蝶先生每星期必去「中央日報大樓」一次，但買的「報紙」僅限於《中央副刊》版頁。

「熱副刊」時代的副刊價值顯著提升，副刊不僅不副，往往凌駕「從屬」、「自主」的雙重性能，自立於外。儼然以旗幟飄揚之姿，引領風騷，成為報紙管銷的保證。

就廣義而言，「熱副刊」密切相關著感應社會脈動的敏感度，涉及副刊應具有的時代新鮮感及應變性。熱副刊現象中，駐足著時代遺留的各種副刊特性，其屬性無論單一或綜合，其模式，皆共同指向時空超越的後現代表現，同時標榜著變化快速又多端的創新思維的意象與具象。林黛嫚曾提出熱副刊時代，「副刊即文壇」的說法，點出主編、作者互動之間的鮮明色彩：

> 冷副刊時期，副刊主編的任務集中在審稿和組稿，到了熱副刊時期，引領文學發展方向以及和文人交誼也是副刊主編的任務，尤其台灣報紙副刊到了民營報紙企業化經營的時代，閱報人口大增，各個報刊在激烈競爭中把副刊的特質及影響力推到最高點，甚至形成「副刊即文壇」的說法。（註三六）

（二）熱副刊時代精神

熱副刊，存在著與時代脈動相互作用的共生影響，突破被動保守的傳統，發揮以前衛精神為新觀念的訴求，積極主動，成為點燃時代文化動力的火花。誠如中時《人間副刊》主編高信疆所描述：其一，一個單軌傳播系統中多面交流的園地。其二，副刊的基調是文學的，方向在於文化整體的建設。其三，副刊應從文學的筆出發，以多彩的風貌呈現，來反應現實、重建人生、帶動文化，甚至發揮社會整體的批評與創造的功能。其四，是溝通的工具（橋樑）、具涵化的功能（窗戶）、凝聚認同的方向（旗幟）、是社會的公器（天枰）。（註三七）

而《中央日報》副刊主編梅新以其心得理想，主張吸引現代人閱讀副刊，應以四個方向為編輯具體原則：拋開傳統的包袱、不走純文學的路、爭取主動避免被動，以及將觸角伸向各個層面。（註三八）

為滿足文學作品的需求、擴充文化視野的開放，副刊主編們無不胸懷大志，絞盡腦汁，卯足全力，在內容上講求充實、多元，於版面上努力求新求變。理所當然，也導致了閱讀市場的競爭。在良性競爭的「較勁」下，反而促使了藝文的進展。過程中，亦不乏文壇軼事、趣聞，記憶猶新，至今流傳的「副刊王」（《聯合副刊》主編瘂弦）與「副刊高」（《人間副刊》主編高信疆）之爭，可謂副刊風雲之最。「副刊王」瘂弦在悼念「副刊高」高信疆的〈紙上風雲高信疆——我、聯副、人間與信疆〉一文中追憶：

> 硝煙四起，龍戰在野，我們兩個難兄難弟就打將起來，打得天昏地暗，丟盔卸甲，不可開交，差點兒賠了我半條老命。不過儘管競爭「慘烈」，但是我們兩個從來沒有玩惱過，動作大，是故作誇張，目的是要引起讀者的注意力和興趣。之所以從來沒有翻臉過，最主要的原因，是兩個人對文化和文學的想法，非常接近，期間並沒有意識形態的

對立。（註三九）

熱副刊所激盪出的時代盛況，於有形無形中，釋放出可觀的加乘能量，可見一斑。而詩人余光中曾經說，瘂弦和高信疆，每天早晨一定有一個人吃不下早飯。雖然是半開玩笑之語，但語間所揭示的守門人的敬業精神，卻表露無遺。瘂弦先生接續余光中教授所言的另一段文字描述，所透露的訊息，值得推敲：

> 這邊還在組稿，怎麼？對手已經整版推出了。長期對壘之下，使我養成隨時保持警覺的習慣，國內外文壇不管大事小事，都得密切注意，舉凡思潮的轉變，作家的動向，都要在掌握之中，像諾貝爾文學獎的報導，更是要列入年度的重點工作，不容掉以輕心。（註四〇）

梅新亦不遑多讓，一九八七年自《中央副刊》主編台上出發，以上任一把火出手，積極進行革新換面；一個接一個的創意，使點著的蠟燭火苗越燒越旺。繼一九八〇年代以來、「副刊高」（《中國時報‧人間副刊》主編，高信疆）與「副刊王」（《聯合報‧聯合副刊》主編，本名王慶麟的瘂弦）的「火拚」戰績之後，梅新持續為熱副刊升溫，二度開闢副刊戰場；因嶄新的格局、豪邁的作風，大放異彩，隨即以「點子王」之稱，成為風雲榜人物。一九九六年，

「百年來中國文學學術研討會」的規模、成果，成為文壇最矚目的焦點，破紀錄成為百年來文學研討會所僅見，也成為梅新集魄力、鬥志、企畫創意於一身之最有力見證。

三、副刊春秋時代英雄

熱副刊風雲人物，若以年代景象描述，依時間軸線回顧，大致可於兩個鮮明時段中的副刊主編為例。首先指跨越一九七、八〇年代，高信疆主編《人間副刊》與瘂弦主編《聯合副刊》時期的編戰盛況；其次來到跨越一九八、九〇年代，瘂弦主編《聯合副刊》與梅新主編《中央副刊》年代的較勁局面。詩人洛夫曾言：「老友中幹編輯的，以瘂弦點子最多也最妙，後來梅新直追瘂弦。談到台北報紙副刊春秋，大家都知道，前期是瘂弦與高信疆火拚的時代，後期則是瘂弦與梅新爭鋒的時代。」（註四一）

（一）高信疆與瘂弦

一九七三年，高信疆首度擔任《中國時報．人間副刊》主編。一九七八年二度重返《人間副刊》，至一九八三年離職。一九七六年，詩人瘂弦赴美進修回台，於次年的一九七七年起，擔任《聯合報》副刊主編，至一九九八年六月退休，於此二十一年期間，曾與高信疆二度上任主編《中國時報．人間副刊》的一九七八年至一九八三年三月，有為期五年的重疊時間。

高信疆，於校園時代因才華出眾，擁有文大十大才子的美稱。畢業於文大新聞系後，第一分工作地點，即為《中國時報》。鄭貞銘教授回憶，《人間副刊》才創刊不久，即由高信疆接手擔任主編，並稱他的才子學生高信疆「不再是夕陽下憑欄的青衫少年，而是深具使命感的儒編。」（註四二）高信疆首度擔任《中國時報》副刊主編，立刻展現了傲人的才華，自一九七三年至一九七六年六月期間，「『人間』副刊改革層峰迭起，風雲激盪，影響了整個時代的文化界，他也因此被譽為『紙上風雲第一人』。」（註四三）直至一九七六年六月，高信疆離開《人間副刊》以前，最為人稱頌的貢獻，是「替台灣的鄉土文化披荊斬棘，開闢出一個表演的大舞台」。（註四四）

瘂弦，一九七六年獲威斯康辛大學東亞研究碩士，自美回台。於一九七七年十月，受《聯合報》延請，擔任《聯合副刊》主編。瘂弦於戰後渡台，因現代詩創作的卓越成績，加上自五〇年代起展開的文學編輯歷程，如主編《創世紀》、《幼獅文藝》等重要刊物，使瘂弦於台灣文壇，早已成名，享有傳奇詩人的盛名之外，同時成為舉足輕重的編輯家。一九七七年，時值文藝思潮洶湧、文風正盛的熱絡年代，出任《聯合副刊》主編，乃文壇大事，以瘂弦之才幹、資歷雙全的條件，擔負《聯副》重責大任，遊刃有餘，乃公認的實至名歸。

事實上，《中國時報・人間副刊》於得知瘂弦即將出任《聯副》主編，當下即來「搶人」。瘂弦回憶，一九七六年他結束進修自美回台，才出松山機場，就見高信疆到機場接人：

> 上了車，他開始發話了，說《中國時報》董事長余紀忠要他來接我，有意請我擔任「人

間」副刊主編，並說余先生現在就在辦公室等。由於事出突然，我一時無法應變，就請信疆先載我回家再說。到家不久，門鈴響了，余董事長親自來訪，懇切表達邀我去《時報》的意思，余先生說：「我快七十歲的人了，從來沒有像這樣請一個人的。」（註四五）

瘂弦因對《聯合副刊》承諾在先，終究婉拒了余董事長的邀請，卻力薦高信疆重回《人間副刊》擔任主編。瘂弦並曾對高信疆說：

「人間」副刊過去你編得那麼精彩，余先生最賞識你，老馬識途，你重新出山吧。你在「人間」我在「聯副」，我們的情況就像羅馬競技場上兩個決鬥的武士，面對著全場萬頭鑽動，如雷歡聲，不管願不願意都得搏鬥，而且要打個你死我活，觀眾才覺得夠勁，過癮。但是有一點老弟可別忘了，就是當我被你打倒的時候，你的劍不要真刺到我的身上，做個假動作刺在地上就好了。（註四六）

一九七八年，高信疆重返《中國時報．人間副刊》，二度擔任主編。瘂弦說：「我是一九七七年十月一日接編《聯副》的，沒多久，信疆果然重披戰袍，再一次主持『人間副刊』。」一如同默契，又形同一場副刊春秋的編戰序幕，開啟了瘂弦與高信疆火拚的時代。瘂弦與高信疆的編戰風雲，一直延燒到一九八三年。

一九八三年三月，高信疆告別《人間副刊》，兩任主編前後共為期長達十年。其後，曾經短時期出任過《中時晚報》社長，至一九八九年夏。離開台灣新聞界後，不幸於二〇〇九年五月五日因病辭世。影響副刊文學、文化深遠的「紙上風雲第一人」高信疆的辭世，為副刊風起雲湧時代，徒留一聲長嘆。瘂弦尤為感傷，失落之情，瀰漫於追憶高信疆的字裡行間：

風晨雨夕，當年的許多人與事，仍不時在我腦海中迴盪。章詒和有本書《往事並不如煙》，也的確是如此，特別是很多一起工作過的夥伴，甚至曾經「過招」的「敵報」友人，如今回想起來，都好像在同一條船上共過患難的親人一般。（註四七）

瘂弦回憶了於溫哥華接獲高信疆去世噩耗的子夜，無法入眠，淚流不止。為了台灣副刊事業一起打拚的夥伴高信疆走了，瘂弦對著窗外的黑暗，再度悲嘆：「屬於我們的時代是真正的結束了」。（註四八）

（二）瘂弦與梅新

梅新與瘂弦，關係匪淺、淵源尤深。梅新在瘂弦心目中，是「一個相交將近半世紀的友人」（註四九）。瘂弦形容：

四十多年來，我們曾經同營吃糧，同組詩社，編雜誌，辦副刊，雖不能說「未曾一日相離」，但在這個小小的文學隊伍裡，我們始終是相切磋、相扶持的「鐵哥兒們」。（註五〇）

梅新由文學創作踏入詩壇，以編創志業於文化界立足。名聲來自文學編輯與刊物籌創。議題開發與活動設計的創意，顯示了梅新企畫編輯的獨到才華，自主編《臺灣時報．副刊》年代，已受到相當矚目。至接編《中央副刊》的一九八〇年代末，不僅使日趨式微的《中副》重振聲望，且急起直追《人間副刊》、《聯合副刊》兩大副刊，終於成為熱副刊文化場域核心的風雲人物。

梅新與瘂弦，相知相惜，或因他們有許多共同點。兩人皆因戰亂渡海來台、同樣出自軍中，同為詩人主編雙棲的身分。兩人的緣分，始於接觸現代詩的五〇年代、以至《幼獅文藝》時代的同儕關係，一路行來，攜手籌謀，為詩的推動發展、策畫合編《詩學》；為文學的傳承使命，策畫出版《中國現代文學大系》文集、《年度詩選》等多種刊物。資歷累積，各受肯定；努力成果，各有千秋。共同創發、合作的重要事蹟，不勝枚舉。

一九七八年，梅新赴任《臺灣時報．副刊》主編，對照瘂弦於一九七七年上任《聯合副刊》的時間點，前後僅相差一年。一九八〇年，梅新重返聯合報系，於《民生報》負責專版編輯，之後回《聯合副刊》從事編輯工作，直至一九八七年二月，轉移陣地，應邀入主《中央日報》副刊。彼時，高信疆已離開《人間副刊》多年，梅新於老字號副刊主編檯上的出現，為瘂弦再度迎來一位可敬的對手。

時值一九八〇年代末解嚴解禁的開放年代，兩位各憑努力，走過年少艱苦歲月，以堅定穩健的意志，抵達志業高峰，分別執掌台灣重要報紙之主流副刊。《中央副刊》與《聯合副刊》，兩報雖不至於以「敵報」相稱，但因報業競爭激烈之故，瘂弦與梅新各據山頭，各自為自家副刊守門而各奔前程，亦敵亦友的微妙對峙，果然再度引燃編戰煙硝，繼「副刊王」與「副刊高」兩人的「火拚」年代之後，「點子王」梅新與「副刊王」瘂弦的交鋒時刻來臨。副刊春秋，風雲再起。

一九九七年九月，梅新因病卸下《中副》任務，整整十年八個多月的「中副歲月」，全程與瘂弦主編《聯副》的時間重疊，十餘年之間，重整形象，以熱副刊之姿，展現最強動力，帶領《中副》，不僅與台灣各重要報紙副刊守門人並駕齊驅，共同創造了文壇鼎盛時期的繽紛亮麗，也憑個人一生的努力，為自己織就出生命最燦爛的一頁。

註釋：

註 一：秦賢次：〈中國報紙的起源與發展〉，《編輯學實用教程——以報紙副刊為中心》（台北：業強出版社，二〇〇一年一月），頁一一二。

註二：林黛嫚：〈《中央日報》副刊主編風格析論——以孫如陵、梅新為討論中心（一九六一—二〇〇六）〉，楊宗翰主編：《大編時代：文學、出版與編輯論》（台北：秀威資訊科技公司，二〇二〇年九月），頁四三。

註三：卜大中：〈余先生曾想要陳映真主編人間副刊〉，《昨日報——我的孤狗人生》（台北：允晨文化公司，二〇一九年九月），頁九九。

註四：「中副編輯室快訊」，《中央日報》，一九九七年九月十七日，一六版。

註五：同註二，頁五四。

註六：王浩威：〈社會解嚴、副刊崩盤？——從文學社會學看台灣報紙副刊〉，《世界中文報紙副刊學綜論》（台北：行政院文化建設委員會，一九九七年十一月），頁二三四。

註七：資料來源：「中央日報全文影像資料庫一九二八．〇二—一九九五」，上網時間：二〇二〇年三月二十七日上午一一：二三。

註八：鄭貞銘：〈不僅是老兵，也是大將！——梅新與報紙副刊〉，《他站成一株永恆的梅——梅新紀念文集》（台北：大地出版社，一九九七年十二月），頁一七五。

註九：梅新：〈「從北京到巴黎」之後〉（自序），《從北京到巴黎》（台北：文經社，一九九三年四月），序首（無頁碼）第二至三行。

註一〇：周浩正：〈紙上風雲第一人——「顛覆者」高信疆〉，《文訊》第三七六期（二〇一七年二月），頁二五—三三。人稱高信疆為「紙上風雲第一人」，經查閱，此稱號最初來自曾經擔任《臺時副刊》主編周浩正的文章：「為了培植未來的影響力，我們設計了『飛揚的一代』專欄，和三十歲上下、不同行業的領導人物結合。像高信疆的專訪，就由詹宏志負責，文章題目『紙上風雲第一人』，從此成了高公的專稱。」

註一一：同註三。

註一二：辛鬱：〈老友，你好走！〉，《他站成一株永恆的梅——梅新紀念文集》，頁六六。

註一三：同上註。

註一四：辛鬱：〈從「魚川讀詩」說起——略憶知友梅新〉，《投影為風景的再生樹——梅新紀念文集續編》（台北：文訊雜誌社，二〇一七年十月），參見張素貞編按一，頁一二八。

註一五：梅新：〈夫子的故事〉，《沙發椅的聯想》（台北：三民書局，一九九七年五月），頁一〇九。

註一六：同上註，頁一〇九——一一〇。

註一七：林淇瀁：《書寫與拼圖——台灣文學傳播現象研究》（台北：麥田出版，二〇〇一年十月），頁一一八。

註一八：同註二，頁三七。

註一九：參見施淳怡：「副刊功能的新觀點」，〈從報紙副刊的內容看副刊功能的面貌——以解嚴後四家報紙副刊為例〉（政治大學新聞研究所碩士論文，一九九八年六月），頁一八——三八。

註二〇：連文萍：〈轉瞬即逝向永恆過渡——試論報紙文學史料的特性與價值〉，《書目季刊》第三八卷第一期（二〇〇四年六月），頁二二。

註二一：張堂錡：〈涓滴細流終成江海——《中央日報・長河版》的編輯特色〉，《編輯學實用教程》（台北：業強出版社，二〇〇二年一月），頁一七八。原刊《國文天地》第十卷第四期（一九九四年九月）。

註二二：同上註，頁一七七。

註二三：參考林海音：〈流水十年間——主編聯副十年雜憶〉，《風雲三十年》（台北：聯經出版公司，一九八二年六月），頁九〇。

註二四：同註二，頁四七。

註二五：林黛嫚：〈中副與我〉，《推浪的人》（台北：木蘭文化公司，二〇一六年十一月），頁一一四。

註二六：黃永武：〈中副是百萬人的社教館〉，「中副的過去、現在與未來」特輯，《中央副刊》，一九九七年一月七日。

註二七：邱妙津（一九六九年五月二十九日——一九九五年六月二十五日），一九八八年第一屆「中央日報文學獎」短篇小說首獎得主，得獎作品〈囚徒〉。

註二八：嚴歌苓：〈也獻一枚花環——憶梅新先生〉，《投影為風景的再生樹——梅新紀念文集續編》，頁一〇八。

註二九：同上註，頁一〇九。

註三〇：林黛嫚：〈徵文之必要〉，《推浪的人》，頁九八。

註三一：林黛嫚：〈副刊也有溫度〉，《推浪的人》，頁四四—四五。

註三二：同註二，頁四八。

註三三：同上註。

註三四：鄭貞銘：〈我的學生章益新〉，《他站成一株永恆的梅——梅新紀念文集》，頁一八〇。

註三五：同上註。

註三六：林黛嫚：〈往來之間——副刊主編家中是半個文壇〉，《推浪的人》，頁二〇八。

註三七：向陽：〈副刊學的理論建構基礎——以台灣報紙副刊之發展過程及其時代背景為場域〉，《聯合文學》第八卷第一二期（一九九二年十月），頁一八六（專訪列表：「主編觀點議題：對副刊的定義」）。

註三八：參見梅新：〈漫談副刊編輯〉，《沙發椅的聯想》，頁一七二（原刊《聯合報系月刊》，一九八四年六月號）。

註三九：瘂弦：〈高信疆與我〉，《紙上風雲——高信疆》（台北：大塊文化出版公司，二〇〇九年八月），頁一〇八—一〇九。

註四〇：同上註，頁一〇九下欄。

註四一：洛夫：〈我不風景誰風景〉，《他站成一株永恆的梅——梅新紀念文集》，頁七七—八三。

註四二：鄭貞銘：〈永遠的華岡才子〉，《紙上風雲——高信疆》，頁三一上欄。

註四三：同上註。

註四四：王健壯：〈沒有人間，哪來鄉土〉，《紙上風雲——高信疆》，頁六九。

註四五：同註三九，頁一〇八上欄。

註四六：同上註，頁一〇八下欄。
註四七：同上註，頁一〇七上欄。
註四八：同上註。
註四九：瘂弦：〈用詩尋找母親的人——悼念梅新〉，《履歷表》（台北：聯合文學出版社，一九九七年十二月），頁二八。
註五〇：同上註。

第六章 梅新主編《中央副刊》的企畫編輯

第一節 副刊編輯理念

副刊新潮流的形成，意味著傑出編輯新思維的凝聚。基於時代風潮、流行議題的因素，主題內容來源大致相同，副刊勝負的高下因素，便絕大取決於編輯製作的技巧與用心。

以「諾貝爾文學獎專輯」為例，可說是副刊每年一度的集體重頭大戲。於網路尚未成為普遍流行通道的八、九〇年代，每年十月的第一個星期四，台灣各副刊的焦點主題，莫不聚集於諾貝爾文學獎得主；尤其大報副刊更是嚴陣以待，以各自不同的管道來源使力。約莫晚間七點過後，於獲取「諾獎」揭曉得獎名單消息之後，立即展開得獎者資料、作品、影像的編撰，刻不容緩的撰文報導，以及一系列相關內容的進行；機動式作業的編輯、排版，形同一場戰爭，待第二天副刊版面的出現，文字內容、標題、影像、圖片的組合，視覺效果、藝術技巧的呈現，主編的實力與團隊的素質，便可立分高下。「諾獎」的版面規模，即使可提前規劃，但因得獎人難以準確預測，組稿的機動性和待命準備工作，便成了展現實力的最好證明。

機動式的製作例證，如名人或文豪辭世的哀悼紀念專輯、特輯等突發事蹟的處理，其製作成果樣貌，同樣取決於主編的機智敏銳和臨場主導。無論突發或預期性質，經驗的儲備，知識素養的基礎，策略的巧思，隨時成為副刊實力的考驗。副刊版面，形同一面鏡子，反映著編輯製作的細微末節，企畫設計的建構，產生的至深影響，可以想見。

梅新於副刊的編輯策略上，可簡略以文稿的內容性質與編輯形式結構兩個方向為觀察座標。其內容的方向性，主要以「知識的、文學的、生活的、社會的」訴求為使命，呈現更顯多元議題的包容性。論其形式的結構性，則主張「走雜誌的路」，以綜合線性為版面結構，因應新興時代的需求，破除「正統」純文學的小眾框架，延展為雅俗兼容、主次文化兼併的流行文藝大眾形式，以臻與時代脈動密切銜接。

針對如何編輯一份為「現代社會大多數人閱讀的副刊」，筆者根據梅新〈漫談編輯副刊〉（註一）一文，勾勒梅新「企畫編輯」理念：

一、拋開純文學傳統的包袱

梅新接編《中央副刊》的最大負擔，顯然是黨政色彩的「包袱」。梅新似乎有備而來，憑其豐厚的經驗，對報業媒體時勢發展的認知，主張副刊不走純文學的路。報紙副刊不同於文學刊物，需要面對的是更廣泛階層的知識群眾，為尋求革新破立，梅新大刀闊斧，主張拋開傳統的保守、陳舊，走雜誌的路線。此舉難免受到質疑，然而，梅新為求建立「中副風格」，訴求清晰，自有創見。

（一）走出文學又不遠離文學，走向文化又不過於學術

結合長期從事文學創作的歷練，以及新聞界工作經驗背景，梅新認為：

> 文學仍是副刊的重要骨架，但傳統文學副刊，單純呈現詩、散文、小說文學作品，不加以設計，不與社會脈動契合，那麼就不能滿足一個多元化社會的需求，因此，我編副刊，多方自我要求，建立文學的、文化的、生活的《中副》風格。（註二一）

（二）嚴肅的純文學副刊，無以面對全民化的閱讀

依據一九八四年，台灣地區平均每五人有一份報紙、平均百分之九十的家庭有一份報紙的統計，閱讀報紙幾乎已全民化，梅新指出喜歡嚴肅的純文學作品的人口畢竟是少數，因此主張：

> 報紙副刊編輯，在心態上仍不能面對廣大的大眾，審理稿件時非文學不視，非文學不刊，便不是一位好的副刊編輯了。（註二二）

二、以文學底蘊走雜誌路線

副刊不走純文學的路，選擇以雜誌路線的復古，與繽紛調性的現代，為綜合考量因素。其內容方向應當是「知識的、文學的、生活的、社會的」。「雜誌的路線」的時代軌跡，於近代報紙副刊，並不少見。革新副刊的思維過程，尋求雜誌路線的共通性，似有跡可循。脫離了解嚴前後的文藝政策時代的規範之下，副刊史上傑出的主編，幾乎或多或少都採取以「雜誌性」的綜合編輯方式為底蘊，其考量輕重，僅在於各自編輯策略的宏觀視野上、運用程度的差別性。如瘂弦以他的文學雜誌編輯經驗，主張「副刊、雜誌和出版社三者可以互補互動，由副刊提出問題，雜誌擴大問題」，且以「都市人的副刊」觀點，肯定副刊、雜誌的共融性。（註四）而孫如陵的先見之明：「副刊是一種綜合性的活頁雜誌，其構成成分以文藝為主，附屬於報紙，作不定期的發行」（註五），似乎也透露出對副刊雜誌化的肯定：

> 適合雜誌刊載的，也適合副刊刊載，所差的只是副刊是一個單頁，容納量不如雜誌而已，五四時期聞名的四大副刊——《覺悟》、《學燈》、《晨報副刊》、《京報副刊》，往往把每個月的副刊集合起來，裝訂成合訂本出售，若各報副刊的合訂本可以視同雜誌，則每天出刊的副刊，不正是活頁的雜誌嗎？（註六）

概括而論，走雜誌的路，似乎更能顯見現代副刊的全民閱讀的包容性，除了新聞之外，文學創作、學術研究、歷史傳記、生活藝文、民間雜俗、家庭資訊，乃至科學、娛樂資訊等，多元層面的涵容，均可納入副刊。事實上，近三十年的台灣報紙副刊，歷經文藝性、文學性、綜合性等樣貌、風格的演變，雜誌性的功能走向，已然形成符合時代需求的文化副刊模式。

三、稿源的主動開發

（一）封閉與開放，於穩定與機動中成長

歷久以來，副刊稿件來源的獲取，由投稿、徵稿中篩選，或邀請名家執筆撰稿的模式，已成約定俗成的制式傳統。梅新尋求突破，以計畫編輯的技藝性策畫，主動開發稿源，以創發性的思維，開風氣之先，進行活動設計，履行「主動在計畫編輯下，你就非動起來不可了。」（註七）以「主動」出擊的方針為前提，實施特定主題的「封閉」約稿，但不排斥「被動」的「開放」來稿。企畫編輯的「主動」出擊，火力全開，正符合梅新喜歡自我挑戰的個性，而「被動」叩門的「好的稿子」，亦不失為一項自動的資源。企畫編輯的「主動」約稿，加以高水平的「自動」來稿的留用，於穩定與機動中延伸企畫編輯的效益。

（二）稿件把關，兩難處境

梅新自有一套稿件來源的架構理念，以編輯計畫為開發藍本，以審稿機制管控，進行稿件把

關。但也因此在面對友人的來稿時，往往陷入取捨的兩難處境：

記得我編《臺灣時報．副刊》時，也有人批評我心目中再沒有朋友了，因為我極少張口向朋友邀稿。其實我是個非常念舊的人，怎可能一編副刊就將老朋友甩得遠遠的呢？只是我採取的是計畫編輯，朋友中絕大多數是搞文學的，因此麻煩他們的機會便不多了。（註八）

梅新把持原則，企畫編輯的實施，不能僅以方便取得的稿件為考量，或侷限於知名度高的作家作品為滿足：

我個人主持《中副》，力求以負責任的態度來處理稿件，所以《中副》往往會出現一些令讀者感到陌生的名字，只要是好的作品，具潛力的作家，我一定不計知名度，推薦給讀者。（註九）

不在計畫之內的文友來稿，或不合宜的應酬稿件，難免遭拒。梅新坦言，主編時期的「企畫編輯」守門原則，得罪了一些友人，引來曲解、非議，遭致「心目中再沒有朋友了」的批評。（註一〇）

四、全方位觸角題材

擴大稿件屬性範圍，貼近社會生活文化，普遍性落實民眾智識所需，以全方位題材、觸角伸向各個層面；各樣題材的採納，經過編輯設計的靈活技巧、執行運作，突顯各事件的文化角度意義。梅新認為任何題材都適合副刊，關鍵在於編輯製作。創見性的編輯藝術美感，於梅新式的獨特守門精神中，顯示了充分的熱情與自信。梅新對工作要求嚴苛，經常要求自己突破現有的格局，以不同的類別樣貌和讀者見面。如編《臺灣時報・副刊》時，曾延請五位中研院的研究員撰寫「街談巷議」專欄。該專欄談的並非研究專業，而是對現實生活的漫談，頗受讀者歡迎。因經費限制，諸多想法懸置、未及實現，例如：

> 假若我是《民生報・副刊》主編，我會邀請沈春華開一個「紅娘專欄」，我會請楊麗花口述她的傳奇。又，假若我是《聯合報・副刊》主編，我會去力邀中研院院長吳大猷博士開一個「南港瑣談」之類的專欄，我也會到清華大學尋找一兩位科學教授來談武俠、寫武俠，據說那裡有好幾位教授對武俠頗有一試的興趣。（註一一）

概括而言，於生活中「就地取材」是梅新的本事之一，時時關注生活周遭的變化，以促使靈感的激發，進而逐步實現「但開風氣不為師」的壯闊志向。梅新不僅為理想使命的達成，同時也是自我期許的延伸，正符合了「把編輯的理念移到生活上，可以建立起各種自我相關的秩序。」（註一二）梅新自稱最大的弱點就是喜歡自我挑戰，他之所以稱之為「弱點」，或許來自經驗中的挫折帶來的多少磨難，明知與現實逆道而行，但天生的不服輸性情，驅使他勇往直前，往往反而成了反敗為勝的關鍵，「開風氣之先」無形開發了鬥志，以及越戰越勇的的精神泉源。學者李瑞騰教授所言甚為貼切：「從編輯的角度來說，就是一個很好的學習過程。編輯會讓生活兼具感性與理性，有時候更是一種自我的完成。」（註一三）

第二節　企畫編輯的執行

《中副》如何顧及生存現實、保有傳統精神，於維繫傳統與現代追求的意識中求取平衡，於形式調整中改弦易轍，於企畫創意的實驗精神中，佈達文學知識、社會教化、人文素養的價值功能，靈活運用企畫編輯製作，可謂關鍵。專欄、專輯為副刊形式構成的主要元素，欄目展現的內容意義、趣味、哲理，甚至資訊的傳遞，關係著說服社會讀者的魅力，同時，在在呈現出編輯人的素質與功力。因此本節以梅新主編《中副》之企畫製作，探究其專欄、專輯的製作創意、理念。

一、競爭考量：副刊不能完全置身於事外

梅新臨終前，對《中副》仍心心念念，於病榻上以口述方式，錄下「中副十年」和「魚川讀詩話從頭」，由這兩段紀錄重點，可以一窺梅新一生最鍾愛的兩個志業：文學推廣與副刊編輯理想的實現。

其中，「中副十年」主要敘述「中副時光」。梅新回憶剛到《中副》，認為《中央日報》的特殊背景，應該不致受到市場因素的影響，於文學文化方面，自忖或能比商業取向的報紙，做出更多的貢獻，但事實不然：

我十一年前到《中副》來的時候，總是覺得，這份報紙跟其他報紙不太一樣，應該是沒有這些負擔才對，也許在文化方面能夠比別的市場取向的報紙多做一點貢獻。身為一個文學的愛好者、文學的工作者、文學的追求者，我總是希望為文學盡一份心力。可是我來了以後，發現它也無法免俗，一定要考慮到絕大多數讀者的閱讀需要。它跟其他報紙一樣，需要市場取向，需要競爭，副刊不能完全置身於事外。（註一四）

讀梅新〈中副十年〉，文中種種肺腑之言，顯示梅新對編輯《中副》，未能以文學主軸實現副刊理想，留有至深的遺憾。

二、形式導向：以文學為核心放寬尺度

為市場取向考量，激烈競爭背後，嚴正考驗著副刊編輯主事者的智慧。梅新以「放開腳步，以更大的尺度來衡量文學」，實現副刊型變背後的文學精神，面臨轉化之必要，首先從形式的建構，開始調整：

> 《中央日報．副刊》，過去是比較嚴肅、比較刻板的版面。我來的時候就馬上從形式著手。我覺得要改變一個老面孔，內容的改變是比較緩慢的，而形式的改變是馬上可以做得到的。因此，我一開始就可以帶給大家新的視覺感受，這樣，才能引導讀者的興趣，讓讀者去閱讀我精心策畫的內容，並且感受到內容的新鮮。（註一五）

形式的調整，成為梅新編輯方針的重點，如非文學內容的報導文學、傳記文學設計，以及專欄、專題的製作。「今天不談文學」（註一六）專欄即為廣為人知的範例，推出之後頗受歡迎，甚至引發模仿效應，某電視公司以「今天不談政治」名稱製作節目，即由「今天不談文學」之創意而來。

第三節　專欄、專輯、特輯的製作

專欄、專輯、特輯的製作，乃梅新的企畫編輯理想中、副刊版面形式的重要基本架構。梅新上任第一天（一九八七年二月一日）的《中央副刊》，以橫跨一〇、一一兩版的大字標題刊出，「中央日報創刊五十九年特刊　『永遠與民眾在一起』」，專輯內容包含了俞國華〈中央日報副刊五十九周年暨新廈落成祝詞〉、黃少谷〈為中央日報社慶獻言〉，馬樹禮〈邁入光明的新里程〉、曹聖芬〈周雖舊邦、其命維新〉、宋楚瑜〈報紙要與民眾在一起〉，另有張京育、林徵郝、周應龍、彭歌等賀文，以及陳立夫先生的題字致賀。梅新以磅礡的氣勢開場，率先行禮如儀一番，對《中副》傳統精神表達尊重，但「永遠與民眾在一起」的序幕，卻於淡定之中，透露著除了「傳承」，梅新實際已開展了革新《中副》的決心。而於一九八七年二月十一日的「徵稿啟事」，尤可見其端倪：「從今天起，《中副》以新的面貌呈現，歡迎各類稿件，包括論述、傳記、報導文學等。」

一、專欄製作

（一）開創風貌

大破大立以形式導向出發，一九八七年二月上任，迅即推出的專欄風貌，舉例如下：

1、二月十三日，新欄「文化風信」，推出「以文化人動態為報導焦點」，首篇報導了何凡出版《玻璃墊上全集》。

2、二月十四日，推出新專欄「說東說西」，探討焦點內容涵蓋文字、教育經濟、藝術電影、宗教、心理。

3、二月二十三日，新專欄「台北人大特寫」推出，題旨為「讓更多台北人創造更多奇蹟」，首篇介紹百萬漫畫家蔡志忠。

4、二月二十七日，正式推出蔡志忠漫畫〈孔子說〉。

5、三月，新專欄，如「星期小說」、「中副書評」，以及內容為雅俗共賞的小故事「文人趣事」等。

6、四月，「向左向右看」，為針對開放的社會、言論的自由等多樣化功能所設計的專欄。

其後，繼之而來每月均有新專欄的出現，另有各類專輯的積極製作；迄至一九八七年底，約略估計，未含專輯在內的全新名目專欄，已超過三十種。不難想見，梅新專欄的設計巧思，於涵容非純文學作品的內容層面，嘗試以文學形式架構進行推廣。議題的開創，企製的掌握，擴及音樂、戲劇、電影等藝術，教育、企業、醫界，以至民俗、次文化，如「內心戲」專欄，為「提供作者暢述因戲引發的不吐不快的情緒」而發想推出（一九八八年二月十日），實質以「戲劇」元素導入副刊的設計專欄。

《中副》視野的多元遠瞻性，還擴及於企業領域，相關專欄有「企業家與文化」，設計理念乃以企業界對文化產生的貢獻，以及對整體社會環環相扣的影響；首篇為〈營利和非營利都是生——速寫「東帝士」主人陳由豪〉（羅茵芬撰，一九九四年十一月四日）；各等基層行業形態類別的包羅，可謂無遠弗屆，顯示了新任主編的身手不凡，為《中副》的「老面孔」成功換妝。

（二）設計性質

專欄設計製作，大致實施方向，可區分以封閉式與開放性。封閉式專欄的企畫，以編輯設計宗旨約稿，鎖定議題，組合作家、學者們構成特定意義的專欄，從事不同觀點的系列書寫，也以不同領域的專家們為邀稿對象，寫專業領域生態，同時保留篇幅，以異於自身專業以外的人生觀察視角，挖掘題材，實現副刊的多元議題包容。開放性專欄，為主題性徵稿，加強讀者、作者的參與性，以擴充價值觀層面；提供開放投稿空間，同時，也可進行約稿、邀稿，以提升、確保稿件素質的可能性。

二、專輯、特輯製作

（一）專輯

一般而言，專輯、特輯的屬性類似，通常依據製作格局架構之規模大小與時效性的概念區分，觀察研究發現，梅新時以採訪、實錄為主的形式進行專輯製作，採訪的對象不只是文學人，受訪內容也不限於文學性，但錄製生活百態、人生傳記以報導文學的方式，具有人文、社會、歷史等角度的時代性價值功能。綜合生活、流行、知識等多元樣貌，梅新的構想設計，同時置入實用性的消費觀念元素，不忘顧及普遍閱讀市場的時代議題需求。例如，以教育議題為設計理想的專輯，有「榜有多重」，包含「落榜的危機，勿轉檯」、「如果你今年落了榜」與

「戀愛與讀書」等幾個主題，重點在於探討國內的教育、聯考制度，藉以傳達考生、學子、家長的心聲。

（二）特輯

特輯的設計，往往針對特定目標人物、軼事，其主題性的訴求，與專輯相較之下，大致更趨於單一目標，強化聚焦於生命成長、特殊成就表現，達成教育示範的針對性作用。製作範圍擴及社會各階層面向，舉凡堪稱社會表率、足以啟發時代意義的逸聞軼事，經採訪、整理，以文學性筆調，為之量身製作特別報導。特輯與專輯製作的些微區分，容或在於機動性的相對強化，跳脫傳統專注的特定議題，不受時空限制，如「我們這一班」特輯，為一九九四年十一月十一日的一場同窗聚首性質的座談會，以宋楚瑜先生為示範楷模，首推「尋找宋楚瑜系列」，首篇為〈指南山下的歲月〉，於一九九四年十一月十七日開始至十一月二十四日，分五天刊登。

而無論是即時訊息或來自於文史事蹟，經特輯方式處理，往往更顯示題材的重要性，成為版面亮點，提升內容的閱讀性及品賞價值。如一九九七年三月二十日，《中央副刊》特別製作的「蔣夫人宋美齡女士今天歡度百齡高壽」特輯，篇章包含：謝鵬雄〈溫馨的祝壽〉、疾夫〈半世紀往事，點滴在心頭——蔣夫人與蔣公的生活情趣〉、易濤奇〈有節有度、莊重平和——蔣夫人的涵養與宗教情懷〉，是為一例。

三、專欄的創意

（一）「中副下午茶」專欄

梅新落實副刊價值的編輯創意，徹底改變《中副》傳統面貌，應否歸功於梅新主編《中副》之企畫編輯的策略運用，值得探討。

「中副下午茶」，轟動一時，傳為文壇佳話。「中副下午茶」專欄的製作，是「中副下午茶」活動的延伸，內容實況的整理。以開場白：「親近文學，可以是書桌前正襟危坐，圈點眉批於字裡行間，也可以是咖啡茗茶為伴，發動聽覺嗅覺味覺來一起感覺；了解作家，可以是深入作品的肌理以各式理論來橫切縱剖，也可以是接席而坐，在談笑晏晏中體味那創作心路。」（註一七）揭開序幕。主持人梅新主編表示，希望以輕鬆的「下午茶」形式，帶入深刻的話題，「讓習慣聲光刺激的現代人，能有心靈沉澱的機會。」（註一八）首場邀請的是有「文壇頑童」之稱的作家張大春，講談內容題為〈做一位工匠，去揭那塊活木板——張大春的小說家理論〉（羅茵芬整理），分兩日（一九九五年六月三、四日）刊登於《中副》。場場可見企畫的用心與新意，又如邀請小說家黃春明談他的作品、人生體驗，紀實內容以〈用溫柔的眼睛觀看紅塵——奮力淑世的小說家黃春明〉（吳婉茹整理）發表於一九九五年七月十四、十五日的副刊上。

「中副下午茶」的特色，在於邀請演講對象除了文學、作家以外，廣泛層面還包括舞蹈、藝術、建築等領域，其中最惹人關注的是邀請政治人物的參與。《中副》最後一任主編林黛嫚解釋：

如果找一個部長或院長來談政策，那是屬於新聞版面的工作，副刊做來就是「踩線」，有失工作倫理，但即使是政府官員，如果言談的內容是他的人生、思想，那麼就也是文學的一部分，學新聞出身的詩人梅新主編，就有這樣的新聞敏感度以及文學心。演講的內容整理出來，放在副刊上發表，既讓讀者認識政府官員的另一面向，也是內容豐富的報導文學或勵志文學。（註一九）

政治人物的邀請有新聞局長胡志強、高雄市長吳敦義等。〈讓人覺得有這個人真好——胡志強局長的處世哲學〉（吳月蕙整理，《中副》一九九五年九月二十、二十一日）於「中副下午茶」專欄的刊登，是為一例。

「中副下午茶」，起自一九九五年五月，於報社七樓會議室進行。一九九六年二月一日，「中副書屋」與「中副夢咖啡」正式開張，「中副下午茶」便從此移師至一樓大廳窗邊角落的「中副夢咖啡」舉辦。林黛嫚說：一個咖啡館以副刊為名，即使不是絕後，也一定是空前的創舉（註二〇），「中副夢咖啡」散發著文學與咖啡香相遇的氣息，陪伴文藝愛好者、讀者大眾度過周末時光。「中副下午茶」的溫馨創意，至今光影猶在，投射於文壇史跡上，閃閃發亮。

（二）其他特色專欄例舉

梅新於《中副》製作的其他特色專欄，不計其數，僅舉數例，並依其功能特性，綜合概述：

1、「向左向右看專欄」：「為針對開放的社會所設計，兼具言論自由、前瞻性，多樣化功能之專欄。左代表改革，右象徵保守。」（首推於《中央日報．中央副刊》一九八七年四月十三日）

2、「走在世界屋脊上」：「針對海外中國學人系列專訪。」（首推於《中央日報．中央副刊》一九八七年六月十五日）

3、「副刊出擊」：「當日新聞隔日反映的密集強打。」的時論性專欄。（首推於《中央日報．中央副刊》一九八七年七月十三日）

4、「探一探返鄉路」：「『開放大陸探親』政策，雖未經明令施行、卻已是近日人心沸騰的尖銳話題。然而，在感情的驅迫下，千里成跋涉，穿越了四十年阻隔的迷障，目睹的真相究竟如何？過來人的經驗，或許值得借鑑。一方面稍稍冷卻此刻懷鄉人決堤的熱情，一方面提供一帖心理調適的鎮定劑。基於此，本刊特製作『探一探返鄉路』專輯，分由三個角度來呈現各階層人士對『返鄉探親』的反應。首先推出的，是曾經返鄉者所見所聞的真實披露，值得此刻所有準備返鄉探親者深入咀嚼；明日起，將陸續推出四十年來骨肉離散的老一輩的心聲：『荒蕪的鄉愁』，以及在此地孕育成長的第二代的心聲：『怎樣的歸情』。」（首推於《中央日

報·中央副刊》一九八七年九月十六日）

5、「文學的外遇」：「和您建立親密關係，以精巧的形式，妙喻的文思和您見面。這是一場心靈的約會。」（首推於《中央日報·中央副刊》一九八八年三月十六日）

6、「社會傳真」：「走訪社會各階層拾掇具代表性的人物。」首篇：吳月惠〈為人類的需要而賦——訪崔玖〉。（《中央日報·中央副刊》一九八九年四月八日）

7、「聲援熱線——把真相傳回大陸」：「本刊為服務讀者，率先刊登大陸公私機關及名人電話號碼，請拿起電話，將自由世界聲援的訊息及大陸鎮壓學生民運的慘況，告訴大陸同胞。為聲援大陸六四民運青年，刊出『詩人的譴責』，由多位詩人撰稿。」（《中央日報·中央副刊》一九八九年六月十日）

8、「文學搶灘」：「在文字的範疇，率先為讀者攻佔一處灘頭。」首推甫獲奧斯卡金像獎九項提名的《溫馨接送情》劇作，普立茲戲劇獎得主艾佛烈德的舞台劇本，由郭強生提供大篇幅刊登劇作。（《中央日報·中央副刊》一九九〇年三月二十日）

9、「第一情節」：「在記憶中有許多永遠無法磨滅的印象，深鐫心版，在歲月的沖刷下，閃爍晶瑩的輝芒。」首篇：陳克華〈騎鯨壞少年——我的第一次出書經驗〉。（《中央日報·中央副刊》一九九〇年三月二十七日）

10、「內行人說內行話」：首推〈電視新聞主播談電視新聞——李四端VS.李慶安VS.黃晴雯〉（王淑美、林黛嫚整理，梅新主持，時間：八月七日上午十時，地點：國聯飯店咖啡

廳）。（《中央日報．中央副刊》一九九〇年八月二十二日）

11、「文學調色板」：「社會的多元變化、文學的多樣風貌，環環相扣、脈絡相關。中副為求形式方面有新的探討、新的突破，以更大的廣度，包容許多未嘗試過的創作題材。」（首推於《中央日報．中央副刊》一九九一年七月十七日）

12、「三分球」：「以觀念的探索、社會的觀察、人文的省思為主。」（首推於《中央日報．中央副刊》一九九二年三月三十一日）

13、「報上見」：「著重在作家的生活動態、所思所為的報導。」（首推於《中央日報．中央副刊》一九九四年二月二日）

14、「大掃瞄」：以人物為主，富涵其人其事的軼事、哲理、心路歷程的報導，首刊〈余光中榮膺講座教授——中山大學創舉，學術界盛事〉。（《中央日報．中央副刊》一九九五年三月二十二日）

15、「我的履歷表」：「寫履歷表是一門學問，必須在簡短的字數裡，寫出自己的經歷與優點，讓素未謀面的人了解自己的能力、肯定自己的長處。讀履歷表也是一門學問，小小的篇幅，蘊含無數訊息，其中可能伏藏許多可感可泣的真實故事。您現在正位於人生旅程的哪一站？在您見過那麼多過往風景後，您會在自己的履歷表上留下什麼？」首篇推出羊妹的〈從「提早寫作」到踢足球〉。（《中央日報．中央副刊》一九九五年九月二日）

16、「請問林主任委員」：「六月間內閣改組，新官上任三把火，本刊藉由此專欄，歡迎對

文化有意見的有識之士不吝賜稿。」首篇：謝鵬雄〈文化與文建會〉。（《中央日報．中央副刊》一九九六年七月十七日）

17、「婆婆媽媽」：「資深作家冰心曾以『男士』為筆名，寫『關於女人』的專欄，她本意在寫系列『遊戲』的文章，卻寫成俠氣逼人，夾敘夾議的『正義』之作。本刊特闢《婆婆媽媽》專欄，邀請男作家從日常瑣碎著眼，富有趣味、生活、社會等諸議題於一爐，篇幅不大，含蘊無窮。」首推：南有洲〈婆婆媽媽的功勞〉。（《中央日報．中央副刊》一九九六年十月二十九日）

18、「作家身影瑣話」：首推蔡登山〈逼近作家的真實生命〉。（《中央日報．中央副刊》一九九七年七月三十一日）

第四節　企畫編輯的議題開發——以女性關懷為例

一、性平意識，交疊時空

梅新的企畫編輯，構築了《中央副刊》的堅實框架，全方位的觸角，充實了豐富的樣貌內涵，挽回《中央副刊》昔日光彩，重新創造傳播價值與社會影響力。積極主動的議題開創，從知識哲理到民間瑣談，從名人軼事到街頭巷尾，從高官貴族到販夫走卒，諸多人生多彩樣貌遼闊題材，開啟了讀者的視野，營造出副刊文化的萬種風情。《中副》的題材內容，緊隨社會文化的脈動，與時俱進的更新，同時顯示出梅新對人文關懷的敏銳度與素養。

「女性主義」的伸張，女性書寫的風潮，成為奪目耀眼的文化文學議題，實質引來社會的關注，始於九〇年代之際。新聞人的敏銳嗅覺，使梅新於七〇年代末，即已察覺女性意識的抬頭，女性議題已成為梅新關注的重點，於主編《臺灣時報．副刊》的一九七八至一九八〇年間，即有例可尋，「難忘的女性」的欄目設計，是為例證，如〈林絲緞的藝術生涯〉專訪，報導了一九六〇的保守年代中初創人體模特兒行業示範、舞蹈教育先例的林絲緞，為保守年代中備受議論的時代女性爭取空間，於副刊傳播中提升女性價值的關懷。「難忘的女性」專欄，果真令人難忘。（註二一）

梅新於一九八七年開始主編《中副》，適逢一九八七年與一九八八年兩次的「救援雛妓示威大遊行」等社會運動，以及一九九〇年代初、大鳴大放的台灣婦運。梅新主編以一貫劍及履及的使命風格，掌握時代重要議題，落實社會責任與文學使命的互存關係，於女性主義開啟嶄新局面的劇變年代，對於女性書寫、女權伸張的回應或聲援，理當有所作為。女性主義的崛起，掀起熱門議題，成為顯學。身為報紙副刊守門人，面臨大時代的性別熱門議題，如何回應、表態？因以，於梅新的「議題開發」作為上，筆者選擇以「女性關懷」題旨為例，期能經由計畫編輯女性主義相關或延伸議題之專欄、專輯或專題，進行了解身為男性編輯人的立場與雅量。梅新主編灌注於女性形象與周邊意識的推導理念與實際作為，檢視《中副》守門人於編輯檯上，提供女性主義、女性文學相關書寫的顯影空間與專屬視野。

（一）台灣新女性運動

戰後台灣婦運，歷經七〇年代呂秀蓮的新女性運動、八〇年代「婦女新知」和新興婦女團體（註二二）的努力發聲、「救援雛妓示威大遊行」等社會運動，大舉獲得能量，贏取社會某種程度的肯定。其後九〇年初，更因「全國大專女學生行動聯盟」（註二三）的加入與支援，抗爭運動蔚為風氣，本土婦運步入開花時期，復因西方婦運的影響，台灣女性主義，明顯復甦。為伸張女性主體意識走上街頭、喚起性平的聲浪，抗議男性威權的吶喊，於九〇年代初，來到高峰。同時，喚醒了早年於戰後一九五〇年代萌芽的台灣女性主義之研究。女性書寫，由傳統的貞靜娟秀氣質，到傳統保守的顛覆。漫漫長路中，女性作家的文學書寫，得以閃現具體的火花，應歸功於七〇年代中期，諸如作家郭良蕙的大膽情慾書寫，不僅激發了女性意識的討論，繼而女性主義觀點的傳播，受到鼓勵，得以邁向另一階段的研究。無論女性書寫或書寫女性，女性主體意識，氣候成形，快速醞釀發酵。女性文學躍升檯面，超脫以男性凝視觀點的制約，形塑了耀眼奪目的新社會焦點，女性文學書寫，蔚為風氣。

溯源台灣女性主義，年代標誌應為一九七五年。事實顯示，早於二十世紀的七〇年代，西方女性主義思潮，隨著現代主義時代狂流，已登陸台灣。歷經以呂秀蓮為首的新女性運動、「婦女新知」、新興婦女團體的陸續成立、保護女性防治法的訴求，種種抗爭，經醞釀、發酵，已積蓄相當的能量。經十多年的蟄伏，女性意識，於八、九〇年代「台灣新文藝復興時代」中突圍、覺醒。本土婦運，於二十世紀末快速形成無法阻擋的社會風潮。女性自主意識的大方表態，成為引燃女性主義的火炬，為台灣文學發展進程，豎立了邁向女性主義康莊大道的新里程碑。

台灣婦運蓬勃發展，可以一九八七年與一九八八年兩次的街頭抗議為起始點。婦運健將以人口買賣、保護女性防治法的訂定，為抗議訴求，進行「救援雛妓示威大遊行」。聲勢浩大，引發關注。

後解嚴時期來臨，示威遊行，令人目不暇給，性平運動，為台灣女性主義掀起高峰。尤以一九九四年的反性騷擾大遊行，成為亮點，喧天價響的巨大聲浪，席捲都會街頭巷尾的場景，令人記憶猶新。以性權鬥士何春蕤為首，高喊「我要性高潮，不要性騷擾」的口號，衝撞時代的女性形象，挑戰禁忌的議題，進一步敲響了跨時代的女性訴求。台灣婦運順勢愈發蓬勃，產生的影響力，非同小可。台灣婦運，戰後醞釀，七〇年代播種、八〇年代蓄積力量，九〇年代中期成果斐然。婦運女性為伸張女性主義走上街頭，高喊「只要性高潮、不要性騷擾」的口號，至為響亮，再度喚醒女性意識。女性自覺意識，女性關懷主題，浮上世紀檯面，於九〇年代中期，終於「開花結果」。（註二四）

（二）女性書寫——以李昂小說《殺夫》為例

婦女運動蓬勃發展，女性主義文學，躍升為時代顯學。以家庭、婚姻、兩性為背景的女性書寫，蘊含主體意識「覺醒」的創作，八〇年代以來，蔚然成風，深具潛力；無論小說或詩，容或具有實驗性質，但為女性主義文學發展帶來美好的遠景，乃不爭的事實。女性意識作品，與時俱進，悄然層出疊見，其間，掀起熱門議題，最引人注目的文本關懷，應屬李昂的小說《殺夫》。

李昂（本名施淑端）以《殺夫》奪得一九八三年聯合報文學獎中篇小說首獎。《殺夫》的作品題材，敘事的內容，活生生的細節，彰顯了受父權宰制的婦女的血淋淋控訴。刻意於虛實之間，串連了傳統霸權、性別對待、社會不公允的多層面向控訴。身為女性作家，李昂出手強烈，對抗父權的宰制、道德問題探討，以及以性為主體的探索，淋漓盡致。因其作風大膽，赤裸露骨的描述，轟動一時，同時引起議論。

《殺夫》內容大致描述，一位身心被丈夫宰制的羸弱婦女，不堪長期被丈夫欺壓，決心抗爭報復的故事。作者將她構想的主體意識及理想表達，採用反制異性威權的激烈手法，安排故事中的女主角，仿效以屠夫為職業的丈夫的殺豬模式，將丈夫支解。整體而言，《殺夫》文本的表彰訴求，爭取女性的自主意識，十分明顯，於描述男女不平等的現象時，運用「生物決定論的爭議」，如「對於女性生理先天弱於男性、自願放棄自主性、而以愛情或身體換取男性保護、生存等問題」，提出質疑。此外，作者試圖顛覆「女性附屬於生殖功能與男性性工具角色」的迂腐觀念、根除宰制與附庸的權力關係。《殺夫》的血淋淋控訴、犀利的批判，抗議社會文化不公平的性別對待，意圖為女性價值重新定義。

《殺夫》於一九八三年獲聯合報文學獎中篇小說首獎，於時間軸上看來，發想、構思年代，早於政治解嚴。以殺夫方式，佈達女性受欺壓的情緒爆發，尋求解放的激烈表徵，正值台灣社會的保守與開放的過渡時期，相對前衛的作風，明顯造成轟動，引起文壇、學界的兩極評價。無論認同與否，《殺夫》以強烈手法挑戰傳統父權，啟示了台灣女性主義的書寫意識，對台灣女性文學發展，產生了相當的影響。

（三）女性意識的隱憂聲浪

女性主義的貢獻，於台灣文學發展史上，成果斐然。然而女性意識熱浪的興起，引起不同聲調的評價，卻在所難免。回響、論辯，肯定、質疑，難以概括定論。女性主體意識，於傳統積習、父權觀點之下，如何於抗爭中，立竿見影。然而，迷思、疑惑，依然存在，於時代遞變中，社會隱憂隨而起之，潛伏於各階層角落；兩性互動的重新檢視，於默默觀察中提供著各樣視角，浮現出認同或異議。筆者試以幾位作家、學者的觀點，摘要分析。

1、「異化、窄化和極端化」？

身為男性作家，詩人瘂弦讚許「女性主義文學帶有革命的性格」（註二五），但同時對女性書寫的內涵，提出看法：

八十年代台灣女性小說崛起，先於理論地出現在文風大轉變的前夜，這種創作現象，對九十年代中期西方女性主義文學思潮大規模登陸，顯然產生了呼應和助燃的作用。今日文壇，女性主體意識書寫幾已成為顯學，在批評的眾聲喧譁下，女作家很難避開這種新興理論的美學檢驗，此一變化是大勢所趨，不必阻擋，也阻擋不了。當然，其中也難免隱藏著一些問題，最大的顧慮是，如果過於強調單一的書寫方式，就會使整體的文學發展有所侷限。（註二六）

瘂弦並以美學角度，檢視女性主體意識書寫，針對「愛情」題材為例，有所感嘆：「愛情這古老的故事，早已衝破種種禁忌，被現代人拆卸重組，而染上太多的情慾色彩，官能的開放早已成為放浪的藉口，所謂情愛，在現代俗文化的哈哈鏡中，已被扭曲得不成樣子，寫作界到處可見異化、窄化和極端化的現象。」（註二七）

2、「不要把自己作為第二性，女人是無限體。」

旅美華裔小說家嚴歌苓，以「不要把自己作為第二性，女人是無限體。」（註二八）強調自己是作家，而不以女作家自居，無異詮釋了她個人自主的女性主義之認知觀點：

有人說在我的作品中看到奴性、佛性。我欣賞的女性是包容的，以柔克剛的，不跟男人一般見識的。扶桑是跪著的，但她原諒了所有站著的男人，這是一種極其豁達而寬大的

母性。（註二九）

嚴歌苓不喜歡美國的女權主義，她認為動不動就去燒胸罩的行為，反而讓男人對她們提高警覺性。嚴歌苓的個人女權主義，屬於另外一種境界，與其表露在外，不如藏得更深、更遠。依循這個脈絡的高度，嚴歌苓在小說裡，往往將女性置於第一主角的位置來表達女權，卻多將男性人物形象的塑造，不著痕跡的建構於女性的偉大能耐上。相對於「過去無論是灰姑娘、茶花女，或者杜十娘，幾乎所有的女性形象，最後都需要愛情來救贖，需要一個男性的世界來救贖。」（註三〇）嚴歌苓做了一個經典的示範，「在一個男權社會裡，她為女性群體發出了最理智的聲音」，她站出來說：「謝謝各位，我不需要你來救贖我。」（註三一）

3、「象牙塔裡的女人？」

嚴歌苓不以言詞理論倉皇因應「女性主義」的話題，而以「做個可愛的女人」輕描淡寫，雍容自在的回應。認為「活得可愛一點比較好」的女人，還有詩人胡品清教授。胡品清自成一格的女性主體意識裡，也謝絕了異性的拯救，且十分自信的成為「比夢還要美麗的女人」（註三二），曾有「女性主義」學者稱胡品清為「象牙塔裡的女人」（註三三），胡品清則以加上問號的「象牙塔裡的女人？」（註三四）作答，回應針對自身所有的揶揄論調的同時，也藉以表達了個人風格特有的女性意識，她依然堅守傳統的女性自我，超越形式主義，於「大我」、「小我」的雙向生命色彩中，展現內在的自我價值，活得雍容、自在。胡品清坦言：「假如人

生中只有大我，生活會是多麼荒涼！」（註三五）

二、女性關懷，溫柔出擊

（一）源自母親情結的關懷意象

梅新接編《中央副刊》，適逢二十世紀女性主義崛起以至興盛的年代。《中央日報》百年老店的原生血統，如影隨形。大半世紀以來保守形象的標榜，革新談何容易。然而，時代浪尖上的「火辣」議題，不容迴避。於黨報色彩的敏感背景之下，身為男性主編的梅新，如何領導編輯團隊，展現風度，迎接時代。女性主義大纛考驗著《中副》主編的時代精神，同時挑動著《中副》傳統文化的神經。

梅新對女性議題的關懷挹注，抑或間接源自於自幼失去雙親的坎坷身世。尤其三歲喪母，無以彌補的母愛渴望，成為梅新永遠遺憾的至痛；畢生難以消解的鄉愁來源，梅新於創作中，往往以各種意象表達思念，譬如以〈壁紙〉（註三六）象徵擁抱，隱喻對母愛的渴望，於熱切的想像中，放大再放大。〈家鄉的女人〉三首，便立足於台灣鄉村的泥土，謳歌家鄉女性的淳樸、善良與勤懇。其他以母親意象延伸的女性尊崇詩作，可謂不勝枚舉。梅新對母親的思念，圍繞著某種程度相關著母性的溫柔意象，母親情結的蔓延，於鄉情之感發間無限滋長。筆者以為，梅新對「家鄉的女人」一直以來的情懷，衍生至對女性關懷以及對女性意識的認同，該當言之成理。也因此，面臨女性主義的提問，梅新泰然自若，《中副》的回應恰如其分的表現出深度的尊重與關懷。

（二）體現時代任務以多元風格

梅新體現時代任務以多元風格的副刊理想，浪漫色彩的企畫創意，設計思維形同創作，與許與詩人的藝術性格有關，對理論、派別的區分，亦從不執著，不刻意附和，「因為創作是不能夠被主義、派別牽著鼻子走的，否則就沒法子形成自己的觀點，擁有自己的創作方式。」（註三七）洛夫甚至認為「我們可以從多篇中窺知，梅新是不太重視，甚至反對理論框框的……」（註三八）同樣地，梅新製作專欄的獨門方式，往往超越僵化的形式主義，出人意表。為女權議題規劃設計的相關專欄亦然，鮮少出現硬生生的「女性主義」字眼，而以柔性技巧與更彈性的委婉空間處理。《中副》園地，面對婦運的流行，不肆意推波助瀾，卻於女性動向的關懷，甚至女性推崇絕無輕疏。《中副》守門人梅新，心中自有一把尺，以微妙靈活的企畫構想、多層次的活潑創意開闢專欄，為女性關懷鋪築顯像管道，製作專輯、專題，以傾聽女性書寫的心聲。

1、多元設計

於女性議題的開發，梅新採用的方式以主動組稿的專欄、專輯形式，廣邀特定專家、作家、學者執筆撰寫為主。主題性專題設計，以約稿為主，抑或同時進行徵稿。綜合女性議題的關懷推廣，多元的企畫設計要點大致如下：

（1）專欄、專輯、專題：女性意識書寫、女性文學、性別討論、兩性對話、女性話題等相關專欄、專輯、專題的主動企畫設計。

（2）活動舉辦、研討會：以女性議題為主旨舉辦活動、研討會，會議實況紀錄，以報導文學方式，製作成專輯、特輯。

（3）主題徵文：以女性相關議題的主題徵文，採集讀者投稿，擇優發稿、以專題刊登。

（4）固定專輯製作：為女性特定節日，規劃製作固定專輯，如母親節、婦女節、護士節，甚或父親節，也不妨以女性的角度為文，進行兩性溝通。

（5）特定女性專輯：製作對象為各行各業的傑出女性，以及社會各階層具有專才的女性。

（6）紀念專輯：為文壇重要女性作家逝世，製作紀念專輯。

2、專欄樣貌

為鼓勵女性書寫，邀請女作家以推展女性觀點價值而設計的專欄，為數不少。於女性主義喧天價響的九〇年代前後，《中央副刊》獨屬女作家執筆發揮的專欄呈現，舉例說明如下：

（1）「女作家」專欄實例

例一，吳淡如「拈花筆記」：首篇〈夢的嬰孩〉（一九八八年九月八日），《中央日報》一六版。

例二，陳幸蕙「愛情演義」：首篇〈花信箱〉（一九八八年十二月十五日）。因資料缺失，以另篇補例：陳幸蕙〈春花妝點碧樹——我寫愛情演義及其變奏〉（一九八九年五月二十九日），《中央日報》一六版。

例三，曹又方「靈思小札」：首篇〈愛他，就不要請他吃飯〉（一九九〇年二月八日），《中央日報》一六版。

例四，張曼娟「人間時節」：首篇〈秋分——太陽過赤道晝夜平分〉（一九九〇年九月二十五日），《中央日報》一六版。

例五，宋晶宜「生活逗點」：首篇〈寂寞是一種感覺〉（一九九〇年十月九日），《中央日報》一六版。

例六，邱彰「邱彰專欄」：首篇〈我不要善意謊言〉（一九九三年二月五日），《中央日報》一六版。

例七，崔玖「徑間隨筆」：首篇〈動土〉（一九九三年三月二十七日），《中央日報》一六版。

例八，郝譽翔「光影之書」：首篇〈遙遠的聲音〉（一九九六年五月二十九日），《中央日報》一八版。

例九，龔華「情思．情絲」：首篇〈遠離〉（一九九六年六月二十六日），《中央日報》一八版。

（2）開放式女性專欄實例

新專欄首推的「編按」說明，有助於見其背後的理念啟示，僅舉二例如下：

例一，「溫柔出擊」編按：

「副刊的題材不一定只有嚴謹的論述才能闡明；女性的文筆不一定只能書寫生活與浪漫愛情，基於這兩個理念，本刊特別擘劃溫柔出擊專欄，邀請女作家以柔性的筆，剖析社會現況。她將以年輕的心、溫柔的筆，折衝於現實社會的大街小巷。溫柔出擊之後，我們期待這些發人深省的問題能有圓滿的發展。」（註三九）

例二，「與男人聊天」編按：

「雖然今天台灣社會已給予女性極大的生活空間，但是把兩性擺在天秤的兩端，其高低上下卻永遠不能平衡。男人的聲音充斥在各種場合，而且男人總是在聽自己講話。因此，本刊特別企畫『與男人聊天』專欄，邀請女作家們暢談天下事，在愛情、婚姻等話題之外，她們一樣也有自己對國家社會精彩而獨特的見解。讓我們來聽聽她們的聲音。」（註四〇）

3、兩性互動專欄、專輯

涉及女性關懷、性平意識相關的專欄、專輯，有保留篇幅的專屬約稿，也採取主題性開放徵稿模式，提供兩性互動議題的發表空間，不分男性、女性作者，皆歡迎投稿。首推專欄文章所附之編按說明，以呈現《中副》團隊於梅新主編引導下的集思廣益、企畫製作的價值與核心理念。略舉頗受歡迎的相關專欄、專輯數例如下：

表一　兩性互動專欄

專欄名稱	推出日期	編按	文章舉例	版次
兩性翹翹板	一九八八年五月十九日	時日遷移，關切的方向或已不同，然而受矚目的程度卻未曾稍減，本刊以鑑照現實的時代眼光，特邀男女詩人、散文家，小說家以同一命題作不同的詮釋。	黃凡〈二〇〇一台北行〉	一六
與女人聊天	一九九二年一月二十五日	在與男人聊天中，女作家們暢談天下事，在愛情、婚姻等話題之外，提出對國家社會精彩而獨特的見解，聽完女作家門的聲音後，特別企畫新專欄，讓女人也聽聽男作家的與女人聊天吧！	姜穆〈夜半私語時〉	一六
婆婆媽媽	一九九六年十月二十九日	資深作家冰心曾以「男士」為筆名，寫「關於女人」的專欄，她本意在寫系列「遊戲」的文章，卻寫成俠氣逼人，夾敘夾議的「正義」之作。本刊特闢「婆婆媽媽」專欄，邀請男作家從日常瑣碎著眼，富有趣味、生活、社會等諸議題於一爐，篇幅不大，含蘊無窮。	南有洲〈婆婆媽媽的功勞〉	一八

表二　女性特定節慶專輯（以婦女節、母親節為例）

專輯名稱	推出日期	編按	文章舉例	版次
慶祝婦女節專輯	一九八七年三月八日	中國傳統女性的角色與男性角色一直壁壘分明，所謂男主外，女主內，把傳統的中國人分隔為兩個差異極大的世界。本世紀開始，尤其最近十年，由於女性的自覺與努力，使得這個局面產生了劃時代的革新。「女人走出廚房」，成為一句新女性爭取自由的格言；更甚者，「女強人」稱呼的出現，不但為女性爭得了平等，且有凌駕男性的趨勢。／今天，男女的性別已不再那麼被強調，而女性的聰明才智也由於時勢使然，廣泛地為大家所肯定了。	張必瑜紀錄〈廚房加辦公室加生活加勇氣、等於女強人〉顧何美頤、何淑芳、黃莉惠、張蕙婉座談梅新主持。地點：元儂茶藝館時間：一個溫暖冬日午後	一〇
世界文壇	一九九五年	母親的辛勞與偉大，為人子女者	・〈她是個文學盲〉，莒	一八

名家眼中的母親	五月九日	都知道；而母親的心事和寂寞，卻不是每個兒女都會了解，只有那些善感而體貼的心靈，才會注意到母親所過的是什麼樣的生活，感受她不易被察覺的喜怒哀樂。／每年五月，《中副》總樂於擔任您和母親間情感交流的橋梁。	哈絲（法國）著、張亞麗譯（一九九五年五月九、十日） ・〈被扭曲的人生〉，雨果・克勞思（比利時）口述、馬歇・畢西歐／加特林・雅尤蕾（法國）紀錄、陳奐廷譯（一九九五年五月十八、十九日） ・〈她很溫柔卻從不表露〉，豪赫・阿馬多（巴西）口述、馬歇・畢西歐／加特林・雅尤蕾紀錄、張雅麗譯（一九九五年五月二十四日）	
跟母親說貼心話	一九九五年五月十日	小時候，最喜歡賴在母親懷裡，叨絮地訴說著什麼，屋外的花花草草、學校裡的趣事、玩伴間的	斌斌〈讓我陪您走到最後〉	一八

		歡樂與爭執……多年以後，或離家在外，或即使同處一室也不知該從何說起，中副提供您和母親交心的園地，過往的難忘回憶或是某件不會說出口的事，只待您提筆，和母親說說話。		

4、女性關懷的兩性書寫專題

經由專欄的設計、專輯的製作，大致可以了解梅新對於女性關懷議題的企畫編輯理念。其他以女性關懷、性別角色等相關題材書寫，以不同主述、探討議題等各樣形態、文類發表的文章，均有助於擴充觀察女性關懷的視角。男女作家均可參予書寫。這些文章的取用刊登，也代表著《中副》整體面貌中，女性關懷受到重視的程度。因此，筆者進行搜尋相關作品刊登，檢索資料顯示，女性書寫、女性主義、女性文學、女作家形象、父權爭議、性別討論、兩性關係等關鍵文章、文類，於梅新時期，時有刊載。而專程舉辦之女性議題活動、研討會之計畫邀稿、投稿之刊登，亦可謂洋洋可觀，因範圍甚廣，值得另闢專題，詳述研究。今僅將檢索所獲知、專欄以外之涵蓋兩性平等、涉及女性關懷的文章諸例，摘要陳列，以供參酌：

表三　兩性互動專題

文章標題	作者	日期	版次
男女必須同時覺醒	傅佩榮	一九八八年一月二十七日	一八
男女交感與夫婦恆常	王邦雄	一九八八年八月二十日	一六
男女有別	摩頓．薛維茲醫師作、于法治譯	一九八九年十一月九日	一六
不是扯女性主義後腿	陳蒼多	一九九〇年三月六日	一八
誰在扯女性主義後腿？答陳蒼多「不是扯女性主義後腿」	蔣淑貞	一九九〇年四月一日	九
女性主義．我見．我思	紀剛	一九九〇年七月十五日	九
愛有性別，是嗎？	蔡姿麟	一九九一年五月十六日	一六
「女性主義」在德國漢學界逐漸抬頭	廖天琪	一九九一年六月十一日	一六
無非男女	嚴歌苓	一九九一年十一月十四—十七日	九、一六
我看男女	尹雪曼	一九九一年十一月二十六日	一六

唐傳奇中有女性主義嗎？	周慶華	一九九二年十月十五日	一七
愛也痛苦・不愛也痛苦——嚴歌苓「無非男女」到底要說什麼？	馬瑩君	一九九二年十月二十五日、二十六日	一六
男女都是「第一性」	趙行方	一九九三年三月一日	一六
尋根與女性主義的流露	余幼珊	一九九三年十月八日	一六
台灣中產階級的悲歡《飲食男女》的現代精神	黃永武	一九九四年七月十二日	一六
在家變的驚慌中 看「飲食男女」	王靜蓉	一九九四年七月十六日	一六
反父權與男女平等的古典	姜穆	一九九四年十月十六日	一六
迷舞的裙裾——關於女性主義文學的研討	朱棟霖	一九九六年五月二十三日	一八

5、女性文學書寫單篇

除以上「女作家」專欄、開放式女性專欄、兩性互動專欄、專輯、專題等刊登之顯像概況外，《中央副刊》於梅新主編時期，錄用女性作家、作者的單篇書寫刊登頻率，亦不在少數，本文就研究搜尋所獲，臚列如下：

（1）《中副》女性作家作者名單

梅新主編《中央副刊》時期，刊登之女性作家作品為數眾多，筆者僅就搜尋資料所獲，提供參考，容或未盡，仍待進一步探究。自一九八七至一九九七年間於《中副》發表過作品的常見女性作家名單，大致如下（註四一）：

小民、小玉、刁筱華、今靈、心雅、戈錦華、方井、方琪如、王梅君、王淑美、王羚、王蓓琳、王靜蓉、仙枝、史玉琪、平路、申蓉聲、石麗東、丘秀芷、冰心、朱天文、朱天心、朱小燕、朱春梅、朵拉、江世芳、老婦、老薇、朴河貞、林文月、林泠、林少雯、林玉花、林黛嫚、邱七七、衣若芬、余幼珊、余西蘭、吳知惠、吳婉茹、胡品清、胡影萍、吳淡如、吳霜、呂大明、宋岡陵、宋淑萍、宋晶宜、李李、李美華、李昂、李艷秋、沈迪華、亞衡、佳特琳、黃素英、雅尤蕾、周玉蔻、周昭翡、周培瑛、周簡段、官麗嘉、易淑貞、阿嫚、洪麗芬、洪許麗華、郁馥馨、韋婭、殷張蘭熙、馬瑞雪、馬瑩君、高惠宇、高雷娜、許月霞、張戎、張亞麗、張素貞、張曼娟、曹又方、梁丹丰、盛英、連麗玲、郭良蕙、郭士榛、陳艾妮、陳幸蕙、陳秋滿、陳桂芳、陳惠鶯、陳小紅、陳若曦、陳燁、鹿憶鹿、喻麗清、彭小妍、曾永莉、黃子音、黃秀娟、黃富美、黃翠華、零雨、楊小雲、楊明、楊步偉、楊美玲、楊美惠、溫小平、詹秋蕙、廖玉蕙、廖輝英、趙淑敏、臨頻、劉延湘、蔡秀女、蔡素芬、蔣淑貞、鄭羽書、鄭佩芬、鄭美芳、鄭寶娟、盧家珍、瞿秀蘭、嚴歌苓、蘇秀慧、蘇雪林、顧蕙倩、蕭颯、鍾曉陽、張秀亞、張漱菡、張曉風、張小鳳、簡媜、愛亞、艾雯、蔡珠兒、蔡素芬、劉黎兒、桂文亞、韓良露、郝譽翔、李黎、龍應台、歐陽子、蘇偉貞、樂茝軍（薇薇夫人）、袁瓊瓊、鍾文音、張瀛太、鍾玲、利玉芳、夏宇、杜潘芳格、羅英、羅蘭、羅茵芬、羅任玲、戴瑜、瓊瑤、華嚴、劉慕沙、聶華苓、琦君、於梨華、齊邦媛、蘇青、蓉子、謝冰瑩、杏林子、席慕蓉、徐鍾珮、郭良蕙、殷允芃、凌叔華、孟瑤、虹影、黃珮珊、鮑曉暉、畢璞、潘人木、梁丹丰、吳淡如、龔華。

（2）女性書寫篇章舉例

除了專欄、專輯以外，梅新主編《中副》時期所錄用的女性作家、作者之個別單篇發表的創作，內容涵蓋女性意識、女性議題等關懷層面者，為數眾多，僅提供檢索所得數例，望有助於女性顯像於梅新主編時代的《中副》版面的約略概況：

表四　女性作家書寫實例

文章標題	作者	日期	版次
接接送送話母親	廖輝英	一九八八年五月六日	一六

鴛鴦兩字怎生書	張曼娟	一九八八年六月一日	一六
尼羅河女兒	朱天文	一九八九年二月二十四日	一六
母親的眼淚	廖玉蕙	一九八九年八月二日	一六
都是牛郎織女害的	衣若芬	一九八九年十月二十一日	一六
北窗下的牧羊女——我寫作的啟蒙師張秀亞女士	喻麗清	一九八九年十二月七日	一六
女人．古雪茄與英國煙	吳淡如	一九八九年十二月三十日	一六
誰在扯女性主義後腿？答陳蒼多「不是扯女性主義後腿」	蔣淑貞	一九九〇年四月一日	九
紅緋熊專吃女人？「大雪山傳奇」中的兩性關係	溫小平	一九九〇年五月二日	一六
一個女作家的詩感覺與私感覺——我的生涯規劃故事	陳幸蕙	一九九〇年七月三十一日	一六
向一位堅忍的白衣天使——陳文桂女士致敬	梁丹丰	一九九〇年十二月三十一日	一六
我的家世及母親	蘇雪林	一九九一年五月十七日	一六

如地母般的女人	曹又方	一九九一年五月二十四日	一八
廖輝英vs.李昂vs.曹又方——女作家談女作家	林黛嫚	一九九一年九月二、三日	一六
衣著樸素、個性內斂的女作家	殷張蘭熙	一九九一年十月四日	一六
美國女人變了——激情不再，積極依舊	鄭佩芬	一九九二年二月二十一日	一六
三代中國女人的故事之一——三寸金蓮	張戎	一九九二年七月九日	一六
把心找回來　少女不再祈禱	林少雯	一九九二年九月十五日	一六
與憂俱生——向天下癡兒女進一言	瞿秀蘭	一九九二年十一月十八日	一六
天堂女子	劉延湘	一九九三年三月一日	一六
藝術與愛情的頌詩——《新橋戀人》的激情	蔡秀女	一九九三年四月十三日	一六
文學女人的愛情悲劇　談蕭紅與蕭軍	馬瑞雪	一九九四年五月二十日	一六
飲食男女話吃飯	鹿憶鹿	一九九四年十月六日	一六
傷心的時候——拉二胡的女子	朵拉	一九九四年十二月十六日	一六
生死恐慌	蔡素芬	一九九五年一月十九日	一八
沒有女人的男人犯不著貶低女人（上、下）	章光霽	一九九五年五月八、九日	一八

說「書」	楊明	一九九五年五月十日	一八
弱者的宣言——我寫《少女小漁》	嚴歌苓	一九九五年八月二十五日	一八
台灣文學七十年認同、族群與女性	彭小妍	一九九六年六月二日	一八
想像她／否定她／要她不說話　中文女作家筆下的母親形象	平路	一九九六年六月七日	一八

三、女性主義，中副筆戰

副刊為社會關注的時代焦點製作專欄、專輯，為推導理念、開發議題，費盡心思，表達關注。《中副》讀者對《中副》選用的女性意識議題，提出意見，引來女性主義的紙上對話與論辯。讀者的迴響，應證了傳播的效能，無論掌聲或批評，足以掀起周邊議論或挑戰之力道，意味著副刊功能的達成與價值的重要性。

舉例說明，如作家陳蒼多先生發表之〈不是扯女性主義後腿〉（註四二）文中，以男性角度論述女性主義的某種觀點與角度，遭蔣淑貞女士的立即反駁，而以〈誰在扯女性主義後腿？——答陳蒼多「不是扯女性主義後腿」〉為文回應，明確以女性主義的觀點與角度，保衛女權立場，將陳文「偏頗之處」，予以喝斥與答辯。又如針對「冰炭集」專欄中，作家孫瑋芒先生的〈沒有女人的男人〉（註四三），社會學研究者章光霽女士以〈沒有女人的男人犯不著貶低女人〉（上、下篇）（註四四）回應，表示對孫先生一文的抗議。其後，孫瑋芒針對章光霽的迴響，再以〈最好的男人應該說是女人——敬答章光霽先生〉（註四五）答辯。

四、讀者迴響，來函照登

投注副刊園地的紙上論戰，象徵社會隱憂的表達，同時考驗著以文學傳播為職責的守門人的智慧與態度。面對女性議題的爭議、意見分歧的論述與答辯，梅新發揮「中正和平、樂觀奮鬥」（註四六）的《中副》精神，以「來函照登」模式，刊登原作與讀者回應，從容處理女性主義議題所引起的來回論戰，展示出男性主編對女性主義的尊重與風度。

據筆者分析，陳蒼多先生的〈不是扯女性主義的後腿〉，刊登於《中副》一九八〇年三月六日。蔣淑貞的回應文章〈誰在扯女性主義後腿？——答陳蒼多「不是扯女性主義後腿」〉於一九八〇年四月一日刊登。以時間角度觀之，依常理推斷，《中副》對該迴響文章的處理，應屬積極快速。

一九八〇年代，當時的作者普遍以手寫擬稿，再以稿紙謄寫完稿，估計即使以最快速度於一、兩天內完稿，立刻將紙本投寄，加上郵寄時間，送達報社收發處，至少需耗時三、四天。依前文所提作者蔣淑貞女士文首之敘述：「前日讀三月六日中副陳蒼多先生之『不是扯女性主義後腿』一文」判斷，作者於閱讀陳文後之第一時間，即著手書寫回應；依該情況推算，此回應文章到達編輯部，最保守估算，恐怕最快也在三月中旬左右。比照現今三大報的積稿消化速度，一般來稿錄用，發表刊登，平均需一個半月至三個月。而熱副刊年代，無網路發表園地，以其積稿量大、更甚於今日的狀況而言，除去每日固定企畫編輯專欄、特定約稿、活動與重大文學項目的版面預留、錄用來稿的排序刊登，之外，除重要文學事件報導，特為一般來稿抽稿、換稿、改版的可能性，相對少之又少。

處理孫瑋芒先生與章光霽女士的論戰亦然。針對孫瑋芒〈沒有女人的男人〉的回應，章光霽女士發表〈沒有女人的男人犯不著貶低女人〉於《中央副刊》一九九五年五月八、九兩日，而孫瑋芒的回應〈最好的男人應該說是女人——敬答章光霽先生〉於一星期內的一九九五年五月十五日即見刊登，因此可以推論，《中副》對於女性主義的回應，處理相當快速，《中副》主編梅新對女性意識的伸張，亦屬重視，積極而不偏頗的態度，應獲肯定。

註釋：

註 一：梅新：〈漫談副刊編輯〉，《沙發椅的聯想》（台北：三民書局，一九九七年五月），頁一七二。

註 二：梅新：〈「從北京到巴黎」之後〉（自序），《從北京到巴黎》（台北：文經社，一九九三年四月），未編碼序頁。

註 三：同註一。

註 四：參見瘂弦：〈從副刊說起——大眾傳播體系中的文學〉，《自由青年》第八〇卷第一期（一九八八年七月），頁三八—三九。

註 五：孫如陵：〈副刊講座〉，《副刊論——中央副刊實錄》（台北：文史哲出版社，二〇〇八年六月），頁五八。

註　六：同上註，頁五八—五九。

註　七：同註一，頁一七四。

註　八：同上註。

註　九：梅新：〈用文學完成人生之夢〉，《中央日報．中央副刊》，一九九一年二月二十四日，第九版。

註一〇：同註一，頁一七四。

註一一：同上註。

註一二：李瑞騰：〈文藝編輯學導論〉，楊宗翰主編：《大編時代：文學、出版與編輯論》（台北：秀威資訊科技公司，二〇二〇年九月），頁一九。

註一三：同上註。

註一四：〈中副十年——梅新的口述錄音〉，章光霽紀錄整理，《他站成一株永恆的梅——梅新紀念文集》（台北：大地出版社，一九九七年十二月），頁二二七—二二八。

註一五：同上註，頁二二九—二三〇。

註一六：「今天不談文學」專欄，《中央日報．中央副刊》，一九八九年二月十四日，第一六版。

註一七：林黛嫚：〈中副夢咖啡——文學下午茶，文學在其中〉，《推浪的人》（台北：木蘭文化公司，二〇一六年十一月），頁七四。

註一八：羅茵芬整理：〈做一位工匠，去揭那塊活木板——張大春的小說家理論〉，《中央日報．中央副刊》，一九九五年六月三日。

註一九：同註一七，頁七五。

註二〇：同上註。

註二一：參見張素貞：〈略談《臺灣時報．副刊》梅新主事的企畫編輯〉，《投影為風景的再生樹——梅新紀念文集續編》（台北：文訊雜誌社，二〇一七年十月），頁二四五—二五〇。

註二二：參見李元貞：「一九八四年以後，由台灣婦女自己組成的新興的民間婦女組織陸續出現，像由離婚婦女組成的晚晴協會、家庭主婦組成的主婦聯盟、參加民主運動的進步婦盟、婦女新知雜誌社成員協助成立的台大婦女研究室等，使得台北市的婦女積極活動起來，逐漸形成一股新興的婦女自主的社會力量。」（婦女新知基金會網站：https://www.awakening.org.tw/，上網時間：二〇二〇年七月三十日）

註二三：全國大專女生行動聯盟（全女聯）是由各大學「女性主義研究社」（簡稱女研社）結盟的一個校園女性團體。

註二四：引用「開花結果」，意同李元貞：〈開花結果和待完成的革命：回顧台灣婦運二十年（一九九〇—二〇一〇）〉，發表論文，回顧台灣社運二十年（一九九〇—二〇一〇）研討會，二〇一〇年十二月四日。

註二五：瘂弦：〈以詩為情，以情為詩——龔華作品的內涵與向度〉，《聚織花序一》（台北：洪範書店，二〇〇四年六月），頁二七四。

註二六：同上註。

註二七：同上註。

註二八：嚴歌苓：〈十年一覺美國夢〉，《華文文學》第六八期（二〇〇五年三月），頁四八。

註二九：摘錄自嚴歌苓：〈十年一覺美國夢〉，《華文文學》第六八期，頁四八。

註三〇：高曉松：〈曉松奇談〉，參見「壹讀」〈女權者的吶喊——我不需要你來救贖我（嚴歌苓）〉，壹讀網站https://read01.com/zh-tw/，上網時間：二〇二〇年十月三日。

註三一：「搜狐文化」〈嚴歌苓——她用自己寫的故事顛覆了女性小說千百年來的套路〉，搜狐網站https://m.sohu.com/a/195084962_118887/?pvid=000115_3w_a，上網時間：二〇二〇年十月三日。

註三二：王心靜：〈用愛在心中為妳立一座碑〉，《華夏報導》，二〇〇六年十月十七日。

註三三：胡品清：〈象牙塔裡的女人？〉，《萬花筒》（台北：未來書城，二〇〇二年八月），頁二九。

註三四：同上註。

註三五：胡品清：〈月夜藝語——代序〉，《慕情》（台北：文經出版社，一九八五年第四版），頁六。

註三六：梅新：〈壁紙〉，《梅新詩選》（台北：爾雅出版社，一九九八年十月十日），頁二三六。原刊一九九四年三月七日《聯合副刊》，原文：「放大，再放大；放大，再放大。放至我現在面對的，客廳牆壁這麼大。／放大以後的這張泛黃的，日漸模糊的舊照片，母親嬌小的形象，以及我在母親懷裡，那副逗趣的模樣，終於又一次的，清晰的，展現在我的老花眼鏡裡了。／放大以後的照片，母親的微笑，也隨之放得大大的。我要以母親的照片作壁紙，裝潢一屋的母親的微笑。」

註三七：梅新：〈《魚川讀詩》話從頭〉（梅新口述錄音，張素貞、章光霽整理），《魚川讀詩》（台北：三民書局，一九九八年一月），頁四。

註三八：洛夫：〈序《魚川讀詩》〉，《魚川讀詩》，頁一。

註三九：「溫柔出擊」專欄首篇：廖玉蕙〈不信溫柔喚不回〉，《中央日報．中央副刊》，一九九一年九月十六日，第一六版。其後陸續有楊明〈餵魚〉、蔡素芬〈生死恐慌〉、王靜蓉〈愛——自然的禮物〉、楊明〈紅龜粿和蔥油餅〉、楊明〈行人和穿越道〉、蔡素芬〈語言與約定俗成〉、衣若芬〈莫生氣〉、楊明〈說「書」〉、蔡素芬〈溫柔出擊生殖科技〉、楊小雲〈小攤販的哲學〉等。

註四〇：「與男人聊天」專欄首篇：曹又方〈你也能解溫柔〉，《中央日報．中央副刊》，一九九一年四月二十二日，第一六版。其後陸續有葉姿麟〈愛有性別，是嗎？〉、丹扉〈兩好兩壞〉、王靜蓉〈愛的生命情境〉等。

註四一：資料來源：一、「中央日報全文影像資料庫（一九二八．二—一九九五）」，網址http://tbmc.nlpi.edu.tw:8080/cnnewsapp/start.htm，上網時間：二〇二〇年十月三日。二、龔華彙編：《中副大事紀一九八七—一九九七——梅新vs.中副》，一九九九年九月三十日。

註四二：陳蒼多：〈不是扯女性主義後腿〉，《中央日報．中央副刊》，一九九〇年三月六日，第一八版。

註四三：孫瑋芒：〈沒有女人的男人〉，《中央日報．中央副刊》，一九九五年三月二十日，第一八版。

註四四：章光霽：〈沒有女人的男人犯不著貶低女人〉，《中央日報．中央副刊》，一九九五年五月八—九日，第一八版。

註四五：孫瑋芒：〈最好的男人應該說是女人——敬答章光霽先生〉，《中央日報．中央副刊》，一九九五年五月十五日，第一八版。

註四六：封德屏：〈花圃的園丁？還是媒體的英雄？——台灣報紙副刊主編分析〉，《世界中文報紙副刊學綜論》（台北：行政院文化建設委員會，一九九七年十一月），頁三五三。

第七章　梅新報導文學的推廣創意

梅新以多樣形式經營報導文學，除專文、專題、專欄、專輯的專屬題材，座談會、研討會活動內容，均可以報導文學的形式設計。當活動題材成為報導文學的來源，化為文字的文學性報導紀實，活動宣導、文學文類的運用，動態、靜態兩者相輔相成，進一步達成報導文學的推廣效果。

第一節　文學研討會的紀實報導

《中副》梅新時代，以文學研討會的內容為題材，製作的報導文學不在少數，如「現代文學研討會」之「啟蒙、起飛與期待——五四以來現代文學之概觀」特輯（註一），是為一例；以五四以來現代文學回顧為主旨，由文化大學中文系策畫，金榮華教授主持，皮述民、邱燮友、黎明、馬森、應裕康等教授主講，由《中央副刊》採訪、報導，統籌製作的特輯，不僅深化了文學的蹤跡，也留駐了時代的聲響。

第二節　非文學的「報導文學」

為適應社會文化需求，以現代副刊新形象思維，避免以純文學的刻板嚴肅面貌，接近讀者。然而文學創作與副刊的文學傳播，畢竟是梅新的最愛，因此梅新經由擅長的「企畫編輯」，秉持文學精神，採用報導文學的基本模式，巧思轉換，克服多元議題的製作，推廣報導文學。以報導文學形式技巧，涵容各式議題報導，同時不排除新聞、甚或政治的內容，予以文類化，將之融匯貫穿於編輯理想之中。

事實上於主編《臺時副刊》的一九七八──一九八〇年時期，即已開始。經過多年的閱歷，梅新主編《中副》以報導文學精神貫注於企畫編輯的技巧，更加熟練，精髓獨具的靈活風格，乃受到讀者相當程度青睞的重要原因。

梅新以「報導文學」形式架構，為非文學內容主題設計專題、專輯或特輯。正符合了「把『報導』轉為『文學』，把『事實』轉為『藝術』，記者的主觀加大、感性增加，文學的功能也得到了初步運轉的可能性」（註二）之理論。採取新聞與文學結合的形式，成為梅新時代的嶄新創意色澤。梅新的非文學內容的「報導文學」設計專欄，除了盡心盡力，加以自身之才情外，新聞系科班出身的背景為他帶來的影響，不可忽視，其學理構築基礎，當源自於新聞的教育訓練。梅新運用新聞學寫作技巧，將新聞或紀實內容，以文學的藝術形態呈現，其概念大致符合傳播學者須文蔚的〈傳播學的人文學術特質〉論述：

在新聞學寫作研究上，強調客觀的傳統新聞寫作模式，從六〇年代新新聞學的風潮中，就開始受到挑戰。新新聞學開創出一種強調文學風格及現場描述氣氛，運用情節、對話與獨白等小說筆法，融合作家的創造力和主觀的想像力來報導和鋪排新聞故事的新聞寫作形態（彭家發，一九八八：一〇）。在新新聞學中，新聞和小說、戲劇互文，記者可以用戲劇性的場景去描述新聞事件，充分完整地記錄對話及軼事，記錄新聞人物詳細的身分、地位及行為特質，並用綜合的、有創意的觀點去描述新聞事件。（註三）

知名學者李瑞騰教授，同時極力肯定台灣報導文學的發展貢獻，於二〇二〇年舉辦的「文學、出版及編輯論」研討會上表示：「台灣的報導文學，如果沒有經過高信疆、瘂弦以及梅新，不斷的去推動，報導文學怎麼會在七〇年代中期到八〇年代中期，十年間變成台灣最耀眼的文類。」（註四）

第三節 「報導文學」創意實例

梅新以主題設計的方式，主導訪問、記錄文化人的成長、學識、生活點滴，其中不乏以「報導文學」形式理念達成文學任務的創意篇章，略以二例說明：

一、「從北京到巴黎」專輯

「從北京到巴黎」專輯，實為「中副在巴黎製作」（註五）與「中副在北京製作」（註六）兩個專題的合輯。各自篇章，均為越洋製作的獨立專題。梅新以新聞工作者的立場，為提升全球華人貢獻的能見度，建立《中副》的國際觀，大手筆遠征歐、美、大陸，至北京、巴黎，隻身前往採訪重要學者作家、藝術家所製作。進行人物專訪與座談紀實，全程錄音紀錄。專訪人物包括大陸國寶女詩人冰心、知名作家莫言、劇作家吳祖光、評劇皇后新鳳霞、知名導演陳凱歌、影星鞏俐、國際知名畫家范曾等重量級人物。以新聞的精神，實踐精深的報導，使讀者能深入了解他們的生活經驗、成功歷程，從而獲得人生哲理、生命啟示，正所謂「與智者一夕談，猶如讀過萬卷書」（註七）。此專輯製作的同時，充分展現出為《中副》讀者開拓國際視野的副刊價值；一系列的採訪報導，於《中副》連載刊出時，引起各界熱烈迴響，繼而因創國內先聲之成果，獲台灣新聞處優良文藝作品贊助出版，集結成書《從北京到巴黎》。全書篇章包含：〈鞏俐——站上國際舞台的巨星〉，〈蕭乾——六十風華志業在寫作〉，〈冰心——國寶女詩人〉，〈陳凱歌——大陸第五導演〉，〈吳祖光．新鳳霞——神童劇作家與評劇皇后〉，〈莫言．劉恆．劉震雲．蔡測海——當代大陸作家談當前大陸文學〉，〈范曾．南莉——談藝、談情，也談出奔〉，〈劉曉慶．姜文——巴黎的星空多燦爛〉，〈漢學家在法國——與法國漢學家座談紀實〉。

書中梅新的自序〈「從北京到巴黎」之後〉，有段敘述，隱隱道出梅新的擔憂，為此專輯製作的良苦用心、背負的文學傳承使命，可見一斑：

過去這幾年，台灣學術界的耆老、業師相繼謝世，我對文化界的真空狀態感到非常憂心。像梁實秋、蔣復璁、錢穆、臺靜農……這些大師都是我景仰前輩、經常拜訪的長者，時相往來，這些博學之士的凋零令人心生無限懷念。他們生前，我一直想把他們的成長、學識、生活點滴記錄下來，一方面是個人的傳略，一方面也是珍貴的史料，然而中國文人謙沖為懷的傳統觀念，使他們不願多談個人的事，也使得我這番心意付諸流水。但大陸還有一些長者，國寶級的文化人，都已經八九十歲了，我不願過往的遺憾再發生，能做一點也好，因此在北京，我一下飛機就設法聯絡錢鍾書、曹禺、冰心老人等，一到上海就聯繫巴金……（註八）

二、「今天不談文學」專欄

梅新以文學為副刊理想，但與嚴肅文學保持距離，「不談文學」，卻以文學形式技巧接近大眾。「今天不談文學」（註九）專欄的設計構想是，以一種靈活報導的方式堅守文學的形態呈現，不談文學的內容，卻以文學光譜折射。例如人、事、物的採訪、撰寫內容，以讀者感興趣的話題內容為主，「使讀者沉浸於文字的典雅清品之餘，亦能以開拓的心境，品賞知名人士他們的社會關懷與政治眼光」（註一〇），其中不乏以政治人物為報導對象。以一九八九年二月十四日「今天不談文學」專欄首推篇章為例，採訪報導以〈沈君山談做官的滋味〉為題，其後於同年內陸續專訪、報導的篇章有：〈戰將關中細說從頭〉（一九八九年三月十六日）、〈最佳副手李模談副手哲學〉（四月十八日）、〈阿港伯（林洋港）的遠見與胸懷〉（五月二十三日）、〈連戰的佈陣連戰外交〉（七月一日）、〈踩著泥巴走省道——邱創煥的堅持本色〉（八月十五—十六日）、〈孫運璿為什麼激動？〉（八月十九日）、〈集魅力與智慧於一身——馬英九的跑步人生〉（九月六日）、〈當部長，好不習慣——毛高文第一志願做教授〉（十月二十六—二十七日）等；藉由「今天不談文學」的趣味特色、輕鬆筆調，消彌民眾對政治人物的冰冷印象，同時細說他們的成長、求學、從政等種種生活面的心路歷程，傳達他們的柔性人生理念以及生活哲學。「今天不談文學」專欄，引起廣大迴響，頗受好評，於一九八九年底集結成書：《跑步人生》。（註一一）

註釋：

註　一：《中央日報．中央副刊》，一九九三年七月十四—十五日，第一六版。活動於一九九三年六月五日上午，於台灣師大國際會議廳舉行。

註　二：須文蔚：《台灣文學傳播論——以作家、評論者與文學社群為核心》（台北：二魚文化公司，二〇〇九年四月），頁三九。

註 三：須文蔚：〈傳播學的人文學術特質〉，《台灣文學傳播論——以作家、評論者與文學社群為核心》，頁三九。

註 四：李瑞騰：〈文藝編輯學導論〉，楊宗翰主編：《大編時代：文學、出版與編輯論》（台北：秀威資訊科技公司，二〇二〇年九月），頁一一。

註 五：「中副在巴黎製作」系列，推出「梅新〈談藝、談情、也談出奔——與畫家范曾、楠莉小姐一席談〉。另有范曾給楠莉的一百五十封情書中之四封同時刊出。」《中央日報．中央副刊》，一九九一年四月十七—十八日，第一六版。

註 六：「中副在北京製作」系列之一，「首先推出大陸知名電影女明星鞏俐的專訪〈大紅當頭，站上國際舞台——鞏俐説：我是一位演員，不是明星〉，梅新專訪。」《中央日報．中央副刊》，一九九二年五月十九日，第一六版。

註 七：梅新：《從北京到巴黎》（台北：文經社，一九九三年四月），封面摺頁「關於本書」。

註 八：梅新：〈「從北京到巴黎」之後〉，《從北京到巴黎》，序頁二。

註 九：「今天不談文學」專欄，《中央日報．中央副刊》，一九八九年二月十四日，第一六版。

註一〇：梅新編著：《跑步人生》（台北：中央日報出版社，一九九〇年一月，二版），封面摺頁。（初版：一九八九年十二月）

註一一：梅新編著：《跑步人生》（台北：中央日報出版社，一九九〇年一月，二版）。

第八章　開風氣之先的時代創舉

梅新懷持「但開風氣不為師」的精神，致力於議題的開發；實踐於活動的推行，如座談會、研討會的籌辦舉行，屢見不鮮。回溯主編《臺時副刊》時期雖僅短短兩年（一九七八至一九八〇年），但累積的企畫製作採訪專題，至少有十數場；舉辦活動事蹟，便足以一窺梅新於企畫編輯上的成果事實，以及於副刊史上付出的貢獻。此外，論較大規模的策畫行動，亦不乏其例，諸如為《聯合文學》籌畫的「巡迴文藝營」、擔任《現代詩》社長時籌辦的「現代詩四十年發展研討會」（註一）等等。

一路行來，梅新於主編《中央副刊》期間，再創紀錄。本論選擇梅新任內「總統與青年作家共度一個文學的下午」和「百年來中國文學學術研討會」為特殊形跡事件代表，進行梅新企畫編輯中之重大活動的特色分析，以及為文壇帶來的影響與時代意義。

第一節　總統與青年作家的文學下午茶

《中央日報》的黨報屬性，其原生色彩與政治緊密關聯，不可否認。即使到了自由民主解嚴年代，《中央副刊》為黨宣傳，仍在所難免。梅新主編《中央副刊》，從事與政治人物、相關報導的專題製作，考驗著其企畫編輯的運用技巧。文學理念與市場因素的比重，尺度的拿捏，形同挑戰。以文學為色澤底蘊、以報導文學的形式表現，精心擘畫總統與青年作家共度一個「文學的下午」的創意活動。

「文學的下午茶」以企畫功能而言，有突破政治與文學的藩籬的理想角度，也存在著消彌社會批評、對立的美好用意。籌畫作家赴總統府見總統，其目的以「談文學不談政治」為形象意義，釀造和諧；以文學訴求的延伸概念，開拓柔性格局。為避免政治敏感的過多聯想，而將活動定調為「文學的下午茶」。

一九九四年十月十四日，一支青年作家隊伍，由梅新率領，前往總統府和時任總統李登輝先生共度一個「文學的下午」。與會的有張大春、張曼娟、侯文詠、蔡素芬、陳克華、簡敏媜（簡媜）、王美琴（零雨）等青年作家，包括梅新主編在內，一共八位作家。以作家名單觀察，可以看出策畫思維中文類屬性專長的考量，各自不同，因以略見梅新的心思脈絡於一二；名單的篩選，涉及風格的分布，有助於提問內容的豐富性。

座談互動以作家提問，總統回答的方式為主。對談內容包含文學、生活、成長經驗，也談新新人類、文化改革、教育制度，以及藝文與社會的和諧關係、文學的理性與純粹性、博碩士生的出路、解嚴後的問題等等，可謂洋洋大觀。成果證明，兩個多小時的熱絡對話，海闊天空式的漫談，儼如一場世紀「文學的饗宴」。（註二）

次日，一九九四年十月十五日的《中央副刊》以整版篇幅刊登了「總統與青年作家共度一個文學的下午」特輯，以八篇文章組合，分別由八位參與的作家以各自的心得、角度撰寫。梅新〈總統會見青年作家的緣起〉之文，說明了這項活動的動機。籌畫來自一連串的激發，其中一個想法，甚至來自一張李登輝總統伉儷的遊湖照片（註三）。點點滴滴心思的累積，與交涉過程的繁複，促使《中副》企畫編輯成功達成了一場別出心裁的專輯製作。

除此，《中央日報》特以「李總統昨與青年作家茶敘時指出／政治革新是以老百姓為中心」為標題，搭配李總統接待作家們的照片，刊登於頭版報首，可見中央日報社對此項企畫活動的重視。

一九九四年十一月，《文學的饗宴》出版，出版者為「總統府發言人室」。內容以李總統登輝先生與青年作家談話的現場實錄為主，包含文學青年呈遞的訴求，還收納了「總統與青年作家共度一個文學的下午」特輯刊登的八篇文章，顯示了這場會談受到國家首府的重視。

事實證明，總統與青年作家共享的「文學的下午茶」，達成了梅新於策畫理想中所期待，成功營造了政治與文學進一步相容之氛圍。雙贏與和解的企圖心，使梅新相信當總統與作家相遇，彼此激發出的是一個平等的人文空間，對談內容應該是超越侷限的時代關懷。熱絡的迴響非比尋常，驗證了此專輯的顯著成效與可讀性，《中副》能見度的再提升，不僅為《中副》重啟了新扉頁，也為文壇製造了新話題。

可以預見的爭議隨之而來，如「御用作家」、「作家的政治秀」等耳語開始擴散，一位作家為之感嘆：「……秋日午後豔陽之下發酵變酸的勸勉告誡又將在我們的文學圈裡飄颺一陣子。」（註四）某種負面觀感的聲音，在文壇時而有聞，但不可否認的是，梅新為尋求文學、政治融洽而設計的破冰之旅，搭築了一座通往「冷漠的『宮殿式的總統府』」（註五）的人性化橋梁；梅新為副刊理想承擔時代的使命，以身示範。同時，《文學的饗宴》專冊的出版，完整記錄了「總統與青年作家共度一個文學的下午」的現場全貌，實況記載了涵括「文學青年」的所有提問，以及一位國家元首的回應與承諾，為時代保存了紀錄，為歷史留下見證，以及未來檢視的空間。

第二節　百年來中國文學學術研討會

一九七〇年代以降，文化副刊的多元形式樣貌中，學術研討會、座談會的活動舉辦，漸漸成為影響文壇功能、凝聚文學力量的行動項目。主流議題的醞釀，藉由研討會、座談會的傳播，成為副刊文化十分重要的窗口。如《聯合報》舉辦的「四十年來中國文學會議」（一九九三年十二月）、《中國時報》主辦的「張愛玲國際學術研討會」（一九九六年五月），兩場國際型會議的與會者，包括了兩岸及海外學者，發表論文各自彙編成《四十年來中國文學》（註六）、《張愛玲國際研討會論文集》（註七），為副刊文學文化留下重要資料、史蹟。

梅新主編《中央副刊》時期，《中央日報》的財力已今非昔比，人力、文化資源不能同日而語；與《聯合報》、《中國時報》兩大報比較之下，相對困窘。梅新因現實競爭考量，編輯路線雖採取與社會多元接軌走向，但仍然以文學理想為核心，堅持副刊的學術精神。一路以來，自一九八八年起，早先已為多位重要作家舉辦過「現代文學討論會」（註八），如潘壘（一九八八）、潘人木（一九八九）、鹿橋（一九八九）、周夢蝶（一九九〇）、彭歌（一九九一）、朱西甯（一九九一）、琦君與陳之藩（一九九一，同一場）等。場場會議「都經過精心設計，敦請學者與作家各提論文討論作品，映照不同角度的文學觀察。多篇論文後來成為經典，不斷輾轉被援引做為論據，也堪稱《中副》對文學、學術、文化的貢獻。」（註九）

梅新為使命所驅使，無顧於單薄的資源，費盡心思，繼之於一九九六年策畫籌辦了規模盛大的「百年來中國文學學術研討會」。於一九九六年六月一日至三日，一連三天，在台北國家圖書館國際會議廳成功舉行，並於會後安排海外作家的兩日環島旅遊，全程規模之盛大，被視為史無前例的創舉。受邀出席者含兩岸、海外，多達兩百餘位，其中中國大陸參與陣容堅強，尤其罕見，包括高行健、古華、張賢亮、北島、謝冕、陳思和、李澤厚、吳祖光、陳平原、夏曉虹、賈植芳、嚴歌苓、沙葉新、何啟治、劉登翰、王文平等重要學者、作家；發表專屬論文多達四十五篇。三天的研討會共分六場舉行，而以瘂弦主持的「副刊與中國文學」一場專題座談，壓軸閉幕。

會中播放的一段採訪錄影專輯「文壇耆宿專訪」，尤其引人動容。專訪對象有：台灣的蘇雪林、陳紀瀅先生，中國大陸的冰心、巴金、艾青夫人高英、施蟄存、蕭乾、辛笛、柯靈及曹禺等多位影響中國現代文學發展史之舉足輕重的作家。此專訪製作，來自梅新的親力親為。「為對資深作家表達敬意，《中副》主編梅新還專程親赴大陸錄製專輯，為百年來中國文學留下珍貴史料。」（註一〇）採訪專輯之旅的成行，距離「百年來中國文學學術研討會」的舉行，不到一個月。梅新於百忙之中，於五月匆匆親赴前往，千里迢迢揹著攝影機，到大陸北京、上海兩地，採訪了二、三〇年代中國文學史上極具影響力的資深作家。梅新不辭辛勞的心意是：「因為二、三〇年代是百年來中國文學最輝煌的年代，而且當代作家們年事已高，幾乎全是風燭殘年……錯過一次機會，可能就永遠沒有機會了。」（註一一）不忍老作家不聲不響，被遺忘在歷史裡，梅新要親自錄下中國現代文學開創先鋒們的身影，轉達大會的敬仰，向他們的文學貢獻致敬。

身懷文學人、編輯人的使命，梅新拚他一拚、不服輸的堅毅性格，總使他令人刮目相看。經費拮据、人力缺乏的窘迫情況下，短短幾個月內，能成功籌辦「百年來中國文學學術研討會」，「不可能的任務」的達成，顯然來自梅新企畫編輯理想的精神動力。事實上，梅新曾經無奈的表示，「《中國時報》辦張愛玲一個人的會議，文建會就給一百四十萬；我們《中央日

報》辦百年來中國文學的會議，文建會卻只給八十萬……」（註一二）

「百年來中國文學學術研討會」為兩岸文學文化交流，豎立了一個新的時代里程碑，隆重盛大的儀式，並非僅限於形式的表徵，實際達成了文學抱負的宗旨理想，乃為圓滿成功的真實意義：

百年來的中國經歷不同的轉折動盪，中國人倍嘗艱辛苦難，億萬人心靈掙扎，反映在文學中歷歷可證，在時代蔚成與文學本身演變發展的交互作用下，使我們的文學顯出了多樣的面貌。為了具體全面地呈現百年來的中國文學發展，我們邀請海內外及大陸學者作家共聚一堂，希望透過抽絲剝繭的研究與討論，彰顯其內在深刻的意義。（註一三）

百年一次的文學盛會，匯聚了四十五篇精彩論文的發表，可謂銜接了先行者的貢獻與傳承者的努力；如葉石濤的〈四十年代的台灣文學〉、龔鵬程的〈啟蒙之旅——從國民教育到國民文學〉、王德威的〈罪與罰：現代中國小說的正義論述〉、呂正惠的〈從「台灣鄉土文學」到「台灣文學」〉、張錯的〈自強與啟蒙：前五四文學轉型心態與現象〉、謝冕的〈文學滄桑一百年〉、賈植芳的〈中國近現代留日學生與中國文化運動〉、張賢亮的〈野鳥原音——兩岸、時日、百年〉、無名氏的〈烽火狼煙中的玫瑰——論抗戰時期的小說〉、羅青的〈從浪漫、現代到後現代——中國新詩八十年〉、莊信正的〈沈從文、張愛玲與生命的玄秘〉、唐翼明的〈從反叛異化到回歸本體──論大陸文學從「新時期」到「後時期」的演變〉、馮驥才的〈關於「中國文學」的概念〉、紀弦的〈百年來中國文學之成就〉等等。會議期間並安排有多場採訪，如繼朱光潛、宗白華兩位先驅，新一代的美學大師李澤厚的特別報導：〈比歷史更真實！──美學大師李澤厚吶喊人類另一次文藝復興的來臨〉（吳婉茹採訪整理）；種種豐富的內容，涵蓋之深廣，見證了中國文學百年來的衍進與滄桑，誠如與會的學者，北京大學中文系教授謝冕所言：「幾乎每一篇論文都是對於百年文學記憶的提醒。」（註一四）

發表論文、或講評的作家學者名單如下（註一五）：

美加：紀弦、北島、王藍、康正果、奚密、無名氏、王德威、劉再復、張錯、李澤厚、嚴歌苓、古華。

香港：許子東、黃子平、高信疆。

英法：高行健、趙毅衡、安妮·居里安。

中國大陸：賈植芳、謝冕、顧曉鳴、夏曉紅、劉登翰、姜雲生、吳祖光、虹影、劉樹森、林崗、陳思和、陳平原、陳忠實、沙葉新、張賢亮。

台灣：饒曉明、姚一葦、王國良、朱炎、司馬中原、林燿德、賴明德、齊邦媛、黃碧端、蔡文甫、周學武、龔鵬程、陳萬益、呂正惠、平路、羅青、李瑞騰、唐翼明、亮軒、焦桐、金恆杰、尼洛、游喚、彭小妍、胡耀恆、葉石濤、陳信元、許俊雅、沈謙、陳昭瑛、鄭恆雄、瘂弦、向陽、楊澤、梅新、顏崑陽、余光中、尉天驄、賴芳伶、南方朔、張恆豪、柯慶明、張健、康來新、楊昌年、陳曉林、張曉風、施叔青、王聿均、朱西甯、王文進、馬森、陳若曦、張素貞、黃慶萱、張漢良、馮驥才、李豐楙、黃海、何寄澎、黃永武、陳鵬翔、孫大川、李昂、貢敏、林明德、張啟疆。

梅新為文學服務的全心全力，體現於「百年來中國文學學術研討會」的舉辦，以文藝動員能力的極致發揮，將企畫編輯的創意落實於百年文學匯聚的行動，可謂空前創舉。

註釋：

註　一：「現代詩四十年發展研討會」，一九九三年八月二十九日於台北誠品世貿店三樓會議廳舉行，詩人鄭愁予主持開幕儀式，百名詩人參加。參考：《藝文月報》，一九九三年十月，頁四〇。

註　二：此處引用《文學的饗宴》書名。總統府發言人室：《文學的饗宴》（台北：總統府發言人室，一九九四年十一月）。

註　三：資料引用梅新敘述，〈總統會見青年作家的緣起〉，《文學的饗宴》，頁六五。

註　四：張大春：〈當作家遇見總統〉，《文學的饗宴》，頁六九。

註　五：同註三，頁六三。

註　六：張寶琴、邵玉銘、痘弦主編：《四十年來中國文學》（台北：聯合文學出版社，一九九五年六月）。

註　七：楊澤主編：《張愛玲國際研討會論文集》（台北：麥田出版，一九九九年十月六日）

註　八：參見張素貞：〈「現代文學討論會」與「鹿橋閑談」〉，〈投影為風景的再生樹──懷念梅新〉，《投影為風景的再生樹──梅新紀念文集續編》（台北：文訊雜誌社，二〇一七年十月），頁一八七──一八八。

註　九：同上註，頁一八八。

註一〇：「百年來中國文學學術研討會」專輯編按，《中央日報．中央副刊》，一九九六年六月一日，第一八版。

註一一：梅新：〈文星不墜，難忍其凋零〉，《中央日報．中央副刊》，一九九七年一月九日，第一八版。

註一二：柯慶明：〈斯約竟未踐〉，《他站成一株永恆的梅——梅新紀念文集》（台北：大地出版社，一九九七年十二月），頁九九。

註一三：參見「百年來中國文學學術研討會」邀請函，一九九六年。

註一四：謝冕：〈一百年才有一次的聚會——記「百年來中國文學學術研討會」〉，《中央日報．中央副刊》，一九九六年九月十日，第一八版。

註一五：參見「發表論文作家名單」，《中央日報．焦點透視》，一九九六年六月一日，第三版。

第九章 現代詩與《中副》——以「魚川讀詩」為例

歷來學者研究文學傳播相關論述，普遍不離文學與傳播的聯動性，誠如須文蔚教授於談論文學傳播與大學教育的關係時，即開宗明義強調說明：「文學和傳播本是同根生，只是隨著學術架構的分立，一度漸行漸遠。」（註一）梅新卻有所堅持，何況，於詩人主編的心目中，身為文學傳播之首的報紙副刊，對待這座詩的文學殿堂，豈容缺席？

掣肘社會文化潮流的推移演化，副刊的經營，成為報業行銷的影響因素，受制於文學小眾的困境中，梅新主編《中副》，對詩的貢獻仍有跡可循，如於專欄、專輯的製作中，可看出梅新的處心積慮。事實上，梅新主編期間除「中副詩選」的專欄製作，與現代詩相關的議題製作、研討座談等報導為數眾多。

現代副刊不以純文學為主，但副刊傳統的本質，保有絕對的文學地位，不可否認。

梅新主編《中副》近十一年，於〈中副十年〉的口述中，錄下了自己對中副時光的最後回憶。回顧主編《中央副刊》的文學理想，梅新無奈地表示，當然希望為文學盡一份心力，而身為詩人，自然更無法忘情於詩教、詩運的推廣。礙於現實，未能實現以文學為本位的副刊理想，顯然使梅新直到臨終，依然耿耿於懷，留下與「最初的心願是有點違背」以及「對詩的貢獻比較少」（註二）的未竟遺憾。

第一節　現代詩與《中副》

柯慶明教授表示，梅新先生主持《中副》，適人適所，並以竭力發掘當今各類典範人物的「血寫的詩」，肯定梅新對現代詩的積極耕耘：

他的現代詩人的敏銳，使他充分知覺當代生活的真實處境與獨特風情，因此能夠「唯陳言之務去」，避免了一些語言無味、觀念凍腐的作品。但是端直的性格，則使他深深以對社會的影響為念，以一種近乎「名教之中，自有樂地」的信念，「忙於搖醒希望的火把」，傳播種種積極正面的人性光輝。剛健博大，溫柔敦厚，原來就是歷久常新的美學風格與文化理想，遠非一時一地的流行或偏鋒所能動搖或取代。在日趨商品化而以「輕薄短小」為時髦的年代裡，梅新先生除了以公開的文學獎與私下的個人接觸鼓勵優良作品的寫作；更是主動出擊，充分的發掘當今各類典範人物的「血寫的詩」。（註三）

詩人洛夫認為，台灣現代詩的廣為流傳，歷久未衰，原因之一，是幾家大報副刊的主編都是詩人。詩人梅新主編《中副》，對詩的貢獻，洛夫有段相關敘述：

梅新擔任《中副》主編以來，他把這個園地推入了全盛時期，除了發表大量質優的詩、散文、小說等感性文章外，也不時刊出其他副刊最怕碰的文學評論文章和序言。《中副》的現代詩發表率也很高，這與梅新是一位眼光銳利的詩人絕對有關。（註四）

梅新能客觀選稿，對於詩的鑑賞能力也頗有自信，擢拔新秀詩人之外，對老詩人作家也相當尊重。洛夫且以自己投稿《中副》的例子，「測試」梅新處理現代詩的態度，寄去幾首實驗性的隱題詩，以及兩篇詩集的序言，結果不僅全文照登，而且都編排在第一順位的版位上。另一個例子，說明了梅新對詩的惜才「禮遇」。洛夫剛移民加拿大時，才到溫哥華，即碰上一場五十年的大雪奇景，詩人豈能無詩，當時寫成一組總題為「攝氏零下10°C的詩句」的作品，選了其中一首最長的〈初雪〉寄去《中副》。不出數日，〈初雪〉即以頭條刊出，詩後還附有「魚川讀詩」的評論。崇尚文章「輕薄短小」的副刊年代，梅新不僅錄用了這首連詩題在內、共計六十八行的長詩，還以最顯著的頭條位置刊登。足見梅新惜詩惜才，推廣典範詩作的用心。

第二節 「中副詩選」

詩人梅新畢竟無法忘情於文學。除了「小說大展」、「散文大展」，主編第一年就舉辦包含詩創作在內的文學徵文活動。梅新顯然對詩創作有相當程度的要求，連續徵了兩年，一直得不到好詩，「詩畢竟是一個非常高度藝術的文學作品」（註五），梅新認為徵不到好的作品的另一個原因是，一些著名的詩人、一些真正的高手未見參與。失望之餘，梅新開闢了「中副詩選」專欄：

> 將一些投來的稿子，無論是資深的、年輕的作家，只要我認為有其特殊性、有新風貌、新風格的，我就會選在「中副詩選」裡刊出。而比較普通的、一般性的詩，就做一般的稿子刊出。（註六）

梅新對於「中副詩選」嚴謹以待，強調不隨便刊登，一首詩的發佈，一定要有一定的水準。顯然製作「中副詩選」專欄，可視為梅新試圖為《中副》設立現代詩典範標準的努力作為。詩學的典範建構，與文學媒體相關影響，可參考傳播學者須文蔚教授之論述：

> 文學傳播向來與媒體的關係緊密，解昆樺（二〇〇四）就指出，文學典範內部中衝突與

融合的問題，如果能透過傳播情境加以分析，就能剖析出文學社群如何透過媒體建構自身典範。不僅如此，各個文學媒體典範間的差異背後，往往涉及文學社群面對政治文藝審查制度、商業營利機制的規範與排擠，所選擇的不同因應之道，方才構成不同詩學典範意義。（註七）

梅新關懷現代詩的前途，以個人詩觀出發，是否合乎「文學媒體典範」，並非梅新說了算數，但以宣揚現代詩的理念為出發點的專欄、專題、專輯製作創意，必然有其一定的影響價值。「魚川讀詩」專欄（註八），與「中副詩選」相互輝映，深具特色，因以為例。

第三節 「魚川讀詩」

「魚川讀詩」專欄的設計，是為配合「中副詩選」延伸推出的專欄。也可視為《中副》主編為回應入選「中副詩選」的佳作，針對詩中意象與奧妙之處，特別寫出的賞析、小評。透過副刊媒體傳播管道，提升能見度，同時為排除民眾對詩的閱讀障礙印象，梅新設計以千字以內短文，進行推介、賞析，使讀者能領受詩的美感，引起讀詩的興趣。「魚川讀詩」專欄首推於一九九四年五月二十五日，談的是「中副詩選」首推詩作——余光中的〈答紫荊〉，兩者並列出現，其間用心，可見一斑。

一、「讀詩」理念

「魚川讀詩」表面上形同「中副詩選」詩作的評論專欄，但因梅新不太重視理論框架，實際風格超脫了評論的嚴肅，而以非專業性論述之親切口語，細讀漫談的方式，帶領讀者走入詩的世界，故自謙為「讀詩」。洛夫說：「梅新的『細讀漫談』方式，又可分為『讀』，『談』，『評』三個層次。他『讀』詩相當細心，也很深入，不忽略語言與意象細微之妙，以及結構上的前後呼應，更能嗅出整首詩的氣氛，掌握一首詩的整體美，對一些基本的詩學理念都有較深刻的體認。」（註九）足見「魚川讀詩」的用心：

> 細讀可解，漫談則須略加解說；所謂漫談，並非漫無節制或散漫無章，而是不受評論文章固定格式羈勒的一種自由表達方式。他的筆桿繞著一首詩在轉，開始圈子放得大，七兜八拐，然後逐漸收縮，一旦切入問題的核心，便戛然而止，恰到好處。（註一〇）

事實上，「魚川讀詩」是梅新主編《臺時副刊》、《中副》以來，唯一在自己副刊上發表的專欄，也是梅新編輯副刊卻無法忘情「詩的最愛」的直接表述。「魚川讀詩」的理念建構，在於使讀者能領受詩的美感，排除閱讀障礙，引起讀詩的興趣：

就我個人而論，我是有心，希望《中副》能夠出現一些重要的詩作。我編副刊，一直無法忘懷於文學；我做過小說大展、散文大展，邀請過很多名家發表作品，只有詩這一環，我覺得總是做得不夠。所以我就推出「中副詩選」這樣一個專欄，從來稿中篩選一些詩作，另外以「魚川讀詩」的方式，寫出個人對那首詩的一些看法；希望做一點能引起大家注意力的事，也許可以使詩的創作轉移一個方向。（註一一）

二、化身「魚川」的詩意聯想

「魚川讀詩」的刊登初期，魚川是誰，令人好奇，引發議論，掀起敏感的詩壇一場轟動。事實上，「魚川」是梅新的化名，其來由於前述章節「梅新筆名」單元，已有詮釋，不再贅述。但梅新以「魚川」筆名回應「中副詩選」作品，欄目名稱背後，自有其特殊意義。「魚川」是梅新童年成長的一個村落，那裡裝滿梅新十幾年快樂時光記憶，令梅新終生難以忘懷。除了紀念故鄉的情深意義，對於梅新而言，「魚川」之名的文學美感，涵蓋了村名與環境之美的雙重視角：

我們家開門見山，門口下面就是小溪，小時候常在裡面摸魚。可是能夠就自然環境，抓住這兩個字做為村名，這不簡單，不是一般的農夫、種田人可以做得到的。我相信這些

名稱可能是很多當地的知識分子、教書先生的智慧結晶，而沿用下來。（註一二）

八、九〇年代傑出中堅青年詩人，受梅新邀請擔任過《現代詩復刊》的主編莊裕安，於梅新過世後表示，並不清楚梅新化名「魚川」的動機，但詩人的敏感，令他聯想起《莊子・秋水篇》「子非魚安知魚之樂」的典故，而隱約想像，梅新於繁忙中偷空閒讀一首詩時，必有魚游於川上的快樂（註一三）：

王國維曾經用另一種有趣的眼光，來看「莊惠之辯」：「濠上之魚，莊惠之所樂也，而漁父襲之以網罟」。這說法和舒伯特的歌曲〈鱒魚〉，有呼應妙處。莊子看到魚的快樂，其實反映他內心無愁鏡像。同一尾魚在漁夫看來，可能是毫無表情。舒伯特歌中的賞魚人，便怒斥捕魚人淌渾水「陷害」鱒魚。殊不知捕魚人若欣賞起鱒魚的曼妙游姿，便要壞了生計。（註一四）

莊裕安言下之意，十分贊同，甚至欣賞「魚川讀詩」專欄名稱的設計構想，其弦外之音，正巧符合詩人追求之嚮往境界。

三、私心中的詩心

於個人的副刊理想中，身為詩人的梅新，自然不免存在著對現代詩的「私心」，但其私心中的詩心，同時為《中副》於現代詩的推廣，帶來相當程度的影響。於六〇年代與梅新以詩結緣成為至交的資深詩人方思，表示梅新長久以來，存在著為詩播種的美好遠景，並指稱梅新當年致力於《現代詩》的復刊，同時存在著對「副刊」的寄望與灼見。一九八二年七月三十一日梅新寫給方思的信中，即已透漏將現代詩種植在大眾刊物土壤上的熱忱願望：「我個人卻有意使它（《現代詩復刊》）成為『現代詩的實驗室』，使將來很多進入文學史的劃時代的作品，都是由我們這個『實驗室』實驗成功，再移植到其他大眾刊物，如副刊等。」「中副詩選」與「魚川讀詩」專欄終於在一九九四年五月二十五日同步推出，雖為時稍晚，但仍可一窺梅新於《中央副刊》推廣現代詩的夢想的實現。

第四節 「魚川讀詩」專欄的結集《魚川讀詩》

梅新以「魚川」境界，讀賞他人詩境意象、融合自己主觀想像，字裡行間順當無礙於悠遊漫談中；「魚川」「讀詩」渾然天成，不賣弄理論，適合副刊大眾，易讀可感。因而，深獲海內外讀者的喜愛，並多次接獲迴響，使梅新倍感欣慰、鼓舞。編輯、創作，忙碌之餘，不忘鍾情一生的詩作推廣，「魚川讀詩」專欄，得以在《中副》出現，多少實現了梅新主編《中副》的文學願望，也展現了梅新「開風氣之先」的個人風格。

梅新於百忙之中為《中副》讀者「讀詩」，持續三年未曾間斷，遺憾的是，「魚川讀詩」隨著梅新的驟逝，陡然畫下休止符，迄至一九九七年，「魚川讀詩」專欄僅讀得詩作十九首（註一五）。事實上，梅新於七月下旬病情確診後，便親手整編兩本書稿，一本詩集《履歷表》，另一本即「魚川讀詩」專欄的結集《魚川讀詩》。張素貞對《魚川讀詩》的出版，有段誠摯的記載與補述：

他（梅新）在編務繁忙之餘寫下的「魚川讀詩」共有十九篇，自認足以成書了，這種另類詩論可讀可感，並不需要太厚。林黛嫚從他的寫字檯抽屜找到〈山村的「一天」，歷史的「一天」〉，是他對大陸詩人匡國泰詩作〈一天〉的評介，風格近似，雖然不是「中副詩選」，而是《藍星詩刊》一九九二年「屈原」詩獎第一名的作品，我樂於把它編入，湊足成數，二十雙滿。《魚川讀詩》邀請洛夫、莊裕安老少兩位詩人寫了序文，書中並收入他的口述錄音〈《魚川讀詩》話從頭〉。（註一六）

《魚川讀詩》在三民書局的竭盡所能之下，於一九九七年十二月二十五日，由文藝界舉辦的「他站成一株永恆的梅——詩人梅新追思會」上，正式面世。《魚川讀詩》中有洛夫為之作序〈序《魚川讀詩》〉，序文中對梅新的「魚川讀詩」專欄理念，有精闢詳盡的剖析，可供參考。

此外，《魚川讀詩》詩論集，由三民書局出版的另番特殊意義，值得傳頌。三民書局創辦人劉振強與梅新的情誼非比尋常。兩人因推動文學知識的理念雄心而相知，因命運的逆境坎坷中、奮勇成長的相仿經歷而相惜。文學中的珍貴情誼，令人動容。梅新夫人張素貞形容劉先生與梅新閒敘的話題可多了，並引用劉先生說的「細水長流，細水長流」（註一七）：

他們同樣珍惜現在，展望未來，又酷似地非常具有使命感。他們成為相當程度深交的朋友。梅新吸引劉先生折節下交的因素，我想肯定不是詩人的氣質，大約也不會是對新聞與文學緊密結合的編輯理念，應該是使命感中的一環——留些好東西下來，出版一些好的書籍。（註一八）

《魚川讀詩》的出版，列入「三民叢刊一七〇集」，封底的引薦文中，由一個編者的視角，觀察此專欄的潛移默化意義，並點出「魚川讀詩」的魅力：

身為一個詩人、編者兼文學愛好者，《魚川讀詩》的寫作，是希望藉著個人不鬆不緊、從容不迫的談論，從多角度的觀察，引領更多的讀者產生對新詩閱讀的興趣。《魚川讀詩》中評介的新詩，都是梅新在《中副》的投稿詩作中精選出來，比較適合用來引領讀者進入詩領域的作品；詩作者包括老、中、青三代，活動範圍擴展到海峽對岸及美國。

作者的目的並不是作新詩導讀的工作，書中絕少引經據典，賣弄知識，但文章中反映作者對新詩的觀點，卻很有積極的意義。梅新關懷新詩的前途，為詩壇許多偏差的現象擔憂，有心試試《魚川讀詩》的一點「新意」，能否刺激詩壇煥發出另一些美景？（註一九）

筆者以為，引介不失中肯，特予摘引。

註釋：

註一：須文蔚：〈序言〉，《台灣文學傳播論——以作家、評論者與文學社群為核心》（台北：二魚文化公司，二〇〇九年四月），頁六。

註二：〈中副十年——梅新的口述錄音〉，章光霽紀錄整理，《他站成一株永恆的梅——梅新紀念文集》（台北：大地出版社，一九九七年十二月），頁二一七—二一八。

註三：柯慶明：〈斯約竟未踐〉，《他站成一株永恆的梅——梅新紀念文集》，頁九六—九七。

註四：洛夫：〈我不風景誰風景〉，《他站成一株永恆的梅——梅新紀念文集》，頁八〇。

註五：同註二，頁二二〇。

註六：同上註，頁二二一。

註七：須文蔚，〈文學媒體與傳播〉，《台灣文學傳播論——以作家、評論者與文學社群為核心》，頁四八。

註八：「魚川讀詩」專欄首推，《中央日報．中央副刊》，一九九四年五月二十五日，第一六版。

註 九：洛夫：〈序《魚川讀詩》〉，《魚川讀詩》（台北：三民書局，一九九八年一月），洛夫序頁二。

註一〇：同上註。

註一一：梅新：〈《魚川讀詩》話從頭〉，《魚川讀詩》，〈《魚川讀詩》話從頭〉序頁一。

註一二：同上註，〈《魚川讀詩》話從頭〉序頁七。

註一三：莊裕安：〈出游從容，落筆翩躚〉，《魚川讀詩》，〈出游從容，落筆翩躚〉序頁一。

註一四：同上註，〈出游從容，落筆翩躚〉序頁四。

註一五：參見〈山村的「一天」、歷史的「一天」〉，《魚川讀詩》，張素貞編後記，頁一四二。

註一六：張素貞：〈細水長流〉，《投影為風景的再生樹——梅新紀念文集續編》，頁一八四。

註一七：同上註，頁一八三。

註一八：同上註，頁一八二。

註一九：梅新：《魚川讀詩》，封底文字。

第十章　結論：我不風景誰風景

出身農家子弟的梅新，始終不忘以父親的勤奮自勵精神督促自己，長久潦倒於人生道路上的人，更應該堅持夢想的追求，絕不允許自己在眾人面前倒下。梅新歷經坎坷，於飽受苦難之中，視勤奮、毅力為生命成長的動力、攀向人生夢想願景的絕對因素。梅新終因信念的堅持、自學的毅力，如願考上大學，畢業於中國文化大學新聞系。他的老師鄭貞銘教授，描述梅新這位「老學生」對知識追求的態度：「只有用苦學兩個字可以形容」（註一），見證了這位「老學生」勤奮的一面。

梅新的人生理想追求，來自文學的力量。從安頓自我，以至時代的憂心，將磨難、苦悶隱藏於詩中。詩人異於常人的生命體悟，驅使他必須面對殘酷的現實，梅新的親情與鄉愁，早已融入時代的風霜，他的詩作足以為時代的患難作出見證，而梅新的文學編輯軼事，則可謂與大時代悽惻與共，留下不可磨滅的變遷痕跡。梅新以詩自燃，與日月星辰同步發光發熱，以文學的力量撫慰心靈、支撐副刊志業的理想。由詩人的文學信仰中，我們有緣看見，梅新堅定著腳步，踏著時代的滄桑走來。

梅新逝後，《中央副刊》特別製作的「詩人梅新紀念專輯」，包括〈月光下，他站成一株永恆的梅〉，以及〈推動文學的先鋒，天真不悔的詩心〉等，表達了《中副》編輯團隊至深的追思與懷念。其中，洛夫以「我不風景誰風景」為題的悼念文章，至為醒目；梅新的成名詩作〈風景〉於一九六〇年代發表，詩中的詩句「我不風景誰風景」成為詩友間朗朗稱誦的口傳「風景」。梅新終究為推動文學、不悔的詩心，站成一株不畏風霜雨雪的、永恆的梅；「我不風景誰風景」儼如勵志標竿，依稀透露出些微梅新的雄豪自許。不隨流俗、求新求變的創造精神，是〈風景〉詩作的內涵，戰鬥人生的寫照。而事實上，梅新於文學推動全力以赴，於編輯志業盡心戮力，在在顯示其個性的堅毅，無論其間風景壯麗昂然，或蕭條悲涼，梅新皆能兀自成行，於漫漫人生路途，以風景創造出下一個風景。梅新二十世紀跨海來台，可以五個年代風景劃分如下：

之一、五〇年代（軍中勵志）：文學、知識、資訊涉獵。

之二、六〇年代（自學苦讀）：進修、專注於創作、參加詩社，文大新聞系畢業。

之三、七〇年代（文學熱忱）：文學刊物興辦、編輯、推廣，著作出版。一九七八至一九八〇年主編《臺灣時報．副刊》。

之四、八〇年代（鋒芒展露）：任職聯合報系、正中書局，復刊《現代詩》，創辦《國文天地》。一九八七年接掌《中央副刊》主編。

之五、九〇年代（風起雲湧）：主編《中央副刊》，帶動文壇風向，引領風潮。同時持續創作出版、推廣詩學、文學刊物，直到一九九七年十月辭世。

本研究，透過文獻紀錄、梅新自述文章、前人回顧、他人評論，以及筆者迻錄等種種資料，經由脈絡探悉，勉力完成詩人梅新主編《中央副刊》之研究論文。今就本論研究發現，予以整合歸納，將梅新致力於副刊編輯、文學發展的奉獻精神之下，殫精竭慮，鞠躬盡瘁，終其一生，所產生的時代貢獻與成就影響，綜合勾勒，做為本論研究成果報告。

一、為「老面孔」換妝的金鼎獎大編

梅新由苦難中行來，一步一腳印，歷經三十年的奮鬥，始能達成理想追求，登上志業高峰，成為重要文學媒體《中央副刊》的主編。梅新於面對異於民間報紙的《中央日報．中央副刊》，無法完全無視於「黨報」之原生色彩，難以做到「堅壁清野」，與正刊劃分界線；但梅新自有定見，以自覺的時代意識破冰啟航，以磅礡的氣勢，大刀闊斧的改革，以獨具風格的企畫編輯出發，投入時代編戰風雲，與《中國時報．人間副刊》、《聯合報．聯合副刊》並列，成為文壇最受歡迎的熱副刊之一。第一年即以「編輯金鼎獎」點燃了上任的第一把火，令人刮目相看。此後於十餘年任內，為《中副》連續贏得編輯金鼎獎共計四座，不僅突破前所未有的副刊紀錄，同時為《中副》的「老面孔」（註二）換裝，以全新時代風貌，重振《中央副刊》的社會影響力。

二、推動報導文學的先行者

梅新以文學人、詩人的出身為榮，但同時擁有新聞人身分，從事編輯工作。為了因應大眾需求的時代性副刊，捨棄純文學主軸，走向雜誌路線。文學創作與副刊傳播，畢竟仍是梅新的最愛，因此梅新經由擅長的「企畫編輯」，技巧轉換，秉持文學精神的守門原則，從事各式議題的開發報導，亦不排除時事、甚或政治的內容，而以報導文學形式，予以文類化，融匯貫穿於編輯理想之中。梅新克服現實需求考量，以文學形式底蘊，涵容多元內容於編輯副刊理想之中，編出一份適合大眾閱讀的現代副刊。

事實上，梅新採用報導文學的基本模式，克服多元議題的製作，於主編《臺時副刊》時期即已開始。經過多年的閱歷，梅新主編《中副》以報導文學精神貫注於企畫編輯的技巧，更加熟練，卓越的表現之中，精髓獨具的靈活風格，是受到讀者相當程度青睞的重要原因。眾所矚目的軼事，如「從北京到巴黎」的製作，囊括文學、戲劇、演藝等諸多領域，以報導文學形式製作專輯，轟動一時；又如「今天不談文學」專欄，以文學核心為副刊的最高理想，梅新為顧及社會文化現實，折衷以「不談文學」卻以報導文學的形式樣貌，跳脫嚴肅文學，將真實人、事、物的生活寫實，以文字魅力，展現故事的活潑性、趣味性，拉近與大眾的距離。

梅新主編《中央副刊》，擅長以多采多姿的獨特風格，為讀者開拓更廣闊的文學文化視野，也藉以報導文學形式轉換，推動報導文學，保存歷史文類、紀錄價值。

誠如李瑞騰教授所言：「梅新與高信疆、瘂弦齊名，成為報導文學的先行者，推動報導文學成為台灣最耀眼的文類，功不可沒。」（註三）

三、潛心於企畫編輯的浪漫詩人

生命的成長體悟，同時使梅新成為詩的「先行者」（註四）。梅新的編輯企畫靈魂，或可以詩人天性視角詮釋。梅新的副刊使命，隱含著詩人的天性，副刊精神承載著時代的憂心，由詩裡走出詩外，或默然一致，裡外契合。梅新於企畫編輯設計表現上，除理性思考的知識、學養、歷練等層面之外，不乏某種程度浪漫「詩心」的潛藏；詩的意象與美感象徵，往往成為賦予專輯、專題名稱的情感化元素，如總統蔣經國先生於一九八八年一月十三日逝世，次日（一月十四日）的追思「特輯」，標題為「今天，我們為他戴民族的黑紗」（註五）；一九九〇年春節的「馬年專輯」，標題則為「踢踏達達的馬蹄」（註六）；磅礡氣勢中流露的詩意美感，亦時有所見，如「第四屆中央日報文學獎」，以〈新芽破土、翔鷹展姿〉的主標推出（註七），「第六屆中央日報文學獎」暨「第四屆重建師生倫理」徵文比賽聯合揭曉的「專輯」版面，以〈旱地喜雨，湧動一條星河〉（註八）的標題呈現；諸多詩化元素、創意美感，盡在其中。

四、「春風吹生」的作家推手

梅新胸襟寬闊，對拔擢年輕人，尤其充滿熱忱，提攜青年作家無數。以《現代詩》復刊為例，自一九八二年創刊，於其主編的前八期的八、九〇年代之刊登詩作中，積極發掘出優秀詩人，如零雨、陳克華、鴻鴻等年輕詩人，新秀既已浮現，梅新於復刊第九期起，即刻放手將編輯任務交棒。一九八六年，零雨受到梅新的徵召擔任《現代詩復刊》主編任務，零雨回憶：「只不過戲為幾首詩，偶而幫忙校對，突然《現代詩》主編之責就落頭上來了。」（註九）零雨雖自謙「戲為幾首詩」，但顯然，她的獨特風格才華已為梅新所見。受梅新拔擢的青年詩人，可說無以計數，詩人的成名，除本身傑出，不可否認背後均有梅新的一臂之力，其中受梅新點召擔任《現代詩復刊》主編的著名詩人，前後除了零雨，還有鴻鴻、陳克華、莊裕安、羅任玲、曾淑美、楊小濱等。

為獎勵青年人從事詩的創作，《現代詩復刊》於一九九四年開始舉辦現代詩社「第一本詩集」徵獎，首屆得獎詩集為楊小濱的《穿越陽光地帶》（註一〇）。為鼓勵年輕人參加文學活動，梅新還認真舉辦研討、講談、座談會等各種活動。茲舉《大珠小珠落玉盤》為例，此報導文集為梅新主編《臺時副刊》時，為青年所舉辦的九場講談會的紀實內容，由龔鵬程編撰整理而成的報導文集（註一一）。當時剛上博士班的龔鵬程，透過黃慶萱老師的介紹，認識《臺時副刊》主編梅新，因而有機會協助梅新策畫的訪談與座談工作；因此機緣，龔鵬程教授的才華被梅新發現正著。「他給主編梅新的印象極為深刻，伏下後來承擔《國文天地》總編輯大責重任的因緣。」（註一二）

而《文學的饗宴》手冊的出版為另一明證，其中完整記錄了梅新引領青年作家與總統會談，一場前所未有的「文學下午茶」之實況報導。梅新為青年舉辦主持的青年作家座談，另有「新的省思、新的挑戰」（註一三），受邀主講的有蔡煌源、簡媜、張大春、陳克華、王安祈等青年作家。

因為受到梅新的鼓勵，日後有所成就的作家、詩人，無以計數，其中還包括副刊團隊裡、均屬學子青年的編輯成員。學者郭強生教授於〈中副的日子〉中回憶，梅新作風豪邁，編務繁忙之餘，栽培後進不遺餘力，對於副刊編輯的團隊訓練，自有一套。提到副刊訓練，郭強生回憶，做為梅新的編輯，工作不只是看稿發稿，還得親自下場採訪、企畫、記錄、撰稿：

> 梅新先生當年可謂用人大膽，我們同一個辦公室的一半以上從未接觸過副刊編輯工作。他真的就是一個一個教，母雞帶小雞似的，帶我們去拜會，去觀摹，去認路。常常在上班時間，他會突然走進來說，XXX，跟我出去一趟。結果就是跟著他坐上計程車，去中研院跟吳大猷先生喝杯茶，去余英時先生下榻的飯店聊聊天，或是參加一些開幕酒會什麼的，我那時還不過是剛出校門的大學生，於是學會了常常觀察他，多了解了許多應對進退。兩三個月後我竟然也就出師了，開始單槍匹馬跑新聞局、經濟部，或是拜訪文壇大老。（註一四）

於副刊團隊中，梅新當年培植的青年學子，還有今為學者的張堂錡教授、小說家林黛嫚等。林黛嫚因創作才華與工作撰述寫作能力，於一九八七年歲末進入《中副》團隊。林黛嫚回憶了應徵當下即被錄取的情景：

> 星期六的傍晚稍過，我走進八德路的中央日報大樓，《中央副刊》的主編辦公室，梅新主編站在辦公桌後，桌上亮著燈，我們在牆邊一几兩椅的沙發座面談，主編問我一些簡單的問題，似乎是履歷表上會有的內容，然後給我一張稿紙，說了一則事件，要我改寫成「藝文訊息」，這就是筆試了。我寫完後，梅新先生帶著那張稿紙離開一會兒，再回來時，他問我是否可以下周一開始上班。（註一五）

梅新主編的明快，除了識才經驗與智慧判斷，提攜栽培年輕人的熱忱心意，同時也昭然若揭。林黛嫚由基本編撰工作升至副刊副組長，工作表現，始終不負梅新的期待，一路以來努力不懈，於梅新病重關鍵時刻，得以無縫接軌，承繼主編重責大任，成為《中央副刊》「後梅新時期」（註一六）的接班人。

柯慶明教授稱讚梅新樂於鼓勵新秀、召喚「文壇逃兵」歸隊，培育青年的精神，以「春風吹生」形容，並表示當年許多就讀台大中文研究所的學生，因受到梅新的激勵而持續創作的，大有人在。柯慶明同時還比喻「梅新」名如其人：

梅新先生的筆名取得好，不但自己預報了早春的消息，「凍蕊凝香色豔新」；而且「忽然一夜清香發，散作乾坤萬里春」，更是要催促文壇的姹紫嫣紅開遍。（註一七）

詩人零雨，對於梅新的去逝多所感慨，於追悼會訃聞中之「梅新事略」特別強調：「他獨具慧眼，能在沙礫中挖掘出珍珠，許多文學後輩在他的鼓勵之下，開啟了創作的動力，這是他最引以自豪的事。」（註一八）足以說明梅新胸襟寬闊，毫不藏私的個性。梅新盡心盡力栽培具創意的青年詩人，造就具潛力的優秀作家，可謂文學路上的一大貢獻。

五、以生命追逐文學的理想家

梅新從事文學創作之外，積極推動文學刊物的出版，積極作為，成果斐然。一手編輯、一手推動文學出版，包含刊物的復興、創辦，以一九八五年創辦的《國文天地》最具代表性。除此，《中國現代文學大系》、《中國現代文學年選》、《詩學》的創辦，皆於梅新的積極籌創下，與瘂弦聯手成功出版發行。於諸多其他刊物的貢獻心力，如《中外文學》、《聯合文學》的發想以至誕生，亦有跡可循。

詩人紀弦於一九五三年創辦的《現代詩》，於一九六四年二月停刊。熱愛現代詩的梅新認為，《現代詩》「改寫了中國現代詩史，將中國的現代文學運動浪潮，帶上一個至高點。」於是心心念念，期望「它對中國文學的發展還要繼續的影響下去」，促成了《現代詩》的復刊。一九九一年《年度詩選》面臨停刊命運，也在梅新的高聲疾呼、馬不停蹄的奔走之下，得以續刊，迄至今日。

回溯二十世紀七、八〇年代，熟悉台灣文學發展動向的文壇、學界、知識分子，對於梅新的文學推動事蹟，當可如數家珍。不可或忘的奉獻軼事，尚有《新月》月刊的翻印。基於《新月》在中國新文學方面的成就與貢獻，新詩體的創發，為現代詩播撒下永續發展的種子，梅新突破禁忌，甘冒「通匪」風險罪名，於戒嚴時期的一九七〇年代，將已成禁書的中國現代文學雜誌《新月》有計畫的全套翻印出版；周全的呈現，包含了刊首延請梁實秋先生為文數千字的書序〈新月與詩〉，以及專訪葉公超先生對《新月》的回憶紀錄。一九七七年，《新月月刊》於寶島重見天日，歸功於梅新熱愛文學的激發，因其豪邁的膽識，為台灣文學發展史上填補了斷層篇章，銜接上中國文學一脈相傳的重要史頁。

詩人洛夫形容梅新總有能耐，使陷入熄燈命運的文學刊物「起死回生」：

> 他使停刊多年的《現代詩》重新出發，而內容之豐富，風格之前衛，尤勝當年。前幾年爾雅出版社突然宣布停編「年度詩選」，的確給詩壇帶來一陣子震撼。不久梅新出面……當年要不是梅新登高一呼，這個詩選怕就難以敗部復活了。（註一九）

梅新為文學大業，突破戒嚴禁忌，甘冒「通匪」風險的事件，另有其例，其貢獻顯著，值得一提。柯慶明教授於懷念梅新的〈斯約竟未踐〉文中回憶梅新幫助葉嘉瑩老師「銷案」的往事：

當時葉嘉瑩老師雖然早已成為加拿大的居民，但卻因於民國六十一年前後回北京探望病重的伯父，寫了〈祖國行〉一詩，而在戒嚴時期上了黑名單，由文工會通令，不准再刊登任何葉老師的文章。（註二〇）

葉先生的著作成為禁書，更無法踏進台灣一步。梅新先生卻費盡心思，想方設法經由正中書局編輯部上簽呈陳請，終於把舊案銷除。正中書局出版了葉嘉瑩老師的鉅著《唐宋詞名家論集》，接著葉先生終於可以回台講學、開會、演講；柯慶明教授感念梅新對葉先生的一番用心；「不但自己重溫舊夢，連我們後輩的學弟們也一樣可以沐浴在葉老師春風化雨的丰采中。」（註二一）

梅新自一九六九年踏出文大校園至一九九七年，為文學出版、推動，竭盡心力，實現文學理想，憑就詩人梅新的貢獻氣魄，不惜奉獻生命，以生命追逐文學的理想家稱之，當不為過。

六、構築夢想的行動派詩人

梅新以其洞察力、企畫力，經由副刊媒體的文學傳播機制，帶動文藝風潮。梅新的編輯作風，氣度寬宏，向以創新風格，落實目標理想，歷來掀起文學風潮之事蹟，不一而足，一九九六年的「百年來中國文學學術研討會」可為詩人梅新企畫壯舉的代表例證。受過梅新「副刊訓練」的郭強生讚嘆梅新的魄力：他總在盡力用遜於友報的資源及人力，做出毫不遜色甚至更勝一籌的副刊。事實上，梅新是在人力、物力雙缺的窘困情景下，憑著毅力堅持，成功舉辦了百年一次的文學盛會。聚集了兩岸三地包括國內、海外各華文領域兩百多位重要作家、學者，收集論文共四十五篇，實屬難能可貴的創舉，卓越成就，留下鐵證。

梅新以自身的熱力，點燃逐漸黯淡的《中副》光芒，熱副刊精神的再創，猶如時代的火炬，文學、傳播雙軌的交會碰撞，激盪出一股強勁的時代動力，同時為《中央副刊》重新拾回對社會的影響力。企畫創意，不勝枚舉，其中「中副下午茶」的設計推出，令人至今難忘，實為掀起文壇旋風的另一則夢想實現。洛夫形容「詩人作家，不是只會幻想，把腦子裡的現實建立在沙灘上的人。」此言所指，乃行動派浪漫詩人——梅新主編，洛夫並以一九六八年開張的「現代咖啡屋」為例：

梅新擅於創業，台灣詩壇文壇幾件影響深遠的大事，不是他首倡其議，便是他一手促成，最遠的例子是一九六八年年初由梅新發起，徵集詩人、畫家、作家等籌畫一家咖啡屋，籌備會是在一場牌局上召開的，記得參加的有梅新、羅行、姜穆和我。詩人作家不是只會幻想，把腦子裡的現實建立在沙灘上的人，不數月，在梅新吆喝募股，吳東權、羅行策畫之下，我命名的「作家咖啡屋」，終於在六月間於台北西門町開張營業了。（註二二）

「現代咖啡屋」的故事流傳至今，梅新於文藝青年時代的夢幻身影依然存在，將文學與咖啡結合，或許是當年「窮小子」天馬行空的夢想，但「現代咖啡屋」的夢想成真，足以象徵梅新的積極樂觀，勇於挑戰，大事小事，均全力以赴。一九九六年，梅新促成了「中副夢咖啡」的開張，開在報社進門右側落地窗邊。林黛嫚說：「一個咖啡館以副刊為名，即使不是絕後，也一定是空前的創舉，可見當時《中副》受報社重視的程度」。「中副夢咖啡」宛若當年「現代咖啡屋」的復活，是夢想的延續，也代表了梅新迎接另一個築夢計畫的決心，為「中副下午茶」的活動舉辦，搭建了一個基本的安身之處。

誠如洛夫所言，梅新不是只會幻想，把腦子裡的理想建立在沙灘上的詩人。事實上，梅新是善於在沙灘上構築浪漫夢想、卻也勤於以實際作為，將夢想化為現實，堪稱難能可貴的行動派詩人主編。

七、掀起風潮的文學守門人

梅新自一九八七年二月上任，迄至一九九七年十月辭世，於工作崗位上，實際穿越了政治解嚴前後的歷史關鍵重要時刻，全程參與了報禁解除後十年的時代變遷。

儘管解嚴、解禁為民主尺度帶來相對寬鬆的自由空間，《中央日報》長久以來，為中國國民黨「機關報」喉舌的濃厚黨政色澤，仍然難以輕易消褪，《中央副刊》的黨報原生色彩，依舊如影隨形，致使梅新於解嚴前後敏感階段，備受檢視，成為醒目焦點。時代巨變時刻，於特異時空座標軸上，梅新意圖扭轉《中副》刻板印象，挽回《中副》往昔的社會影響力，形同挑戰；梅新的副刊守門人處境，不同於其他報紙副刊主編，可想而知。

背負著《中央副刊》的黨政包袱，僅守「中正和平、樂觀奮鬥」（註二三）的優良傳統，梅新以樂於挑戰、勇於破舊的現代精神，面對閱眾需求，一則以守門原則恪守分際，盡忠職守，護守《中副》純淨形象；另則以創新風格「超越」理論，打造獨特的守門框架，開風氣之先，於多元議題開發、多樣化活動設計的靈活表現上，織就出別具風情的時代風景，引領文壇風向，掀起時代潮流。梅新的行止作為，於副刊編輯對文學發展的深刻影響，誠然映證了須文蔚教授的論述：「一個卓越的編輯人，是可以掀起文學風潮的。」（註二四）

八、銜接古典與現代的歷史傳人

《中央副刊》的「副刊」《長河》版，為延伸《中副》版面的不足，涵括文史知識領域、學術研究發展而創版，對於史料的發掘、當代文學的彙集、國學經典的傳承、資料保存的整理與回顧，有相當程度的貢獻。柯慶明認為，對於當代文學史料的貢獻影響，是梅新主持《中副》

的一項重要成就；而相關的現代文學論題，潛藏於重要作家、社團相關訪談，以及自述或文友的回憶之中，存留下來的早年照片，都是寶貴的第一手重要資料。「它們不但立體化了個別作品與作家的創作背景，而且彼此參照時，往往更可以使我們對於當時的整個文學處境與時代風貌，有一種親切的了解。」（註二五）

梅新主編《中央副刊》，力求達成與時代脈動接軌的任務，不忘身懷中華文化使命，將現代人文意緒鎔鑄、銜接於傳統內涵之中，於生生不息的傳承、循環之下，進一步延伸追求現代化的精緻。資深傳播學者鄭貞銘教授，對於學生梅新耕耘《中央副刊》的文化價值，予以肯定：

> 梅新對報紙是有使命感的，「傳播取向的文學社會學」可能是他的理想，他認為文學副刊不僅體現某些文化價值、規模，更應該是進一步鞏固和傳播這些價值的重要工具。（註二六）

誠然，梅新主編《中副》，於副刊新潮思維中，同時不忘放大格局，鎔鑄古典與現代內容於一爐，悠悠展現後古典風情，以期與時代人文思緒翕然相互呼應。《長河》版的開闢，兼顧現代與古典的特色，對於文學、學術、文化的貢獻，於歷史長河中，產生了時代銜接的發展意義。

九、但開風氣不為師

梅新上任不到五年，即連續奪得四座副刊編輯金鼎獎，顯然，其編輯貢獻受到極大的肯定。但梅新不以擁有四座金鼎獎的成就為滿足、沉醉於金鼎獎大編的頭銜光環中而駐足。梅新曾經提到：「不再『犯錯』是老化的象徵。無論做事或創作，我每天都鼓勵自己設法『犯錯』。」（註二七）梅新的「設法犯錯」，無異於勇於嘗試，梅新的大無畏實驗精神，常見於企畫編輯的巧思中；投注於文學學術面向的活動創舉，廣為人知的，莫過於一九九六年，無顧於單薄的資源，費盡心思策畫籌辦的「百年來中國文學學術研討會」創舉。

大時代的微妙變遷中，梅新開風氣之先的行事氣魄，除了「百年來中國文學學術研討會」的舉辦，促成兩岸文學文化的明顯交流成果以外，於大陸探親政策開放的議題提倡，亦一馬當先，於敏感時刻，積極破冰解凍、促進文學交流。為探親開放而製作的專欄，不可不提，「探一探返鄉路」開放了時代傷痕的溫情園地，提供了紓解鄉愁的撫慰功能；而於華文作家作品的開發上，亦可見於「中央日報文學獎」的舉辦中，除了鼓勵國內文學愛好作者創作，還親力親為，鼓勵海外作家，激發華文創作潛能，因而發掘了流亡海外的大陸新秀如嚴歌苓等作家。此外，值得一提的是，高行健獲得諾貝爾文學獎的殊榮之前，梅新即展現了慧眼識英雄的本事，對其作品、畫作予以特別關注，除了深度採訪，並製作特別報導；種種軼事，證實梅新於兩岸文學、文化交流上的貢獻，不容忽視。

以「堅持有其必要」為精神指標、以「但開風氣不為師」為終生座右銘的梅新，以不斷開發、創新的實驗精神，為文學傳播效命，展現文學大業的企圖心，可以一窺梅新的生命高度。以詩人、新聞人、文學家、編輯人的各個視角而言，梅新自有理想、堅持，堪稱多方位的先行者與理想家。

十、梅新的歷史定位

論及詩人梅新的文學人生階段，早年即熱衷文學創作、編創工作，現代詩作品風格獨特，自成一體。然而，於文風鼎盛、「文星」掛帥的六、七〇年代，梅新的名聲並不響亮，梅新不在文藝青年「追星」的名單之列，當與台灣幾十年來的新詩發展現象有關，早年，大家較為重視超現實的繁複意象，相對於華麗語言的形式追求，梅新的詩顯得平淡而未受到應有的重視。梅新當時於社會、坊間的知名度不高，但始終堅持，默默耕耘，數十年如一日。梅新夫人張素貞教授感傷的回憶，梅新於一九九七年七月下旬得知病情後，出奇的冷靜，除了不肯放棄工作之外，積極開始計畫一本詩集以及《魚川讀詩》的出版，並口述錄音，交代「中副十年」（註二八），直到臨終，依然執念於副刊的編輯與理想。詩人的天生浪漫，於大行前自己妥貼整理成冊的兩本著作《履歷表》和《魚川讀詩》上，表露無遺，默默為愛妻留下的字跡——「給素貞」，訴說了一生一世的情愛。

梅新的編輯事業成就，其企畫理念多少與詩人性格有關，文學傳播編輯與現代詩的推動雙軌進行，終有所成，聲譽鵲起，引來文化、出版、傳播各界的關注。身為內斂的詩人，梅新藉詩抒發、興嘆、影射、言志。作為一個副刊編輯人，梅新則以文學的柔性力量，接受、面對，企圖轉化社會現實的紛紛擾擾，以激發時代前進為使命。

梅新為人豪邁、坦率，跳脫主編高高在上的形象架勢，親和意象成為梅新主政副刊的成功因素之一。與作家、讀者，前輩、後進互動密切，為他人作嫁衣裳（註二九），於豁達真誠的往來中，廣結人緣；以敏銳的洞察力，從事文壇新秀的發掘，無時無刻不念及編輯工作，隨時掌握機會爭取邀稿、促成訪談。時間不分公私，全心全力投入。編輯會議的進行、完成，工作場所隨時可以彈性延伸至報社附近的咖啡店、小吃館，方便作者、受訪者，也方便於餐會後無縫銜接盡速回報社繼續工作。分分秒秒的投注工作，連假日也不輕易奢擲，將自家客廳變身為編輯會議的開會場所。林黛嫚形容：「梅新主編家的客廳也稱得上半個文壇」（註三〇），所言甚為貼切。

梅新戮力從公，破除民間對《中央副刊》扞格不入的黨政刻板印象，引領《中副》形象的重塑，發揮文學傳播、教育成長、倫理價值等層面的多重影響，深具穩定教化的社會功能意義。梅新肩負鞏固與前瞻的雙重時代使命，敞開心胸，主編《中副》的文化工作上，全心傾注，突破保守，展現出大開大闔的格局高度，成功達成《中副》理想目標，重拾《中副》對社會的重要影響力。

梅新殫精竭慮，終因勞累過度，罹患癌症，發現時為時已晚，自確診至離世，匆匆不到三個月時間。即使命運何其殘酷，梅新不曾抱怨、流淚，因為他沒有時間悲哀。梅新於病重之際，自覺時日不多，即刻著手打理來不及完成的工作，諸如：積極求醫、未曾放棄治療；自行整理編排詩集、詩論「遺稿」；口述錄音「中副十年」，表達對《中副》歲月的回顧與展望；口述錄音「魚川讀詩話從頭」，表達對「魚川讀詩」專欄的發想理念；抱病出席主持「青年詩人創世紀現代詩講談會」；親赴報社，打點安排副組長林黛嫚接任主編事宜；為鼓勵新手作家的首本新書，抱病親手寫序。

而依然如常掌握機會，關注生命議題，進行邀稿，更令人難以置信。資深新聞工作者韓濤先生，於悼念梅新的文章裡，提及於一九九七年九月應邀赴大陸成都參加「國際熊貓節大會」前，曾前往《中副》編輯室探望梅新，留下兩人最後的交談。韓濤描述，當時絲毫看不出梅新的健康異狀，略作傾談之後，梅新在作別時還督促他：

> 熊貓是瀕臨絕種的稀有動物，但大家從紀錄片中或實地看見過；祇是中國大陸對環境保護與生態保育的實踐與成果，你返台後，不妨就見聞所及，寫點東西給《中副》；只要是人類都該重視的問題，應該沒什麼好忌諱的。（註三一）

自一九九七年七月二十四日診斷為癌症末期，至病逝的十月十日，僅兩個半月。梅新倉促離世之前，面對生命盡頭，面不改色，留下的是一個堅強、灑脫的身影。梅新依舊心懷使命的情操，熱情不減的媒體英雄本色，於大行前與韓濤先生的最後一席話中，自然展露無疑。梅新直到逝世前十天才真正躺下，詩人洛夫不禁感嘆：

梅新是一塊鐵，如此之忙碌磨蹭，勢必要擦出一身火花來，但過於殫精竭慮，身體精神大量透支，再加以主持《中副》編務時，其長期的工作負荷，又焉得不積勞成疾，以致不起。如說梅新的一生，小而言之是獻給了《中央日報》，大而言之是獻給了台灣整個文壇，甚至文化界，並不為過。（註三二）

梅新主編的《中副》，除了呈現現代文學文化的傳播功能，亦於中華文化的鞏固與傳承，甚至倫理、教育意義的省思，付出相當的勞力與心力。於文學傳播副刊精神的影響成果，可受公評。於台灣文學發展史上，呈現的文學史料貢獻，經得起考驗。主編《中副》近十一年的價值顯現，儼然標誌出梅新的某種深層心意與精神高度。

曾經輝煌的大副刊時代，不容磨滅，於副刊發展史上竭盡心力、有所貢獻的副刊大編，不容遺忘。本研究透過梅新兒少成長、文學人生、編輯志業、副刊精神等種種事蹟，進行層層梳理，以期再度重現詩人梅新主編歷經血汗洗染的傳奇身影。歷史不容遺忘，詩人梅新與主編《中央副刊》的理念特質與實踐作為，其整體表現，堪稱跨越二十世紀八〇與九〇年代、一部色彩鮮明的斷代文學小史縮影。本論文寄望梅新深耕文壇的努力、為《中央副刊》付出的所作所為，以至於影響副刊文化的發展所造就的深遠影響，得以受到應有的重視。是以，筆者願以棉薄之力、盡己所能，期能以探究所得，拋磚引玉，以激發對梅新於副刊企畫編輯、副刊文學發展等多層面向之後續研究。同時，祈盼梅新畢生對文壇的積極貢獻，於副刊文化發展進程史上，獲得應有的定位，以及適當的歷史評價。

註釋：

註一：鄭貞銘：〈不僅是老兵，也是大將！——梅新與報紙副刊〉，《他站成一株永恆的梅——梅新紀念文集》（台北：大地出版社，一九九七年十二月），頁一七四。

註二：參見〈中副十年——梅新的口述錄音〉，章光霽紀錄整理，《他站成一株永恆的梅——梅新紀念文集》，頁二一九。

註三：李瑞騰：〈文藝編輯學導論〉，楊宗翰主編：《大編時代：文學、出版與編輯論》（台北：秀威資訊科技公司，二〇二〇年九月），頁二一。

註四：「先行者」一詞乃瘂弦所言，在梅新先生紀念會上，他稱讚梅新的作品有「預見性」，超越同輩詩人。參見羅任玲：〈秋日之約——「懷念梅新．讀梅新詩」紀念會側記〉，《投影為風景的再生樹——梅新紀念文集續編》（台北：文訊雜誌社，二〇一七年十月），頁六四。

註五：蔣總統經國先生逝世特輯「今天，我們為他戴民族的黑紗」，《中央日報．中央副刊》，一九八八年一月十四日，第八、九版。

註六：「踢踏達達的馬蹄」，《中央日報．中央副刊》，一九九〇年一月二十五日，第三版。

註七：〈新芽破土、翔鷹展姿〉，《中央日報．中央副刊》，一九九二年一月六日，第一六版。

註　八：〈旱地喜雨，湧動一條星河〉，《中央日報．中央副刊》，一九九四年一月十五日，第一六版。

註　九：零雨：〈從復刊第九期說起〉，《投影為風景的再生樹──梅新紀念文集續編》，頁二一二。

註一〇：楊小濱：《穿越陽光地帶》（台北：現代詩社，一九九四年九月）。

註一一：參見張素貞：〈《大珠小珠落玉盤》──《臺灣時報．副刊》的當代名家談藝錄〉，《投影為風景的再生樹──梅新紀念文集續編》，頁二三二。

註一二：張素貞：〈略談《臺灣時報．副刊》梅新主事的企畫編輯〉，《投影為風景的再生樹──梅新紀念文集續編》，頁二四九。

註一三：「新的省思、新的挑戰」，青年作家座談會，《中央日報．中央副刊》，一九八七年三月三十日，第一〇版。

註一四：郭強生：〈在中副的日子〉，《投影為風景的再生樹──梅新紀念文集續編》，頁二六六──二六七。

註一五：林黛嫚：〈轉換跑道〉，《推浪的人》（台北：木蘭文化公司，二〇一六年十一月），頁二四。

註一六：林黛嫚以「後梅新時期」謙稱自己擔當《中副》主編的階段，並稱「接下主編的重責大任，每一樣學習都來自梅新主編的訓練」（林黛嫚：〈《中央日報》副刊主編風格析論──以孫如陵、梅新為討論中心（一九六一──二〇〇六）〉，楊宗翰主編：《大編時代：文學、出版與編輯論》，頁五四）。

註一七：柯慶明：〈斯約竟未踐〉，《他站成一株永恆的梅──梅新紀念文集》，頁九六。

註一八：零雨：〈梅新事略〉，《他站成一株永恆的梅──梅新紀念文集》，頁五。

註一九：洛夫：〈我不風景誰風景〉，《他站成一株永恆的梅──梅新紀念文集》，頁八〇。

註二〇：同註一七，頁九五。

註二一：同上註。

註二二：同註一九，頁七八──七九。

註二三：封德屏：〈花圃的園丁？還是媒體的英雄？──台灣報紙副刊主編分析〉，《世界中文報紙副刊學綜論》（台北：聯經出版公司，一九九七年十一月），頁三五三。

註二四：須文蔚：〈文學傳播的意涵與研究主題〉，《台灣文學傳播論——以作家、評論者與文學社群為核心》（台北：二魚文化公司，二〇〇九年四月），頁四九。

註二五：同註一七，頁九八。

註二六：同註一，頁一七五。

註二七：隱地編：《備忘手記》（台北：爾雅出版社，一九九五年一月），頁一四二。

註二八：參見張素貞：〈訴〉，《投影為風景的再生樹——梅新紀念文集續編》，頁一三九。

註二九：同註一七，頁九七。

註三〇：林黛嫚：〈往來之間〉，《推浪的人》，頁二一一。

註三一：韓濤：〈副刊世界的墾拓者——愴惻憶梅新〉，《中央日報．中央副刊》，一九九七年十月三十一日。

註三二：同註一九，頁七九。

附錄一：梅新相關背景編年紀事

一九三四　十二月二十三日出生於浙江省縉雲縣三公彥村。

一九三七　梅新母親於分娩過程中難產過世。

一九四四　梅新父親因病過世。

一九四九　隨外祖母來台後，入伍軍中（據梅新親人回憶，實際來台可能稍早於一九四九年）。

一九五五　於軍中壁報上，發表第一首文學作品〈啊，故鄉啊〉（壁報詩體）。
夏，第一首現代詩〈殞星〉，發表於《現代詩》第一〇期。
六月，於《創世紀》第三期，發表詩作〈孤獨〉。

一九五六　加盟「現代派」（紀弦創辦的「現代詩社」）。
經由紀弦介紹，與詩人辛鬱於金門當兵時結識。
以章益新本名，開始於《南北笛》詩刊發表詩作。

一九五七　自金門調回台灣。報考「退除役官兵轉業國民學校師資訓練班」（師訓班），上士文書退伍。

一九五八　「師訓班」結業，被分發到台北縣石門鄉阿里磅小學校教書。五月，詩作〈星的命運〉的靈感，成為梅新人生命運的重要轉折。

一九六五　參加「創世紀」詩社。

一九六六　與張素貞女士結婚。

一九六九　中國文化大學新聞系畢業。任職《幼獅文藝》月刊，擔任編輯。

一九六〇年代末　曾任職《中華文化復興月刊》。

一九七〇　邀約許世瑛口述筆錄《論語二十篇句法分析》，分篇刊載於《中華文化復興月刊》。從六月一日第三卷第六期起，至一九七三年四月一日第三卷第六期陸續刊完，整理修潤，由台灣開明書局出版，更名《論語二十篇句法研究》。九月，第一本詩集《再生的樹》，淡江文理學院驚聲文物出版社出版。

一九七二　一月，與瘂弦聯手合編《中國現代文學大系》，巨人出版社出版。詩集《再生的樹》獲六十一年度教育部文學獎。任職《聯合報》，從事校對、改稿，其後由基層工作擢升至《聯合報》新聞版、家庭版。

一九七三　高信疆首度擔任《中國時報．人間副刊》主編。

一九七六　八月，與瘂弦聯手合編《中國現代文學年選》，巨人出版社出版。

十月，與瘂弦聯手合編《詩學》雜誌第一、二輯，巨人出版社出版。

一九七七　十一月，《新月月刊》「重刊」，雕龍出版社（梅新、商禽、顏元叔合創）出版。

《學文》重印，有葉公超序〈寫在學文重印之前〉（一九七七年十一月）及〈梁實秋作序〉（一九七七年九月）。

瘂弦擔任《聯合報》副刊主編。

一九七八　高信疆二度重返《中國時報》主編《人間副刊》。

三月，第一本散文集《正人君子的閒話》，大漢出版社出版。

擔任《臺灣時報．副刊》主編。

一九七九　六月，《椅子》詩集，成文出版社出版。

一九八〇　因人事更動，離開《臺時副刊》。返聯合報系任《聯合副刊》編輯、《民生報》負責專版編輯。

四月，《詩學》第三輯，由成文出版社出版。

一九八一　赴正中書局任職編輯組長。

一九八二　升任正中書局副總編輯。

一月，文學論集《憂國淑世與寫實創新》，時報文化出版公司出版。

六月，《現代詩》在停刊十八年後，因梅新提議下復刊，梅新同時身兼發行人、社長、主編三職。

一九八三　「年度詩選編輯委員會」成立，《年度詩選》創辦，爾雅出版社出版。

三月，《中國時報．人間副刊》主編高信疆離職。

一九八四　十一月一日，《聯合文學》創刊。溯其淵源，是因梅新建議《聯合報》董事長王惕吾先生創辦之大型文學刊物（參見梅新：〈漫談編輯副刊〉，《聯合報系月刊》（中華民國七十三年六月號，一九八四年六月十日）。

一九八五　五月，詩、散文合集《梅新自選集》，黎明文化公司出版。

六月一日，《國文天地》創刊，擔任社長。

一九八七　二月，接掌《中央日報》副刊中心主任及副刊組長，並兼職《中央日報》主筆、副總編輯。

七月十五日，台灣解嚴、開放黨禁。

獲「副刊編輯金鼎獎」（第一次）。

一九八八　一月一日，報禁解除，開放大陸探親。

一月一日，《中副》推出《長河》版，藉由通俗化、趣味化、故事化的文史掌故，尋求屬於現代中國人的生活觀。

一月十三日，總統蔣經國先生逝世。李登輝以副總統身分繼任總統。

七月，李登輝總統正式出任中國國民黨黨主席。

九月三十日，《中央日報》創刊六十周年，首次舉辦「中央日報文學獎」，揭曉專輯名為「欣見聲浪駭岸來」。

一九八九　獲「副刊編輯金鼎獎」（第二次）。

一九九一　獲「副刊編輯金鼎獎」（第三次）。

爾雅出版社宣告《年度詩選》停辦。

獲「副刊編輯金鼎獎」（第四次）。

一九九二　六月十三日，「文化風信」：四十年來第一次，《中央日報》到大陸頒贈文學獎。

梅新發起《年度詩選》續辦，改由現代詩季刊社出版。

十二月，詩集《家鄉的女人》，聯合文學出版社出版。

一九九三　四月，報導文學《從北京到巴黎》，文經社出版。

八月三十日，「《現代詩》四十年發展研討會」於台北誠品世貿店舉行。

十一月，《梅新詩選》出版，中國北京：作家出版社。

一九九四　五月二十五日，《中央副刊》推出「魚川讀詩」專欄，為梅新實現宣揚現代詩的副刊理想的重要里程碑。

十月十四日，以文學下午茶的模式，以「總統會見青年作家」為主題，由《中副》主編梅新策畫、帶領張大春等八位青年作家，至總統府與總統李登輝先生座談。

十一月，總統府發言人室出版《文學的饗宴——李總統登輝先生會見青年作家》。

一九九五　十二月二十二日，《中央副刊》刊登梅新與高行健（諾貝爾文學獎得主）進行的一場精彩對話：〈「全方位」文學家高行健——找尋心中的靈山〉，分兩天刊出。

一九九六　二月一日，《中央日報》「中副書屋」、「中副夢咖啡」隆重開張。

三月二十三日，李登輝先生當選中華民國第一次公民直選總統。

五月，為「百年來中國文學學術研討會」親赴北京、上海，採訪現代文學重要耆老冰心、曹禺、艾青夫人高英、蕭乾、施蟄存、柯靈、辛笛；並錄製文壇耆老影像紀錄片。

六月一至三日，舉辦「百年來中國文學學術研討會」，邀請兩岸三地重要學者、作家共兩百餘位出席，規模龐大，創文壇紀錄。會場並放映文壇耆老影像紀錄片。

一九九七　五月，散文集《沙發椅的聯想》，三民書局出版。

七月二十七日，梅新抱病參加「創世紀詩社」舉辦的「青年詩人創世紀現代詩講談會」，分別由瘂弦、梅新、張默主持。

九月十七日，因病請辭副刊組長、主編，由原任副組長林黛嫚女士接任。

九月，口述遺錄〈中副十年〉（刊登於《中央副刊》，一九九七年十一月一日）。

十月十日下午，積勞成疾、鞠躬盡瘁，病逝臺北榮總，享年六十三歲。

十月十二日，《中央副刊》特別製作「月光下，他站成一株永恆的梅——詩人梅新紀念專輯」，表達對梅新先生的追思與懷念，刊出梅新未發表的詩作手稿〈從和平飯店出來〉，以及具代表性的詩作〈賞月人〉，「而他生前給文友的最後一封信中，首度提及自己的病情，在徵得收信人詩人薛林同意後，本刊節錄部分內容刊出，可謂彌足珍貴。」此外，多位文友追思文章也一併刊登，包括：商禽〈你是聽了誰的呼喚？〉、管管〈不凋之梅〉、向明〈地球的眼睛〉，另有「名家詩評」——多位名家評論梅新詩作，以及戴瑜輯〈梅新傳略〉。

十二月，張素貞主編《他站成一株永恆的梅——梅新紀念文集》，大地出版社出版。

十二月二十五日，遺著詩集《履歷表》，聯合文學出版社出版。

十二月二十五日，文藝界舉辦「他站成一株永恆的梅——詩人梅新追思會」。

一九九八　一月，梅新品賞詩作的文集《魚川讀詩》，由三民書局出版。

十月十日，遺著《梅新詩選》，爾雅出版社出版。

二〇一七　十月，張素貞主編《投影為風景的再生樹——梅新紀念文集續編》，文訊雜誌社出版。

二〇二一　十月，龔華碩士論文《詩人梅新主編《中央副刊》之研究》，文訊雜誌社出版。

附錄二：張素貞〈詩人梅新追思會致答辭〉

各位親朋好友，各位文壇先輩，各位年輕朋友：

今天非常感謝文藝協會、新詩學會、《中央日報》副刊、現代詩社、創世紀詩社、藍星詩社、台灣詩學季刊社聯合籌辦了這個別開生面、溫馨感人的追思會。對梅新來說，他少年孤苦，從成長、奮鬥到為社會奉獻的過程中，都靠的是朋友。

這一次的追思會，張默、辛鬱、向明到家裡來弔唁的時候就已經提起，最近開籌備會議，現代詩社的鴻鴻、零雨也參加，各位看現場的佈置充滿現代詩人的創意，這便是我們年輕詩人鴻鴻的傑作。

從梅新檢查出病情，到病情急遽惡化，那段緊張、惶恐、慌亂的時期，我非常感謝龔華和零雨，她們幾乎像家人一樣，龔華為我分擔鉅細靡遺的瑣事，零雨不惜金錢心力引薦果菜療法，而林黛嫚就逐步挑起了主編《中副》的重擔。梅新匆匆走了，這一段為他辦理「身後事」的時間，差不多就和陪他對抗病魔的時間一樣長。事情很多，心思很亂，謝謝許多親友的安慰與協助，大家商量為他還願，把《履歷表》和《魚川讀詩》出版，商請余光中、瘂弦、洛夫、莊裕安幾位詩人朋友撰寫序言；幾位都是詩壇大家，在百忙之中，在非常匆促的時間內趕稿，為梅新的作品增添光彩，這是我應該感謝的。聯合文學出版社承接了《履歷表》的出版印刷，使梅新的前一本詩集《家鄉的女人》有了姊妹。初安民主編為求完美，特意請楚戈設計封面，楚戈是名畫家、書法家，本質上雖是詩人老友，他還欠著梅新一幅字畫；但是他揮毫書寫了梅新訃告在先，現在又趕出了封面設計，仍是我應該感謝的。三民書局的劉振強董事長一聽梅新生病了，就設法安排去看有名的中醫；提到梅新有書要出版，一口就承諾，《魚川讀詩》便跟著《沙發椅的聯想》，成了梅新在三民叢書中的兩本著作。林黛嫚、龔華、魏芬在十一月十七日到家裡來，談起一個多月來報刊媒體上文友們紀念梅新的作品不少，又大都是名家，很值得彙編出版。這樣短暫的期限，難得姚宜瑛大姊慷慨答應由大地出版社全力協助，《中副》美編魏芬設計了三種封面。零雨和光霽挑選了其中把照片經過藝術處理的一種，書名就用《中副》小友們構思的《他站成一株永恆的梅》。在極為迫促的期限裡，適逢年關最忙碌的季節，還要講究許多條件，我們的出版界居然為了配合今天的梅新追思會，聯手趕工，為梅新出版了三本書，這中間，包含了許多文友和文化人對梅新的厚愛，要感謝的人實在太多了，謝謝大家。

關於《他站成一株永恆的梅》這紀念文集，作者四十人，都是文壇名家高手。稿源主要來自報刊的專輯設計，總共《中央日報》副刊兩輯三天的稿件，另外《中華日報》副刊、《文訊》雜誌、《現代詩》、《創世紀》、《台灣詩學季刊》、美國《美中新文藝副刊》都製作了專輯，而部分個別投稿則刊登在《中央日報》副刊、《聯合報》副刊、《中華日報》副刊，以及《國文天地》、《新聞鏡》、《明道文藝》等雜誌。葉維廉的稿子談到梅新寫詩的風格，那是我為了《魚川讀詩》的校對和他聯絡，他傳真過來的。這些詩文呈現梅新各階段生活中的多種層面，辛鬱作主把詩文分開，依姓名筆畫排列，其實它們獨立成篇，各有重點，也互相有聯繫，這本紀念文集等於台灣文壇的縮影。《文訊》主編封德屏向我提供幾篇補充的梅新研究資料，紀念文集都收錄了，就可惜尹雪曼先生懷念歐陽醇老師及梅新的文章來不及排印了；而在美國的莊因，還針對高大鵬的紀念文章做了迴響，龔則韞和張鳳女士也有悼念文章，沒有收錄，我把它們在會場展示出來，表達我的一點謝意。

關於梅新生病的情形，文友中有人臆測，以為他拒絕做複檢、放棄進一步治療，其實不是，各位可以參考龔華的那篇〈有詩未竟的遺憾〉。只是我們夫妻倆都很天真，很無知，料不到他的病情會那麼凶險。被西醫放棄了，趕緊找中醫；有西醫鼓勵治療了，又不肯放棄任何機會；但機會已經從我們在兩大醫院遊走中消逝，我們爭不過命運。生病以後，雖然失去了飛揚的神采，在你面前，他照常忙碌，照常說說笑笑地，你也只好跟著他如常地過著日子。他一直沒有沮喪洩氣的樣子；只有在第一天住院檢查的夜晚，被疑慮困擾著，他交代萬一有什麼不測，火葬，他說。他在詩中大談身後事，可是一直沒有談到他自己的身後事。想說些敏感的話，常選擇你比較不會傷感的地點，譬如和他一起正等紅綠燈要過馬路的時候，他說：「以後怎樣，你要如何」等等。那些療養的日子，除了堅持還要上班，除了吃藥、吃小麥草、苜蓿芽、胡蘿萄，努力加餐飯之外，他忙著口述錄音，詩還是他最重要的、最關心的事。就在他接受住院化療的前一天，他還約了現代詩社的年輕詩友和林泠一起消磨了一個下午，各位可以看看那張他跟詩友三代合拍的照片，那是他在人間世留下來的最後容貌。那天是九月二十一日，星期天。他平常寫詩，靈感來了，隨便抓紙就寫，〈履歷表〉就寫在西餐廳的餐巾紙上。後來我發現，他有詩雜記，是一些詩的初稿；「閒情筆記」是其中之一，會場上各位可以看到〈夜〉和〈夜的底層〉這兩首詩起草、塗抹、以至於定稿的手跡；另外他有「詩筆記」，以工楷謄錄自己的作品，並寫有後記，說明寫這首詩的緣起、經過，以及發表的報刊、發表後的情形。非常謝謝管管在梅新臨走的前一天，老遠再跑去醫院陪他，不僅幫忙光霽安撫有些昏亂的病人，跟峰源（按：張素貞妹婿）合力扶著他到窗邊看風景，還跟龔華一起陪著梅新尋覓詩句。他的腳步是快了些，林黛嫚的懷念文章裡提到：「他沒有和我道別。」我知道，許多老友、小友後來去癌症病房探望他，他也沒有道別。他只是要你不必擔心。鄭愁予詩〈在你火葬之前〉有句註文說：「梅新生前很愛惜他濃鬱的美髮。」確實是。由於化療太晚了，沒有任何效果，相對地也沒有掉頭髮的副作用，他是好好戴著滿頭濃鬱的美髮到另一個世界去了。

非常感謝各位把難得的美好假日，用來陪著我追思梅新生活的點點滴滴。梅新熱愛詩，關懷文學，熱愛朋友，他樂觀開朗，做起事來永遠不知疲倦；他既然沒跟大家道別，就請大家記得也許他還在忙碌，他還在關心著我們好了。新年就快到了，我在這裡虔誠地祝福各位：新年萬事如意！謝謝各位。

（「他站成一株永恆的梅——梅新追思會」，一九九七年十二月二十五日。〈追思會致答辭〉，現場由梅新女兒章光霽朗讀。）

附錄三：梅新與《聯合文學》

《聯合文學》於一九八四年十一月一日，以文學雜誌月刊形態正式推出，可謂開創了台灣文學刊物的新紀元，引來社會的極大關注。《聯合文學》聲明：

> 秉持作者、讀者、編者三位一體的思考，以「作」、「讀」、「編」三者共有、共治、共享為出版宗旨，鼓勵文學創作、傳承文學傳統、匯整文學資產。《聯合文學》始終主張「文學不應只是少數文學人口的奢侈品，而應是全民生活的必需品」，希望能將文學普及化，融入人民的生活中。（《聯合文學》網站http://unitas.udngroup.com.tw/history/history.html，二〇二〇年一月二十八日上網）

於《聯合文學》周年會上，發行人張寶琴女士的〈周年感言〉，對《聯合文學》創刊以來，於中國文學雜誌領域創下的傲人紀錄，有所著墨：

第一批《聯合文學》創刊號兩萬本在市面上開始發行，三、四天之後，《聯合文學》臨時辦公室內的電話響個不停，各處書報攤、書店，都紛紛要求補書……同時，長期訂戶的劃撥單，從十月廿七、廿八日開始大量湧進，十月廿七日五百張，廿八日六百張，三十日一千三百張，卅一日一千一百張，至十一月三日止，就有五千名訂戶，這兩萬本書除了市面零售之外，尚有兩千多名訂戶的書，無法按時寄出，怎麼辦呢？「再版一萬本」，十一月五日「欠與歉」的啟事廣告刊出，為了「欠書」而向讀書「致歉」。一本嚴肅的文學雜誌能有這樣的市場反應，不是新的紀錄嗎？（原載於一九八五年十一月一日《聯合文學》第一三期）

《聯合文學》為非通俗性的文學雜誌，創辦之初即能擁有一萬多名長期訂戶，訂閱熱絡現象，於文學書籍而言，實屬罕見。

本文於梅新開拓文學發展影響層面，研究發現，《聯合文學》的發軔淵源，實與梅新不無關聯。《聯合文學》的構想，可以溯源自梅新的建議。幾筆線索，分述如下，以供後續研究者參酌：

（一）一九八五年，梅新於〈小傳〉（《梅新自選集》，一九八五年，頁一〇）中，記述了自己於聯合報系的履歷，包含一九七二年進入《聯合報》，做過校對、改稿工作，擔任過新聞版、家庭版和副刊編輯；除此，亦曾進入隸屬聯合報系的《民生報》擔任編輯；種種經歷，顯示梅新與聯合報系關係深厚。但關乎《聯合文學》，梅新僅輕描淡寫、稱自己「現在又在新創刊的《聯合文學》中忝列了個名字」。

（二）一九九二年，有別於〈小傳〉中的輕描淡寫，關於自己與《聯合文學》，梅新在聯合文學出版社為他出版的詩集《家鄉的女人》「後記」中，卻有段陳述，頗似語重心長：

> 我的這本詩集，由聯合文學雜誌社為我出版，列為聯合文學叢書，是我感到最欣慰的事。我與《聯合文學》關係深厚，該刊是因我一篇發表在聯合報社內刊物的文章（〈漫談編輯副刊〉，《聯合報系月刊》中華民國七十三年六月號，一九八四年六月十日）而創刊的，我對它有一份很深的情感。它是目前台灣發行最廣，刊登創作最多，最具水準的文學刊物。如假以時日，好好培養作家，誠誠懇懇耕耘，未來的文學史必從它開始寫起，我認為一本有歷史使命感的刊物，一定要從培植自己的作家著手，只靠少數的幾位成名作家的支撐，絕不能成大局。幾年來，該刊已培植出不少新秀，令人欣慰。該刊的發行人張寶琴女士，是聯合報副董事長王必成的夫人，原本可以過十分寫意的生活，現在卻終日要為《聯合文學》操勞，都要怪我這個始作俑者。（〈與朋友書——寫在詩集《家鄉的女人》之後〉，《家鄉的女人》，聯合文學出版社，一九九二年十二月十五日）

（三）一九九三年，梅新有意無意，再次提示自身於《聯合文學》創刊計畫中的角色任務：

> 我一向瀟灑，不習慣收存文件，但最近整理抽屜，卻發現《聯合文學》創刊時的計畫案和《現代詩》的復刊會議紀錄，竟放在一只牛皮紙袋裡，妙不？《聯合文學》是因我在一篇文章中倡議而創辦的，所以創刊計畫亦由我草擬，沒想到至今已成為文壇上的一份重要刊物。我雖然多事，但想來也頗為安慰。（〈《現代詩》復刊緣起〉，「《現代詩》四十年紀念專輯」，《現代詩》復刊第二〇期，一九九三年七月）

實際上《聯合文學》的產生，來自梅新這位「始作俑者」一篇文章的建議，可謂眾所周知。如一九九七年梅新逝世，文訊雜誌社封德屏社長於撰述梅新生平時也曾提到：

> 民國七十四年，又兼任《國文天地》雜誌社社長。這本刊物與民國七十三年創刊的《聯合文學》一樣，是梅新提議並參與籌畫的刊物。（〈梅新小傳〉，《他站成一株永恆的梅》頁八，原載《文訊》別冊第五號，一九九七年十一月）

封德屏社長為文化史料資深工作者，此言當可佐證。至於刊載「梅新提議」之確切刊物，推估僅屬內部通訊、交流的刊物，但因時日久遠，難以證實。經查，梅新曾在「聯合報社內刊物」《聯合報系月刊》（中華民國七十三年六月號，一九八四年六月十日）上，以本名章益新發表的〈漫談編輯副刊〉文中，以「拋開傳統的包袱」議題，論及時下全民化副刊的趨向，隱喻了遭擠壓的文學空間：

我是個從事文學創作的人，站在個人對文學愛好的立場，當然希望報紙副刊永遠維持高水準的文學刊物的形態。但是事實上已經不可能。

副刊不再「純文學」的態勢，文學是否瀕臨「死亡」？對應令人憂心的文學處境，梅新於〈漫談編輯副刊〉文內，提出興辦文學刊物的見解與構想，向《聯合報》系大家長董事長王惕吾呼籲，並提出懇切的建言：

但是《聯合報》系除了擁有五份影響力廣大的報紙之外，還有多種不同類型的期刊和出版公司，對國家文化的宏揚顯有一肩挑的雄心和抱負。但唯獨缺一本高水準的文學刊物。文學是少數人的事業，文學刊物也必定是賠錢貨。但是一個詩句可以傳誦千古，一部《紅樓夢》可以使全中國人感到驕傲，一冊薄薄的《愛彌兒》可以使千年的王國毀於一旦，三十多年前大陸的淪陷，也與當時那些搞黨政宣傳的昧於對文學的無知關係密切。因此，我主張副刊不再走純文學的路，是基於我對報業發展的認知。至於文學對社會民眾生活思想取向影響的重要性，豈是能疏忽的。因此我建議董事長王惕吾先生創辦一份大型的文學刊物。這份刊物如果辦成功了，它將是影響中國文學長遠發展的千秋大業，即使一年賠一百兩百萬，也是值得的，董事長！

高大鵬卻於弔唁文〈揮淚遙送風之旅〉中形容，梅新「提倡有功而擔綱無分」。文中相關描述，引人遐思，幕前幕後，各自解讀的空間，隱隱浮現：

梅新在聯合報系是老人了，其實我也是的。而我們正式共事則是在《聯合文學》出刊的第二年。當時發行人張寶琴女士找我去任總編輯，我雖忙難以兼顧，但是基於和報系的老關係也就銜命上任了。不料才上任就發現辦公室裡有張不快樂的臉——那就是詩人梅新了。而每次社內開會他總要鬧鬧脾氣、罵罵人，不知為什麼那麼不愉快。不久以後我才知道，原來《聯合文學》的誕生，是他的一篇文章促成的，提倡有功而擔綱無分，也難怪他心裡沒有辦法平衡了！（〈揮淚遙送風之旅〉，《他站成一株永恆的梅》頁一〇六）

依據《聯合文學》創刊號版權頁所顯示，社長兼總編輯為瘂弦；編輯部：梅新列六位主編之首，和簡媜並列第一排（創刊號至第七期）。第八至十二期，加列副總編輯：丘彥明，係由主編群提升；梅新列為企畫主任。至於《聯合文學》總編輯一職，未由發軔推手的梅新擔任，引來議論，但其背後考量因素，不在本文研究範圍之內。無論如何，以筆者淺見，就「提倡有功而擔綱無分」而言，相對於名分的計較，以梅新文學熱忱的性格著眼，自身無以親力親為，參與一場精彩可期的文學推動，才是梅新真正遺憾介懷的原因。

畢竟，《聯合文學》自創辦迄今，始終居於台灣文學的重量級文學、人文雜誌地位，如願成為文壇主流刊物。而其興辦信念，如發行人張寶琴於發刊詞上所言，「我們深信，文學不應只是少數文學人口的奢侈品，而應該是全民生活的必需品。」終究呼應了梅新初始的見解：「文學對社會民眾生活思想取向影響的重要性，豈是能疏忽的。」《聯合文學》所發揮的影響力至深至廣，可謂不枉當年梅新任重道遠的構想期待。

梅新所言：「《聯合文學》是因我在一篇文章中倡議而創辦的，所以創刊計畫亦由我草擬，沒想到至今已成為文壇上的一份重要刊物。我雖然多事，但想來也頗為安慰。」言猶在耳。

附錄四：梅新時代中副小史備忘錄：《中副大事記一九八七——一九九七——梅新vs.中副》

一

一九九七年歲末（十二月三十日，星期二），《中央副刊》一則編按向讀者們預告，為迎接新的一年，特別精心擘畫了數個特輯，其中「中副的過去、現在與未來」單元，邀請與《中副》頗具淵源的老、中、青三代作家、學者座談，共同為《中副》的回顧與前瞻，作一宏觀性的研討、審視。「告別九七迎向九八」的刊首標題，象徵一個新時代的圖騰，為創報屆滿七十周年的《中央日報》豎立起一個嶄新的里程碑。展望未來的同時，回顧往昔，緬懷一個個時代的銜接，尋回文學進程的足音。為此，《中副》也特別設計了「中副大事記」單元，原本構想用意，是為呈現《中副》七十年的整體面貌縮影，然因年代久遠、歷經變遷、資料散逸，「中副七十年」的整輯工作談何容易。評估之下，甫才接任《中副》主編的林黛嫚女士決定，

「中副大事記」的編整範圍縮減為迄自政府遷台的一九四九年（民國三十八年）至即將告別的一九九七年。然而，當我們經由負責管理資料室的上官阿姨的協助，進入資料保存室開始工作時，卻發現積存了近五十年的副刊整頓工作，絕非有限人力在一兩個月內可以完成。何況因年代久遠，紙張不僅泛黃，甚至有些報章紙質已有碎裂、腐脆現象，在必需一張張翻閱抄錄的情形之下，深恐對珍貴文物資料造成損傷。經過種種評估，我向林黛嫚主編建議，退而求其次，先以近十年的《中副》大事記為譜，著手整理「中副十年大事記」。「一九八七—一九九六中副大事記」終於在一九九八年一月五日如期登上《中副》版面，而於一九九八年二月十九日刊載完畢。這份大事記將解嚴十年以來，《中副》於副刊文學文化史上所盡的努力以及文壇軼聞、走向，對關心《中副》的讀者與作者們作了一重點式的縮影交代。

二

就個人心意方面，因為筆者有幸於一九九四年成為《中副》作者，並且由梅新主編時代開始幸獲參與採訪、撰述、報導的機會，幕後支援協助工作雖微不足道，但卻促使筆者於文學路上有所成長。為感念難能可貴的因緣際會，於所見所聞之中，念及二十世紀下葉政治解嚴以至後解嚴時期，梅新帶領《中副》乃革新關鍵時刻，當有其歷史軌跡價值，值得存留。職是，筆者於《中副》載完了四十六輯的十年〈中副大事記〉之後，接著將梅新先生辭世前的最後一年，也就是民國八十六（一九九七）年的《中副》，也作了遺補，而將彙輯範圍延伸到一九九七年底。梅新雖於一九九七年九月中因病離開工作崗位，於十月辭世，但於接下來的日子裡，副刊上出現的稿件、項目，仍有部分為梅新生前所安排的邀稿與設計單元，同時紛紛而至的悼念文章，篇數頗為可觀，內含種種梅新軼事的回憶，形同史料，足以收藏保存。是故，筆者將〈中副大事記一九八七—一九九六〉原本的年限，擴充為一九八七—一九九七，以期呈現梅新主編《中副》將近十一年的整體面貌。雖然，十一年裡日日刊載、共計約四千號的副刊內容，無法一一條列完整無瑕，但仍值得欣慰的是，副刊重點欄目、內容的摘要，畢竟保存下梅新主編時代的《中副》樣貌縮影；梅新企畫編輯的創新精神、風格色彩，或可從中窺探一二、有所洞悉。《中副大事記一九八七—一九九七——梅新與中副》備忘錄，自行印製，從未發行，純屬個人珍藏，以副刊「文學日記」編年方式誌之，純為時代見證於萬一。

三

再度憶起那段歲月，翻閱《中副》十一年、四千多頁的足跡，保存了《中副大事記一九八七—一九九七——梅新與中副》，但相對於深邃的歷史長廊回音，渺小而不足掛齒。然就個人意義，當年一一翻閱、抄寫，卻為筆者留下向歷史致敬的身影。那段整輯工作的時日，我總在午後驅車前往八德路上那棟淺綠色大樓，一路上渴望著副刊一頁頁的驚喜、資料保存室內的文學氣味；報社大樓依稀象徵著那時代的精神堡壘，至今依舊回響著歷史的春秋。資料室內的靜寂肅穆，阻絕了大樓外的嚴冬，我以一顆莊嚴敬重之心，一筆筆謄繪那時代的榮耀。當一行行文句在指間滑過，十一年來文壇的點點滴滴盡在眼前，以至多少次因撫觸文學心而動容、而低迴。翻完了四千多頁的《中副》，那一畝畝版面的風華卻是負載了多少編輯人的心血，那盡忠職守的文學搶灘，以及十一年來的風雨無阻……

備註：

一、《中副大事記一九八七—一九九七—梅新與中副》，原手冊封面標題為《中副大事記一九八七—一九九七——梅新vs.中副》，乃以《中央副刊》林黛嫚擔任主編時代所製作、筆者編撰之專輯「中副大事記（民國七十六年至八十五年）」為藍本，遺補以梅新主編最後一年（一九九七年）的《中副》內容綱要，以臻梅新主編《中副》年代的重要記事趨於完整，聊具《中副》斷代小史備忘錄的功能。

二、體例：日誌年表，備忘體例的編年方式，按年月日紀錄。自行收錄筆者抄錄之四千多日的《中央副刊》內容摘要，以最簡約的文學年表形式編輯，以手冊形式印製而成。十六開本。大事記內容主文，一四二頁；記事年表主文前，含有自序〈感念〉，二頁；筆者後記「我與中副」：〈在文學路上重新歸隊〉，一頁；附錄：梅新口述〈中副十年〉，四頁；〈感謝詞〉，一頁；全冊共一五〇頁。

三、自印，未出版，一九九九年九月三十日。彙編：龔華，設計排版：魏妤安。

附錄五：《詩人梅新追思會》紀錄片

一九九七年十二月二十五日，文壇舉行「他站成一株永恆的梅——詩人梅新追思會」，筆者予以全程錄影，並經後製剪輯成一小時紀念影片，珍存保留，但並未出版。

「他站成一株永恆的梅——詩人梅新追思會」辦得十分用心，不同於一般的追悼會場，以詩人遺稿和生活照片來替代鮮花，以小提琴伴奏、演出梅新的詩來替代哀樂、祭文。為了使大家這樣的用心也一併保存下來，作為永恆的紀念，於是我以現場實況為藍本，將場景延伸，把手邊存留的採訪、紀錄及文壇影像資料，加上林黛嫚主編提供的活動照片，以及張素貞教授（梅新夫人）所提供的生活錄影、照片等，彙集起來，備用剪輯，委請專業傳播公司，後製而成。為了慎重起見，製作過程中，每個畫面的剪輯、細節的意見，個人均親往參與，終於錄製出為時一小時的《詩人梅新追思會》紀念錄影帶。

完成這卷紀念集的製作，已是民國八十七年農曆年後的三月（一九九八年三月）。除了理所當然的致贈梅新夫人張素貞教授、至親，「詩人梅新追思會」主、協辦單位以外，贈送對象還有梅新文壇好友如余光中、瘂弦、張默、辛鬱、楚戈、管管、碧果、向明、高行健、嚴歌苓、封德屏、林黛嫚、莊裕安等。一張留影照片的再現，提醒我那日是一九九八年春天，為了將《詩人梅新追思會》紀念錄影帶親自送上，我邀請梅新老師生前幾位親近的詩友到天母聯誼社午餐，餐後我們再到天母磺溪畔的「雅堤咖啡」聚敘，話題圍繞著詩人梅新的點點滴滴，那也算是一場小小型的追思會吧！

（龔華製作，未發行銷售，協助剪輯、錄製：台北，正一傳播公司，一九九七年十二月二十五日錄影，一九八八年三月完成後製。）

中國文化大學

碩士學位論文

詩人梅新主編《中央副刊》之研究

研究生：龔　華

經考試合格特此證明

口試委員：朱雅琪

林黛嫚

李李

何致和

須文蔚

指導教授：須文蔚　何致和

所　　長：王俊彥

口試日期：中華民國 109 年 12 月 07 日

徵引文獻（依字首筆畫順序排列）

一、專書

卜大中：《昨日報——的孤狗人生》（台北：允晨文化公司，二〇一九年九月）。

中央副刊：《百年來中國文學學術研討會論文集》（台北：中央日報社，一九九六年六月）。

方漢奇主編：《中國新聞事業編年史》（福州：福建人民出版社，二〇〇〇年）。

向明、張默主編：《八十一年詩選》（台北：現代詩社，一九九六年十月十五日，三版）。

林黛嫚主編：《中副與我——中副在台五十年紀念》（台北：中央日報社，一九九九年二月）。

林黛嫚：《推浪的人》（台北：木蘭文化公司，二〇一六年十一月）。

林淇瀁：《書寫與拼圖——台灣文學傳播現象研究》（台北：麥田出版，二〇〇一年十月）。

林海音等著：《風雲三十年》（台北：聯經出版公司，一九八二年六月）。

洛夫、張默、瘂弦主編：《七十年代詩選》（高雄：大業書店，一九六七年九月）。

高信疆等四十七人著，季季、郝明義、楊澤、駱紳四人代表編輯：《紙上風雲高信疆》（台北：大塊文化出版公司，二〇〇九年八月）。
孫如陵：《副刊論——中央副刊實錄》（台北：文史哲出版社，二〇〇八年六月）。
梅新：《再生的樹》（台北：驚聲文物供應公司，一九七〇年九月）。
梅新：《椅子》（台北：成文出版社，一九七九年六月）。
梅新：《梅新自選集》（台北：黎明文化公司，一九八五年五月）。
梅新：《家鄉的女人》（台北：聯合文學出版社，一九九二年十二月）。
梅新：《沙發椅的聯想》（台北：三民書局，一九九七年五月）。
梅新：《履歷表》（台北：聯合文學出版社，一九九七年十二月）。
梅新：《魚川讀詩》（台北：三民書局，一九九八年一月）。
梅新：《梅新詩選》（台北：爾雅出版社，一九九八年十月）。
梅新：《從北京到巴黎》（台北：文經社，一九九三年四月）。
梅新主編：《從陋巷中走出一片天地》（台北：中央日報出版部，一九九〇年十月）。
梅新主編：《繁華猶記來時路》（台北：中央日報出版部，一九九二年五月）。
梅新編著：《新動脈：心靈改造工程》（台北：中央日報出版部，一九九七年六月）。
梅新編著：《跑步人生》（台北：中央日報出版部，一九九〇年一月，二版）。
梅新主編：《我們走過的路》（台北：中央日報出版部，一九八九年二月）。

梅新編著：《中副下午茶》（台北：中央日報出版部，一九九五年十一月）。
梅新彙整：《新月月刊》（台北：雕龍出版社翻印，一九七七年十一月）。
張漢良主編：《創世紀四十年總目一九五四—一九九四》（台北：創世紀詩雜誌社，一九九四年九月）。
張素貞主編：《他站成一株永恆的梅——梅新紀念文集》（台北：大地出版社，一九九七年十二月）。
張素貞主編：《投影為風景的再生樹——梅新紀念文集續編》（台北：文訊雜誌社，二〇一七年十月）。
張默：《夢從樺樹上跌下來》（台北：爾雅出版社，一九九八年六月）。
張堂錡編著：《編輯學實用教程——以報紙副刊為中心》（台北：業強出版社，二〇〇二年一月）。
尉天驄：《回首我們的年代》（台北：印刻出版公司，二〇一一年十一月）。
須文蔚：《台灣文學傳播論——以作家、評論者與文學社群為核心》（台北：二魚文化公司，二〇〇九年四月）。
瘂弦、梅新主編：《詩學》第三輯（台北：成文出版社，一九八〇年四月）。
瘂弦、陳義芝主編：《世界中文報紙副刊學綜論》（台北：行政院文化建設委員會，一九九七年十一月）。
葉石濤：《台灣文學史綱》（台北：文學界雜誌社，二〇〇〇年十月，再版）。
楊宗翰主編：《大編時代：文學、出版與編輯論》（台北：秀威資訊科技公司，二〇二〇年九月）。
總統府發言人室編集：《文學的饗宴——李總統登輝先生會見青年作家》（台北：總統府發言人室，一九九四年十一月）。
龔鵬程編著：《大珠小珠落玉盤——當代名家談藝錄》（台北：暖流出版社，一九八〇年六月）。

二、學位論文

施淳怡：〈從報紙副刊的內容看副刊功能的面貌——以解嚴後四家報紙副刊為例〉（政治大學新聞研究所碩士論文，一九九八年）。
陳志昌：〈重起爐灶——遷台初期的《中央日報》（一九四九—一九五三）〉（暨南大學歷史學系博士論文，二〇一四年六月七日）。
陳柳妃：〈台灣女性議題報導文學——以文學傳播理論為核心的初探〉（東華大學中國語文學系研究所碩士論文，二〇〇五年六月，須文蔚教授指導）。
謝芳明：〈當代台灣報導文學的興起與發展〉（南華大學碩士論文，二〇〇三年六月二十日，陳章錫教授指導）。
盧柏濡：〈瘂弦編輯行為研究〉（國立中央大學中國文學系博士論文，二〇一五年一月，李瑞騰教授指導）。

三、期刊、會議論文

《文訊》：〈各報副刊歷任主編名錄〉，「報紙副刊特輯（續編）」，《文訊》第二二期，一九八六年二月，頁八九—一〇四。
王浩威：〈社會解嚴，副刊崩盤？——從文學社會學看台灣報紙副刊〉，《世界中文報紙副刊學綜論》（台北：行政院文化建設委員會，一九九七年十一月），頁二三一—二五〇。
向陽：〈副刊學的理論建構基礎——以台灣報紙副刊之發展過程及其時代背景為場域〉，《聯合文學》第八卷第一二期，一九九二年十月，頁一七六—一九六。
林黛嫚：〈《中央日報》副刊主編風格析論：以孫如陵、梅新為討論中心（一九六一—二〇〇六）〉，《大編時代：文學、出版與編輯論》（楊宗翰主編，台北：秀威資訊科技公司，二〇二〇年九月），頁三一—五六。
林麗雲：〈變遷與挑戰，解禁後的台灣報業〉，〔專題〕，《新聞學研究》（台北：政治大學傳播學院新聞學系，一九六七年五月二十日創刊）第九五期，二〇〇八年春，頁一八三—二一二。

封德屏：〈試論文學雜誌的專題設計〉，《五十年來台灣文學研討會論文集》（三）（台北：台灣大學出版，一九九六年六月），頁一二一—一四〇。
封德屏：〈花圃的園丁？還是媒體的英雄？——台灣報紙副刊主編分析〉，《世界中文報紙副刊學綜論》（台北：行政院文化建設委員會，一九九七年十一月），頁三六七—三六八。
連文萍：〈轉瞬即逝向永恆過渡——試論報紙文學史料的特性與價值〉，《書目季刊》第三八卷第一期，二〇〇四年六月十六日，頁一九—三八。
秦賢次：〈中國報紙的起源與發展〉，《編輯學實用教程——以報紙副刊為中心》（張堂錡編著，台北：業強出版社，二〇〇二年一月），頁一二二。
梅新：〈用文學完成人生之夢〉，《中央日報．中央副刊》，一九九一年二月二十四日，第九版。
張默：〈橫看成嶺側成峰——泛談詩人的筆名及其他〉，《中央日報．中央副刊》，一九九二年十一月三日，第一六版。
瘂弦：〈副刊一百年——舊典範與新視野〉，《世界中文報紙副刊學綜論》（台北：行政院文化建設委員會，一九九七年十一月），序頁i—v。
瘂弦：〈博大與均衡——我的副刊編輯觀〉，《世界中文報紙副刊學綜論》（台北：行政院文化建設委員會，一九九七年十一月），頁五六七—五九四。
瘂弦：〈從副刊說起——大眾傳播體系中的文學〉，《自由青年》第八〇卷第一期，一九八八年七月，頁三八—三九。

蕭蕭：〈愛國詩選註：四、大擔島與二擔島之二（梅新）〉，《幼獅文藝》第五〇卷第二期，一九七九年八月，頁一八—一九。

四、網路資料

國立東華大學untitled網站，最近上網時間：二〇二〇年十一月三十日，網址：http://ir.ndhu.edu.tw/retrieve/2067/WS0756.pdf

文化部國家文化資料庫，最近上網時間：二〇二〇年九月十日，網址：http://nrch.culture.tw/twpedia.aspx?

文訊文藝資料研究及服務中心，最近上網時間：二〇二〇年十一月六日，網址：https://www.facebook.com/wsnlib

「文章內容」，macaubook網站，最近上網時間：二〇二〇年九月十四日，網址：https://www.macaudata.com/macaubook/book032/html/10401.htm

中國文化大學圖書館，最近上網時間：二〇二〇年九月十一日，網址：https://lib.pccu.edu.tw

中文期刊編目系統，國家圖書館期刊文獻資訊網，最近上網時間：二〇二〇年九月十日，網址：Readopac3.ncl.edu.tw

中國文化研究論文目錄，國家圖書館期刊研究資訊網，最近上網時間：二〇二〇年九月十日，網址：http://readopac2.ncl.edu.tw/nclserialFront/chinaculture/

中央日報全文影像資料庫（一九二八．二—一九九五），國立公共資訊圖書館，最近上網時間：二〇二〇年九月十三日，網址：http://tbmc.nlpi.edu.tw:8080/cnnewsapp/start.htm

台灣文學年鑑檢索系統，國立台灣文學館，最近上網時間：二〇二〇年九月十日，網址：http://almanac.nmtl.gov.tw/

台灣文學網，最近上網時間：二〇一八年六月，網址：https://tln.nmtl.gov.tw/ch/

搜狐網站，最近上網時間：二〇二〇年十月三日，網址：https://m.sohu.com/a/195084962_118887/?pvid=000115_3w_a

臺灣博碩士論文知識加值系統（NDLTD），最近上網時間：二〇二〇年九月十日，網址：www.ndltd.ncl.edu.tw

臺灣人文及社會科學引文索引資料庫，國立台灣大學圖書館參考服務部落格，最近上網時間：二〇二〇年九月十日，網址：http://tul.blog.ntu.edu.tw/archives/category/

《臺灣時報》，維基百科，最近上網時間：二〇二〇年九月十二日，網址：https://zh.wikipedia.org/wiki/臺灣時報

詩路「典藏詩人」，台灣現代詩網路聯盟，最近上網時間：二〇二〇年九月十日，網址：http://faculty.ndhu.edu.tw/~e-poem/poemroad/mei-shin/

華藝線上圖書館，最近上網時間：二〇二〇年九月十一日，網址：www.airitilibrary.com

爾雅典藏館，最近上網時間：二〇二〇年一月十八日，網址：Books.elitebooks.com.tw

壹讀網站，最近上網時間：二〇一八年六月四日，網址：Read01.com
Openbook閱讀誌（博客來），最近上網時間：二〇二〇年九月十四日，網址：https://www.openbook.org.tw/article/p-62698

國家圖書館出版品預行編目(CIP)資料

詩人梅新主編<<中央副刊>>之研究/龔華著. -- 臺北市 :
文訊雜誌社出版 : 聯合發行股份有限公司發行, 2021.10
面 ; 公分. -- (文訊書系 ; 15)
ISBN 978-986-6102-79-0(平裝)

1.章益新 2.臺灣傳記 3.報紙副刊

783.3886 110016929

文訊書系15

詩人梅新主編《中央副刊》之研究

著者 龔華
總編輯 封德屏
責任編輯 杜秀卿
校對 杜秀卿 吳穎萍 龔華
封面設計 翁翁・不倒翁視覺創意
出版 文訊雜誌社
地 址：100012台北市中正區中山南路11號B2
電 話：02-23433142 傳真：02-23946103
電子信箱：wenhsun.editor@gmail.com
網 址：http://www.wenhsun.com.tw
郵政劃撥：12106756 文訊雜誌社
印刷 松霖彩色印刷有限公司
發行 聯合發行股份有限公司
出版日期 2021年10月
定價 360元
ISBN 978-986-6102-79-0